SENSIBEL FÜR ARMUT:
KIRCHENGEMEINDEN IN DER UCKERMARK

Susann Jenichen

Sensibel für Armut: Kirchengemeinden in der Uckermark

Ergebnisse einer sozialwissenschaftlichen Studie in Brandenburg

Herausgegeben vom Sozialwissenschaftlichen Institut der Evangelischen Kirche in Deutschland

EVANGELISCHE VERLAGSANSTALT
Leipzig

Susann Jenichen, Dr. phil., Jahrgang 1979, studierte Kirchenmusik und Soziologie in Dresden und wurde 2013 von der TU Dresden promoviert. Von September 2011 bis August 2014 war sie wissenschaftliche Mitarbeiterin des Sozialwissenschaftlichen Instituts der EKD mit dem Arbeitsschwerpunkt »Kirche und soziale Räume«. Zusammen mit Wolf von Nordheim führte sie in dieser Zeit das Projekt »Befähigende Kirchengemeinde – Was können evangelische Kirchengemeinden in der Uckermark gegen Armut tun?« durch.

Bibliographische Information der Deutschen Nationalbibliothek
Die Deutsche Nationalbibliothek verzeichnet diese Publikation in der
Deutschen Nationalbibliographie; detaillierte bibliographische Daten
sind im Internet über http://dnb.dnb.de abrufbar.

© 2015 by Evangelische Verlagsanstalt GmbH · Leipzig
Printed in Germany · H 7893

Das Buch wurde auf alterungsbeständigem Papier gedruckt.

Lektorat: Renate Giesler
Cover: Kai-Michael Gustmann, Leipzig
Satz: Medien Profis GmbH, Leipzig
Druck und Binden: Hubert & Co., Göttingen

ISBN 978-3-374-04139-8
www.eva-leipzig.de

VORWORT

Rechtzeitig zum Europäischen Jahr zur Bekämpfung von Armut und sozialer Ausgrenzung (2010) legte das Sozialwissenschaftliche Institut der EKD 2011 eine Studie mit dem Titel »Nähe, die beschämt. Armut auf dem Land.« vor. Fünf Gebiete in Niedersachsen, also in der ehemaligen Bundesrepublik, bildeten die Grundlage für diese Untersuchung. 2011 war ich Direktorin des Diakonischen Werkes Berlin-Brandenburg-schlesische Oberlausitz (DWBO). Meine spontane Reaktion auf die Studie war: In Brandenburg würden die Ergebnisse anders aussehen. Viele Menschen waren nach dem Fall der Mauer arbeitslos geworden, waren abhängig geworden von Transferleistungen. Die große Zahl älterer Menschen, vor allem aber die große Zahl derer, die in Distanz zur Kirche lebten und leben, forderten diese Behauptung heraus. Wer würde von den von Armut betroffenen Menschen Hilfe, unterstützende Solidarität von der Kirche erwarten? Fühlen sich die Kirchengemeinden überhaupt angesprochen, wenn es um die Armut von Menschen in und außerhalb ihrer Gemeinden geht? Haben sie überhaupt eine Chance, angesichts ihrer geringen finanziellen Mittel sich hier zu engagieren? Tauschen die Menschen sich überhaupt aus über ihre veränderten Lebensbedingungen? Gibt es so etwas wie Nachbarschaftshilfe? Fragen über Fragen, die dringend Antworten bedurften für die Gemeinden und die Diakonie in diesem Teil unserer Landeskirche. Insofern war und bin ich dem Sozialwissenschaftlichen Institut der EKD und seinem Leiter, Prof. Dr. Gerhard Wegner, sehr dankbar, dass meine Anfrage, eine Studie zum Thema Armut in einer Region in Brandenburg zu machen, sehr schnell positiv beantwortet wurde. Der Kirchenkreis Uckermark mit seinem Superintendenten, Dr. Reinhart Müller-Zetsche, stimmte zu, dass die Untersuchung dort vorgenommen werden konnte. Die Soziologin Susann Jenichen und der Theologe Wolf von Nordheim ließen sich auf die Menschen ein und führten sehr viele Gespräche mit Einzelnen und Gruppen,

Gremien. Ihnen gilt mein besonderer Dank. Wer Resignation, gar Depression erwartet hat, wird überrascht sein von den Möglichkeiten, die die Studie aufdeckt.

Armut ist auch »bei Kirchens« kein geliebtes Thema. Mein Wunsch und meine Hoffnung sind, dass die Ergebnisse der Studie nicht nur für den Kirchenkreis Uckermark von Interesse waren und sind, sondern auch von anderen Kirchenkreisen in den neuen Bundesländern als eine Aufforderung gesehen werden, sich die Situation der von Armut betroffenen Menschen anzusehen und mit diesen zusammen Wege zu suchen, Projekte zu entwickeln, die ihnen ein Leben in Würde und Akzeptanz ermöglichen.

Susanne Kahl-Passoth
Pfarrerin und Kirchenrätin a. D.
Direktorin des Diakonischen Werkes
Berlin-Brandenburg-schlesische Oberlausitz e. V.
von 2002 bis 2013

INHALT

Einleitende Worte

Soziale Ungleichheit und Armutsentwicklung sind Themen, die die EKD nicht erst seit der Synode von 2006 beschäftigen. Aber die Synode und die damals vorgelegte Denkschrift »Gerechte Teilhabe« haben dem kirchlichen Engagement auf diesem Gebiet eine neue Dynamik verliehen. So hat die Zahl kirchlicher Initiativen gegen Armut seitdem weiter zugenommen.

Das Sozialwissenschaftliche Institut der EKD (SI) hat diese Entwicklung mit einer Reihe von Studien und Aktivitäten begleitet. Unmittelbar im Anschluss an die EKD-Synode 2006 entstand eine Studie über Armut in einem der am stärksten betroffenen Stadtteile Deutschlands, nämlich in Hamburg-Wilhelmsburg. Diese Studie konnte sehr prägnant herausarbeiten, wie Menschen in der Armutssituation gefangen bleiben können, wenn ihnen nicht von außen geholfen wird, aus den Teufelskreisen der eigenen Mangelsituation herauszukommen. Die Studie zeigt in dieser Hinsicht einen größeren Handlungsbedarf. Eine weitere Studie legte den Fokus auf die Situation in ländlichen Regionen. Hier konnte deutlich gemacht werden, dass entgegen anderslautenden Erwartungen Armut auf dem Lande sich durchaus als belastender und schwieriger erweisen kann als im städtischen Raum, da hier weniger Anonymität gegeben ist und deswegen die Stigmatisierung von Armen in den Dorfgemeinschaften heftiger als in der Stadt ausfallen kann. Das SI engagierte sich auch mit praktischen Initiativen wie der Erstellung einer umfangreichen Broschüre über Anti-Armutskampagnen der Kirchen. 2014 wurde gemeinsam mit der Evangelisch-lutherischen Landeskirche Hannovers eine weit beachtete Initiative gestartet zur Erfassung von Armutssituationen in Kirchengemeinden und zur Entwicklung armutssensibler Praktiken.

In den Kreis dieser Studien und Aktionen reiht sich nun die vorliegende Studie zu armutssensiblen Kirchengemeinden in der Uckermark ein. Sie ist im Auftrag des Diakonischen Werks der Evangelischen Kirche Berlin-Brandenburg-schlesische Oberlausitz (EKBO) und der EKBO selbst sowie des Kirchenkreises Uckermark von Susann Jenichen unter Mitarbeit von Wolf von Nordheim erstellt worden. Erstmals wird hier sehr genau hingeschaut, wie stark Kirchen-gemeinden selbst von Armut betroffen sein können. Engagierte[1] möchten Gemeinschaften stärken, Kirchen und Kulturgüter erhalten und das Leben ihrer Orte mitgestalten. Den Kirchengemeinden fehlen jedoch die Mittel, und sie selbst erfahren Armutsrisiken aufgrund prekärer Beschäftigung und Arbeitslosigkeit. Auch wo es Kirchengemeinden und Aktiven besser geht, bleiben sie von der Armut anderer nicht unberührt. Sie selbst erleben diese vielfach in ihren Familien, im Bekanntenkreis, im Beruf und als Arbeitgeber sowie im öffentlichen Leben. Susann Jenichen arbeitet somit beispielhaft für andere strukturschwache Regionen in Ostdeutschland heraus, wie Armut das private und das öffentliche Leben prägt und was Engagement einerseits bewirkt und andererseits erschwert. An dieser Stelle sei – auch im Namen der Autorin – allen Frauen und Männern gedankt, die bereit waren, sich interviewen zu lassen. Ihnen gilt unser Respekt für ihre Offenheit. Die Aussagen der Befragten wurden aus Datenschutzgründen anonymisiert.

Die Studie lässt sich gut als kirchlicher Kommentar zur Langzeitstudie »Wittenberge: Bewältigungsstrategien in einer Umbruchgesellschaft« lesen, die unter Leitung des Soziologen Heinz Bude die Armutsentwicklung nach der Wende in der brandenburgischen Kleinstadt beschreibt.

Das SI wird sich weiterhin mit Studien und eigenen Aktivitäten an der Suche nach Möglichkeiten beteiligen, soziale Ungleichheit einzudämmen und Armut zu bekämpfen.

Gerhard Wegner
Direktor des Sozialwissenschaftlichen Instituts der EKD
Hannover, Januar 2015

---

[1]   Wird in diesem Band die maskuline Form verwendet, ist die weibliche Form ebenfalls gemeint. Ansonsten werden auch Partizipbildungen benutzt.

I. Das Anliegen der Studie

In strukturschwachen Regionen Ostdeutschlands reichen Lebenslagen der relativen Armut und des Armutsrisikos weit in die Gesellschaft hinein. Selbst traditionell engagierte Familien – auch Engagierte in den Kirchengemeinden – erleben Armutsrisiken und Situationen der »neuen Armut«[2]. Kirchengemeinden sind zudem vom demographischen Wandel besonders betroffen und herausgefordert. In der Uckermark sind fünfzig Prozent der evangelischen Kirchenmitglieder 65 Jahre und älter. Im Landkreis Uckermark zählen noch 15 Prozent der Bevölkerung zur evangelischen Kirche. Der Norden Ostdeutschlands gehört zu den europäischen Regionen mit dem höchsten Anteil Konfessionsloser.

Es stellt sich die Frage, ob sich Kirchengemeinden in dieser Situation für die sozialen Probleme des Gemeinwesens überhaupt mitverantwortlich fühlen können. Wie wird Armut in dieser Situation wahrgenommen und erlebt? Wie stark sind Erfahrungen relativer Armut unter den Kirchenmitgliedern verbreitet? Was bedeuten die ostdeutschen Besonderheiten der sozialen als auch der kirchlichen Situation für das kirchliche Handeln und Engagement gegen Armut? Welche Möglichkeiten haben die Kirchengemeinden und der Kirchenkreis in dieser Situation, aktiv auf Armut zu reagieren? Was kann sie stärken und was belastet und hemmt ihre Bemühungen um armutsbezogenes Engagement? Um Antworten auf diese Fragen zu finden, wandte sich das Sozialwissenschaftliche Institut der EKD (SI) an Kirchengemeinden des Kirchenkreises Uckermark. In der zwei Jahre dauernden Forschungsphase gelang es, alle Kirchengemeinden als auch die Gremien dieses Kirchenkreises in die Untersuchung einzubeziehen.

Die Aufmerksamkeit für die Kirchengemeinden, ihr Erleben und Handeln, ihre Ziele und Sorgen und ihre Bemühungen um armutsbezogenes Engagement war eines der beiden zentralen Anliegen der Studie. Darüber hinaus sollten jene ausführlich zu Wort kommen, die Lebenslagen relativer Armut und des Armutsrisikos erleben. Wie erfahren sie ihre Situation? Wel-

---

[2]   Vgl. Knierim 2013, 8–10.

che Alltags- und Lebensstrategien haben sie? Was spornt sie an? Was wirft sie aus der Bahn? Bringen auch sie Erfahrungen mit bürgerschaftlichem und armutsbezogenem Engagement mit?[3]

Die Studie fragt mit Blick auf die Kirchengemeinden als auch auf jene, die von Armut selber betroffen sind, wie es ihnen geht, wie sie ihre Situation erleben und wie sie sich engagieren. Sie betrachtet darüber hinaus, was ihr bürgerschaftliches Engagement stärkt, was es schwächt und wie ihr Ringen um Engagement unterstützt werden kann.

Ganz bewusst ist mit der Uckermark eine Region ausgewählt worden, die besondere Gegebenheiten aufweist. Nachdem 2009 bis 2010 das Sozialwissenschaftliche Institut der EKD sich mit Armut in Niedersachsen[4] beschäftigt hat, ist nun eine ostdeutsche Region zum Gegenstand des Interesses geworden. Damit schließt sich die Uckermark-Studie aktuellen wissenschaftlichen Bemühungen an[5], den gesellschaftlichen Wandel in vergleichbaren und doch unterschiedenen Regionen in Deutschland und Europa in den Blick zu nehmen, um nach Besonderheiten und Gemeinsamkeiten zu fragen. In der folgenden Ergebnispräsentation werden einerseits die besonderen Gegebenheiten der Uckermark bedacht. Zugleich verdeutlicht der genaue Blick in diese Region auch Grundsätzliches über Erfahrungen mit Armut sowie hemmende und fördernde Bedingungen für armutsbezogenes Engagement. Diese Erkenntnisse sind auch für andere Regionen von Bedeutung.

Zentrale Fragen der Uckermark-Studie:

Welchen gesellschaftlichen Wandel erlebt die Uckermark?

Wie geht es den Kirchengemeinden und welche Möglichkeiten haben sie, in dieser Region aktiv auf Armut zu reagieren? Wer sind ihre Partner im Engagement?

Wie sehen und erleben Menschen in Lebenslagen der relativen Armut und des Armutsrisikos selber ihre Situation? Welche Alltags- und Lebensstrategien haben sie? Was spornt sie an, was wirft sie aus der Bahn? Sind auch sie bürgerschaftlich engagiert?

Welche Besonderheiten des Erlebens von Armut und des Umgangs mit Armut sind für die Uckermark zu erkennen? Welche Erfahrungen und Möglichkeiten zu handeln können auch für andere Regionen in Deutschland gelten?

---

[3]   Aus Datenschutzgründen wurden die Namen beliebig gewählt.
[4]   Winkler, 2010: »Nähe, die beschämt. Armut auf dem Land.«
[5]   Vgl. die umfassende Studie über Wittenberge und andere europäische Regionen. Z. B. Willisch (Hg.).

2. Ergebnisse im Überblick

In strukturschwachen Regionen Ostdeutschlands reichen Lebenslagen der Armut und des Armutsrisikos weit in die Gesellschaft hinein.
Nordbrandenburg und Mecklenburg zählen zu den Regionen mit den höchsten (stetigen) Armutsanteilen in Deutschland[6]. Nicht wenige Familien, in denen seit Generationen Engagement gelebt wird, erfahren gegenwärtig Situationen der »neuen Armut«[7]. Lebenslagen des Armutsrisikos und der neuen Armut finden sich auch bei kirchlich Engagierten bis hin zu denen, die in Gemeindekirchenräten (GKR) Verantwortung übernehmen.

Kirchliche Gremien können Orte eines neuen gesellschaftlichen Zusammenhalts sein.
Wie vergleichbare Regionen erfuhr die Uckermark seit 1989 einen tiefgreifenden sozialen, soziokulturellen und demographischen Wandel, der auch das kirchliche Leben prägt. Unter anderem bedingt durch geringe Geburtenraten und Abwanderung ist die Zahl der Kirchenmitglieder und in der Folge der Mitarbeitenden wie der Pfarrsprengel[8] erheblich gesunken. Dennoch konnte eine weitgehend flächendeckende Struktur kirchlichen Lebens erhalten werden. Zugleich variieren die kulturellen Prägungen, die finanzielle Situation und soziale Lage der einzelnen Kirchengemeinden als auch der Engagierten zunehmend. Dadurch treffen in Gemeindekirchenräten und Gremien des Kirchenkreises (Synode) Menschen unterschiedlichster sozialer Lage und kultureller Milieus aufeinander. Unter ihnen finden sich Verlierer wie Gewinner

---

[6] Armutsgefährdungsquote in Deutschland nach Bundesländern 2012: In Bremen lag sie bei 23,1 %, in Mecklenburg-Vorpommern bei 22,9 % und in Brandenburg bei 18,3 %. Quelle: de.statista.com (Abruf am 24.6.14).

[7] Vgl. Stephan Beetz (Mittweida); Knierim 2013, 8–10.

[8] In einem Pfarrsprengel sind mehrere Kirchengemeinden zu einem Pfarramt zusammengeschlossen. Die Kirchengemeinden des Kirchenkreises Uckermark waren wiederholt vor die Aufgabe gestellt, sich neu zu orientieren und Zusammenschlüsse zu erwägen. Innerhalb der Pfarrsprengel agieren sie gegenwärtig in unterschiedlichem Umfang gemeinsam oder selbstständig (z. B. Haushalt, gemeinsamer Gemeindekirchenrat oder nur punktuelle Zusammenarbeit der Gemeindekirchenräte).

des gesellschaftlichen Wandels. Sie sind resigniert, mahnen an, sehen aber auch Möglichkeiten zu handeln. Gemeinsam ringen sie um Perspektiven der Ermutigung, gestalten die Geschicke ihrer Gemeinden und ihres Kirchenkreises und sehen sich in der Verantwortung für ihre Dörfer und Städte.

Kirchengemeinden nehmen Armut sensibel wahr und sehen Handlungsbedarf.

Engagierte in Kirchengemeinden nehmen Armut in vielfältigen Formen wahr. In peripheren Orten sind sie – oder aber ihre Angehörigen – nicht selten selbst von Armutsrisiken betroffen. In den Städten sind sie in ihrer beruflichen Funktion als Ärzte, Lehrer, Unternehmer Mitbetroffene. Patienten benötigen dringend besseren Wohnraum, Schülern knurrt der Magen, ihren Mitarbeitenden können Unternehmer nur mit Mühe (unbefristete) Anstellungsverhältnisse bieten. Als Träger von Kindertagesstätten, als Vermieter, Verpächter oder Arbeitgeber werden die Verantwortlichen der Kirchengemeinden ebenso mit Lebenslagen der Armut und des Armutsrisikos konfrontiert. Engagierte der Kirchengemeinden zeigen eine Nähe und Mitbetroffenheit, wenn es um das Thema Armut geht. Sie haben zudem einen hohen Sinn für gemeinschaftliches Engagement. Ihnen sind die christliche Gemeinschaft, das nachbarschaftliche Leben im Dorf und im sozialen Nahraum und die Belange der Region wichtig. Da sie wertgeschätzte Lebensformen als bedroht ansehen, sind sie motiviert, sich zu engagieren.

Stabiles armutsbezogenes Engagement gelingt in wenigen Orten.

Fragt man in Kirchengemeinden, was diese bereits gegen Armut tun oder gerne tun würden, wird deutlich: Armutsbezogenes Engagement (zum Beispiel Beratungs- oder Selbsthilfeangebote) ist nicht in jedem Fall möglich und kann zum Teil nur mit Mühe stabilisiert werden. Die zur Verfügung stehenden Mittel sind gering und in nahezu allen Kirchengemeinden unsicher. Einige von ihnen haben kaum eigene Einnahmen, und aktive Mitglieder sind selber von Armutsrisiken betroffen. Engagement kann sich nicht entfalten, weil nur ein Teil der Engagierten ausreichend Möglichkeiten sieht, durch gemeinsames Handeln etwas an der Situation ändern zu können. Es überwiegt das Engagement Einzelner oder ein reagierendes gemeinschaftliches Engagement; Letzteres zum Beispiel, wenn die Kirchengemeinde von der Kommune gebeten wird, in ihren Räumen eine Weihnachtsfeier zu gestalten.

Die Stärke der Kirchengemeinden: Armutssensibles Handeln.
Ganzheitliche und niedrigschwellige Angebote für Kinder, Familien, Jugend, Senioren sind ein großes Anliegen der Kirchengemeinden und des Kirchenkreises. Wenn die Mittel fehlen, findet eine Kinderfreizeit in Zelten im eigenen Pfarrgarten statt, oder die »Junge Gemeinde« gestaltet die Konfirmationsfeier anstelle der Familie. Für viele Veranstaltungen wird ein Rhythmus gewählt, der Teilhabe trotz eingeschränkter Mobilität erleichtert, oder aber die Mobilität der Teilnehmenden wird gezielt unterstützt. Kollekten und freiwillige Spenden ersetzen Eintritte für Veranstaltungen.

Die Selbst- und Mitbetroffenheit der Engagierten ist Chance und Belastung zugleich. Die Selbst- und Mitbetroffenheit der Engagierten bedingt eine hohe Achtsamkeit für die Armutsproblematik. Dies zeigt sich in einer differenzierten Wahrnehmung, in armutssensibler Praxis, in gezieltem armutsbezogenen Engagement und vielen Vorstellungen, wo Handeln dringend notwendig ist. Die geringen Mittel und die hohen Belastungen der Kirchengemeinden als auch eines Teils der Engagierten erschweren jedoch mögliches Engagement und bedrohen bestehendes.[9]

Die Zusammenarbeit von Kirchengemeinden, Landeskirche und Diakonie kann optimiert werden.
Das soziale Engagement in Kirchengemeinden wird im diakonischen Diskurs durch sein Verhältnis zu diakonischen Einrichtungen, Verbänden und Unternehmen definiert. Entscheidende Aufgaben werden in der Einzelfallhilfe und im Sozialraumengagement gesehen.

Kirchengemeinden engagieren sich demgegenüber auf ihre eigene Art und Weise sozial, in eigenständigen Formen armutssensibler Praxis und armutsbezogenen Engagements. Dabei geht es unter anderem um die Ermöglichung von Teilhabe durch niedrigschwellige Angebote, um Lebensermutigung und um die Stärkung von Gemeinschaften und der Solidarität zwischen diesen. Teilweise grenzen die Kirchengemeinden dieses Engagement als »Gemeindediakonie« gegen das Handeln der unternehmerisch geprägten

---

[9] Vgl. zu Faktoren bürgerschaftlichen Engagements Corsten/Kauppert/Rosa 2008; Corsten/Kauppert 2007 a) Erfahrungen spezifischer sozialer Praxis. b) Biografische Prägungen, die eine spezifische soziale Praxis für einen Menschen wertvoll und anstrebenswert machen. c) Diese Praxis wird als prekär erlebt. d) Menschen sind davon überzeugt, dass sie durch ihr Handeln an der Lage etwas ändern können. e) Es liegen dafür ausreichend Ressourcen vor.

Diakonie ab. Die spezifischen Gestalten des sozialen Engagements der Kirchengemeinden als eigene und wesentliche Form kirchlich-diakonischen Handelns werden, so die Beobachtungen, nicht ausreichend wahrgenommen, anerkannt und strukturell unterstützt. Es liegen bisher kaum Expertisen der Aus- und Weiterbildung sowie der Gemeinde- und Kirchenkreisberatung vor, die diese Engagementformen gezielt stärken und das je spezifische wie eigenständige Engagement der Kirchengemeinden als auch der Diakonie bewusst aufeinander beziehen. Auch die institutionellen Anreize und Formen motivierender Anerkennung sind begrenzt. Für die Stärkung des armutsbezogenen Engagements in Regionen wie der Uckermark als auch des partnerschaftlichen Handelns von Kirchengemeinden und Diakonie kann dies gewinnbringend sein.

Handlungsoptionen zur Förderung und Anerkennung armutsbezogenen Engagements der Kirchengemeinden in der Uckermark/in strukturschwachen Regionen sind:

1. Expertisen für Aus-, Weiterbildung und Schulung als auch zur ortsnahen Gemeinde- und Kirchenkreisberatung.
    Ziele der Beratung:
    — Stärkung der spezifischen eigenständigen Formen des sozialen Engagements in den Kirchengemeinden als auch der Zusammenarbeit mit der Diakonie.
    Aufgaben der Beratung:
    — Der mögliche Schwerpunkt des Engagements muss situationssensibel erschlossen werden.
    — Es bedarf der Hilfestellung für initiierende und konzeptionalisierende Prozesse.
    — In vielen Fällen werden Moderation und Mediation hilfreich sein. Heterogene Gremien sind Herausforderung und Chance gemeinschaftlichen Engagements.
2. Institutionelle Anreize schaffen:
    Motivierende Leitideen, solidarisierende sowie Wahrnehmung und Anerkennung stärkende Diskurse, materielle Unterstützung zum Beispiel durch überregionale Spendenmarken[10] oder anderweitige solidarische

---

[10]   Vgl. zum Beispiel die Spendenmarke DIAKONIEHilfe (www.diakoniehilfe.de) der Diakonie in Niedersachsen e. V. Sie dient gezielt der Förderung armutsbezogenen Engagements. Mit der Initiative »Zukunft(s)gestalten« – eine Untermarke von DIAKONIEHilfe –

Zuwendungen (u. a. durch Partnerschaftsarbeit zwischen Kirchenge-meinden/Kirchenkreisen).

Menschen in Lebenslagen der Armut sind bürgerschaftlich engagiert.
Nicht wenige der Befragten in Lebenslagen der Armut und des Armutsrisikos sind traditionell stark engagiert, schauen auf Phasen des Engagements zu-rück oder haben Möglichkeiten des Engagements neu kennengelernt. Einige von ihnen erfuhren in der Vergangenheit vielfältige Hilfen durch kirchlich-diakonische Angebote. Insbesondere dort, wo eine enge Beziehung zwischen Engagement der Kirchengemeinden und hochwertigen professionellen An-geboten der Diakonie besteht (bzw. bestand), können die Befragten positive Erfahrungen sammeln und Engagement entfalten. Der kirchlich-diakonische Raum bietet ihnen zumindest anteilig die Möglichkeit, Vorstellungen eines guten Lebens und Zusammenlebens zu verfolgen und ihre Gemeinwohlideale und -verpflichtungen einzubringen. Zu diesen Idealen gehören: Leistungs-bereitschaft und Bewährung, Recht auf Entfaltung und Wohlergehen, Acht-samkeit und Mitmenschlichkeit, sozialer Zusammenhalt und Gerechtigkeit. Sechs Typen des Engagements konnten erfasst werden.

Typ 1: Kontinuität von Engagement.
In Gemeindekirchenräten, in Selbsthilfegruppen, in Freiwilligenagenturen finden sich jene, die sich auch unter erschwerten Lebensbedingungen um den kontinuierlichen Erhalt ihres Engagements bemühen. Es sind Menschen in neuen Lebenslagen der Armut und des Armutsrisikos, die traditionell en-gagiert sind.

»Das ist aber auch noch eine Erfahrung, die habe ich in der DDR gehabt als junger Student, wo wir eine Umweltinitiative aufgebaut und eine Initiative gegen Diskriminierung gegründet haben.« (Helmar, Mitte 60)

Typ 2: Engagement als Re-Normalisierung des Alltags.
Engagement als Re-Normalisierung des Alltags gelingt dort, wo Menschen, die unter massiver sozialer Vereinzelung (z. B. aufgrund chronischer psychi-scher oder Suchtkrankheiten) leiden, in geschützten Formen des Engage-ments Selbstwirksamkeit, Sozialität und Anerkennung erfahren, wo sie Tätig-

---

werden Projekte für Kinder und Jugendliche in den Kirchengemeinden der Ev.-luth. Lan-deskirche Hannovers unterstützt (www.zukunftsgestalten.de).

keiten und soziale Rollen entfalten und ihrem Bedürfnis nach Aktivität und Bewährung nachkommen können.

»Das hilft mir ja auch. Das ist ja eine gewisse Tagesstruktur und Gemeinschaft. Die ist mir sehr wichtig. Deswegen komme ich auch gerne hierher.« (Ingo, Mitte 20)

Typ 3: Das selbstverständliche, häufig verborgene Engagement im sozialen Nahraum.

Es geschieht, wo eine ausgeprägte Nachbarschaftshilfe eine Selbstverständlichkeit ist, wo ein Auge darauf geworfen wird, dass jedes Kind und jede Seniorin, jeder Senior sicher über die Straße kommt, wo man gern anfasst, wenn für den Ort etwas zu tun ist, oder wo im Angelverein den Jüngeren das Wissen weitergeben wird.

Ernst: *Ich mache eigentlich, was selbstverständlich ist, mehr nicht.*
Helmar: *Nachbarschaftshilfe.*
Mitarbeiter Diakonie: *Das ist doch eine Menge.*
Ernst: *Was Normales.*

Typ 4: Das verhandelnde Engagement.

Zu den »Verhandelnden« gehören jene, die gern etwas tun, aber auch ihre Lebenssituation und ihre Interessen der Lebensbewältigung anerkannt und unterstützt wissen möchten. Sie wünschen ein gesundes Verhältnis von Engagement und Anerkennung.

»Von dem Ehrenamtlichen kann ich nicht existieren, und ich bringe wirklich schon eine Menge Zeug ein. (...) Und eine Aufwandsentschädigung, ich bin der Letzte, der da Nein sagen würde. Ein gewisses gesundes Verhältnis sollte dabei rauskommen.« (Andreas, Mitte 50)

Typ 5: Das Engagement der Überlebensgemeinschaft.

Einige, die sich von der Gesellschaft abgehängt und betrogen fühlen, sehen im Engagement für andere Selbstausbeutung und Selbstgefährdung. Finden diese Menschen jedoch kleine Gemeinschaften des Überlebenskampfes (zum Beispiel Selbsthilfegruppen) und können sie sich mit diesen Gemeinschaften am Engagement anderer beteiligen (Waffelbacken für einen guten Zweck), erfahren sie ihr Engagement weder als Versagen noch als Gefährdung. Sie erleben dann eine Aufwertung ihrer Überlebensgemeinschaft, und ihr moralisches Selbstbild wird gestärkt.

Typ 6: Engagement aus Rückverpflichtung und Dank.
Mit allen bisher benannten Typen des Engagements können auch Haltungen der Rückverpflichtung und des Dankes für erhaltene Hilfen verbunden sein.

»Ich krieg doch einen Bezug, dann kann ich mich doch ein bisschen einbringen.« (Anita, Anfang 50)

»Denn unterm Strich habe ich von dieser evangelischen Gemeinde mehr gehabt wie von allen Behörden oder Ämtern. (...) Ich sage: ›Nee, ich gehöre keiner Konfession an und so weiter, aber ich will einfach auf meinem Weg hin wiedergeben, was ich bekommen habe.‹« (Andreas, Mitte 50)

Im Osten ist man anders arm?
Lebenslagen des Armutsrisikos reichen in der Uckermark weit in die Gesellschaft hinein und betreffen auch traditionell engagierte Familien. Viele benennen die Belastungen ihres Lebens und wissen um die Formen der Lebensentfaltung, die ihnen verwehrt sind. Sie erleben sich durch ihre Aktivitäten in Kirchengemeinde und Nachbarschaft jedoch nicht als isoliert, abgewertet oder moralisch ausgegrenzt.[11] Dass durch den demographischen Wandel und die geringen persönlichen wie öffentlichen Mittel jedoch ihre Möglichkeiten gemeinschaftlichen Engagements beschränkt sind, macht sie wütend und ohnmächtig. Sie empfinden, dass ihre Region vernachlässigt und von positiven Entwicklungen ausgeschlossen wird, und erleben dies als Ausgrenzung, die sie persönlich trifft.

Gemeinsam handeln – teilhaben – Armut bekämpfen – Resignation überwinden.
Gemeinsam handeln: Neben bestehenden Formen individualisierten Engagements – jeder Einzelne tut das, was er bzw. sie für einen anderen tun kann – können Formen gemeinschaftlichen Handelns neu gestärkt werden. Kirchengemeinden und Kirchenkreise haben Kräfte, ermöglichende, bewältigende, solidarische und sich politisch positionierende Gemeinschaften zu fördern. Ihre Kräfte liegen einerseits in der Zusammenarbeit mit diakonischen Einrichtungen, Unternehmen und Verbänden und andererseits in den ganz eigenen Formen gemeinschaftlichen Handelns. Diese Potenziale für Engagement können durch die überregionalen kirchlichen, unter anderem

---

[11] Vgl. demgegenüber Winkler 2010 (Studie in Niedersachsen).

landeskirchlichen Institutionen gestärkt und unterstützt werden. Derartige Hilfestellungen können dazu beitragen, dass in strukturschwachen Regionen wie der Uckermark Engagement weiter entfaltet beziehungsweise erhalten werden kann.

Teilhaben: Teilhabe ist ein starkes Ziel, das Menschen anspornt und stärkt. Dieses Ziel bedeutet umfassend gedacht, dass Menschen ganz verschiedener Lebenslagen, aber auch Kirchengemeinden, Kirchenkreise, landeskirchliche Institutionen und Diakonie einander teilhaben lassen an ihren Aufgaben wie an ihren Freuden und Sorgen. Ein teilhabeorientiertes Handeln ist getragen vom Vertrauen, dass alle gewinnen, wenn sie ihren Lebensalltag miteinander teilen. Es ist eine Haltung, die auf die Stärken und Schwächen jedes Einzelnen achtet und darauf verzichtet, Menschen einem sozialen Gefälle zuzuordnen und allzu einseitig zwischen Helfenden und Hilfsbedürftigen zu unterscheiden.

Armut bekämpfen - Resignation überwinden: Gemeinschaftliches Engagement entfalten, sich verbünden und einander an Freuden und Sorgen teilhaben lassen – das alles sind Möglichkeiten, Armut zu begegnen, Resignation zu überwinden, Menschen in Notsituationen zu ermutigen und zu entlasten. Und dennoch können damit ursächliche Bedingungen für Armut nicht überwunden werden. Somit bleibt das sozialpolitische Handeln auch für Kirche weiterhin eine Aufgabe. Kirchengemeinden der Uckermark wünschen Partnerschaften zwischen lokalen, regionalen und überregionalen Verantwortungsträgern. Damit verbunden ist die Hoffnung auf eine starke sozialpolitische Positionierung, die es ermöglicht, politische Entscheidungen zu beeinflussen. Ausgehend von den Analysen der Uckermark-Studie sind Bedingungen anzumahnen, die Armut ursächlich vermeiden helfen als auch solche, die Experten sozialer Arbeit und armutsbezogenes bürgerschaftliches Engagement stärken.

3. Definitionen von Armut

In wissenschaftlichen und politischen Debatten wird zwischen absoluter und relativer Armut unterschieden. Beide Definitionen orientieren sich am verfügbaren Einkommen. Dieses wird als aussagekräftiger Hinweis auf die Lebenssituation von Menschen angesehen. Die Weltbank spricht von absoluter Armut, wenn Menschen weniger als 1,25 US-Dollar pro Tag zur Verfügung stehen. Dieser Betrag reicht kaum aus, um das Überleben zu sichern. Menschen können sich nicht ausreichend mit Nahrung, Kleidung, Wasser und Unterkunft versorgen.

Mit der Definition der relativen Armut des Europäischen Rates soll demgegenüber auf Lebenslagen hingewiesen werden, die Menschen in den Industrienationen beziehungsweise Schwellenländern durch ein relativ geringes Einkommen gesellschaftliche Teilhabe erschweren. Ein Einkommen, das weniger als 60 Prozent des Median-Einkommens einer Region oder eines Nationalstaates beträgt[12], weise somit auf Armutsrisiken hin. Ein Einkommen, das weniger als 50 Prozent des mittleren Haushaltseinkommens einer Region oder eines Nationalstaates erreicht, wird als relative Armut bezeichnet.

Entsprechende Einkommen führen zu Einschränkungen der Lebensqualität oder Formen materieller Entbehrung. Für Menschen in diesen Einkommensgruppen ist zudem bekannt, dass sie in allen Altersstufen gesundheitlich schlechtergestellt sind als der Durchschnitt der Bevölkerung. Auch ihre Lebenserwartung ist geringer. Männer aus armutsgefährdeten Haushalten sterben im Durchschnitt 5, Frauen 3,5 Jahre früher als Männer bzw. Frauen in wohlhabenden Haushalten.[13] 2011 lag die Armutsrisikoschwelle in Deutschland nach Berechnungen des Statistischen Bundesamtes für einen Einpersonenhaushalt bei 980 Euro.[14] Weitere Haushaltsmitglieder werden mit den Faktoren 0,5 und 0,3 berechnet. Das ergab für 2011 für zwei Erwachsene und

---

[12]   60 % des Medians der bedarfsgewichteten verfügbaren Haushaltseinkommen im betrachteten Jahr.
[13]   Vgl. Martin Kroh u. a., 2012, 7: »Menschen mit hohem Einkommen leben länger.«
[14]   Quelle: Statistisches Bundesamt Pressestelle, PM vom 29. August 2013, 288/13.

zwei Kinder eine Armutsrisikoschwelle bei einem monatlichen Haushaltseinkommen von 2.058 Euro.[15]

3.1   »… MAL ZU DEFINIEREN, WAS IST DENN ARM«

Auch wenn den Befragten der Uckermark-Studie die benannten Definitionen nicht im Detail bekannt sind, so haben sie sich immer wieder darauf bezogen. Sie reden von Armut und haben dabei den von Hunger geprägten Überlebenskampf in Regionen Afrikas oder Lateinamerikas vor Augen. Sie reden von Armut aber auch mit Blick auf Lebenssituationen in Deutschland, die durch erhebliche Einschränkungen und dauerhafte finanzielle Sorgen geprägt sind. Viele sind darum bemüht, beides wahrzunehmen und zu unterscheiden. Einige wenige der Befragten in den Kirchengemeinden möchten nur den Begriff der absoluten Armut gelten lassen und problematisieren die Diskussion über Armut in Deutschland.

Während eines Gesprächs in einer Selbsthilfegruppe wurden die Formen absoluter und relativer Armut unterschieden. Die eigene Einkommenssituation, die deutlich unter der Armutsrisikoschwelle liegt, wird als Belastung und Einschränkung der Lebensqualität thematisiert.

»Also, wir haben das Thema ja schon oft am Wickel gehabt, um zu unterscheiden, was unterscheidet Armut eigentlich von Hungern? Denn es wird immer durcheinandergebracht. Manche verstehen unter ›Armut‹, sich nicht mehr ernähren zu können oder nicht mehr leben zu können, und andere verstehen unter ›Armut‹, dass sie Einschränkungen in ihrer Lebensqualität haben. So empfinde ich das halt auch, habe viele Jahre lang sehr viel Geld verdient durch meinen Beruf, durch meine Tätigkeit und bin jetzt auf die 670 Euro Rente angewiesen, was natürlich eine Heidenumstellung ist. Und muss dann feststellen, dass ich mich zwar nicht als ›arm‹ bezeichne, aber durchaus in der Lebensqualität wesentlich beeinträchtigt bin. Es ist also nicht mehr möglich, bestimmte Sachen, die früher für mich normal gewesen sind, heutzutage von dem zu finanzieren, was mir zur Verfügung steht.« (Helmar, Mitte 60)

---

[15]   Statistisches Bundesamt: Armut und soziale Ausgrenzung in Deutschland und der EU, Wiesbaden 2014, 896.

Die Betroffenen der Selbsthilfegruppe weisen auf den Widerspruch zwischen Armutsdefinition, den politischen Ansprüchen der Armutsvermeidung und ihrer Lebenssituation hin.

»Wenn man die EU-Definition nimmt, zähle ich zur Altersarmut, völlig klar. Aber das wird wieder nicht akzeptiert durch die Sozialgesetze. Die sagen: ›Nee, 674 Euro ist der Regelsatz. Und wenn du drüber bist, dann hast du keinen Anspruch auf Sozialhilfe.‹ Und da ist ein Widerspruch da. Also bei 850 Euro sagt der Staat: ›Du bist arm.‹ Bei 674 Euro sagt die Sozialverwaltung: ›Du bist nicht arm.‹« (Helmar)

Einige der Befragten in den Gemeindekirchenräten oder unter den Mitarbeitenden waren unsicher, wie Armut zu fassen und zu definieren sei. Sie waren jedoch interessiert, das Gespräch darüber zu stärken und genauer zu fragen, was individuell und gemeinschaftlich als Armut verstanden werden kann. Sie erhoffen sich, dadurch besser zu erkennen, was getan werden kann.

»Ich merk gerade so die Verwirrung, was ist Armut überhaupt. Tiefer berührt mich manchmal sogar die geistige Armut, die da ist. Wo man das Gefühl hat, hier müssten jetzt ganz andere Hilfestellungen angeboten werden. Wenn ich jetzt sehe, wie Eltern mit ihren Kindern umgehen. Das ist so eine Armut an Beziehungsfähigkeit. Da merk ich gerade, das ist verwirrend. Oder, wenn ich an Bangladesch zum Beispiel denke: Elend ist was komplett anderes als Armut. Ich glaub, dass wir Armut hier haben, das schon. Aber Elend? Eher ein geistiges Elend? (...) Es wäre schön, wenn man die Komplexität aufbrechen könnte, damit man weiß, wo man anfangen kann, etwas zu tun.« (MA Pfarrdienst)

Um einander begegnen zu können, erscheint es wichtig, ein Gefühl dafür zu entwickeln, wie vielfältig Menschen über ihre Situation denken und was sie unter Armut verstehen.

»Ich meine, mal zu definieren, was ist denn arm? Wo fängt ›arm‹ an? Wo hört ›arm‹ auf? Das ist ja schon mal schwer, weil das ist ja rein subjektiv. Wo man es selber irgendwo von sich einschätzt oder dem anderen gegenüber. Ist er arm oder ist er nicht arm? Der sieht sich vielleicht gar nicht als arm. Vielleicht sieht er das ganz anders. (...) Ist ja oft ein subjektiver Faktor, auch wie man das selber sieht oder wie andere es sehen. Das ist schwer einzuschätzen eigentlich. Was ist denn arm?« (GKR)

Wie ist ein gemeinschaftliches Verständnis von Armut möglich, in dem sich auch die Betroffenen mit ihren Ansichten wiederfinden? Die Befragten zeigten ein Gespür dafür, dass der Begriff der Armut je nach Anliegen und Situation sehr sensibel zu verwenden ist. Eine einfache Definition wird den vielseitigen Bemühungen, Armut zu begegnen, nicht gerecht. Der Begriff kann genutzt werden, um sich politisch zu positionieren, um für das gemeinschaftliche Engagement eine Orientierung zu gewinnen oder um einzelnen Menschen angemessen zu begegnen. Um ihn jedoch für all diese Anliegen sensibel aufzugreifen und jeweils mit den richtigen Gedanken zu füllen, ist es nötig, sich auseinanderzusetzen mit den vielfältigen Ansichten über das, was Armut ist und wie sie erlebt wird. Das Interesse an Gesprächen und Verständigung wurde wiederholt deutlich.

Definitionen von Armut:

- Absolute Armut: weniger als 1,25 US-Dollar pro Tag (Weltbank).
- Relative Armutsgefährdung/Armutsrisiko: Unter 60 Prozent des Median-Einkommens (EU).
- Relative Armut: Unter 50 Prozent des Median-Einkommens: Armut (EU).
▶ Die Befragten beziehen sich für ihr Verständnis von Armut unter anderem auf diese Definitionen.

Neben relativer Armut und Armutsgefährdung beziehungsweise Armutsrisiko von Einzelnen und Familien benannten die Befragten in Interviews und Gruppendiskussionen Formen gemeinschaftlich erfahrener Armut.

Dass junge Menschen die Region verlassen, dass die Aussichten auf eine deutlich verbesserte Entwicklung der Region gering sind, dass in einigen Orten das dörfliche Leben zerfällt, dass sich viele Menschen zurückziehen und an Kraft verlieren, ihr privates wie das öffentliche Leben zu gestalten, dass schließlich auch Verantwortliche in Institutionen (z. B. in Kirchengemeinden) aufgrund geringer Mittel ihr Engagement nur begrenzt entfalten können, all das wird als Armut von Gemeinschaften, Dörfern und der Region thematisiert (vgl. 6.3).

Gemeinschaftlich erfahrene Armut:

- Wenn Verantwortlichen in Institutionen (zum Beispiel in Kirchengemeinden) Mittel fehlen, ihr Engagement für ihre Gemeinschaften, Orte, Region zu entfalten.
- Wenn Gemeinschaften darunter leiden, dass die junge Generation die Region verlässt.
- Wenn in einigen Orten das dörfliche Leben zerfällt.

Schließlich wird in der Uckermark-Studie neben den genannten Definitionen von Armut auch der Begriff der Armutsnähe verwendet.

Von Armutsnähe wird gesprochen, wenn Menschen Armut miterleben und unter der Armut anderer leiden, auch wenn sie selber durch ihr Einkommen finanziell gut oder sehr gut gestellt sind. Das ist der Fall, wenn sie sich als Lehrer, Erzieher, in ihren sozialen und medizinischen Berufen oder als Unternehmer um das Wohlergehen ihrer Schüler, Klienten, Patienten oder Arbeitnehmer sorgen. Es ist auch der Fall, wenn man die Sorgen von Nachbarn, Kollegen, von Familienangehörigen oder Bekannten kennt und mitträgt. Schließlich erleben Kirchengemeinden Armutsnähe als Träger von Einrichtungen, Verpächter oder Arbeitgeber für geringfügig Beschäftigte oder sogenannte Ein-Euro-Jobber. Auch hier haben sie viele Kontakte zu denen, um deren Auskommen und Wohlergehen sie sich sorgen.

Armutsnähe:

Die Armut anderer wird von Befragten in vielen Bereichen ihres Lebens miterlebt und wirkt sich auf das gemeinsame Leben aus. Diese Erfahrungen werden in der Uckermark-Studie unter dem Begriff der »Armutsnähe« gefasst.

---

4. DATENERHEBUNG – WER ZU WORT GEKOMMEN IST

In der Uckermark-Studie wurden Daten sehr unterschiedlicher Art erhoben. Einerseits galt es, statistische Daten über die soziale und demographische Lage der Uckermark und der Kirchengemeinden in der Uckermark zu sammeln und aufzuarbeiten. Andererseits wurden zahlreiche Interviews, Gespräche und Gruppendiskussionen geführt, um zu erfahren, wie die »Uckermärker« ihre Situation selbst sehen. All diese Daten wurden um Beobachtungen des Lebens in der Uckermark ergänzt. Während der gesamten Projektlaufzeit stand dem Sozialwissenschaftlichen Institut (SI) im Kirchenkreis Uckermark ein Büro zur Verfügung, so dass viele Ereignisse im Land- und Kirchenkreis miterlebt werden konnten.

Insbesondere Experten des Landkreises ermöglichten einen Einblick in politische Sichtweisen der Förderung zukünftiger Entwicklung als auch den Zugang zu statistischen Daten. Weiteres Zahlenmaterial stammt aus öffentlich zugänglichen Quellen (u. a. www.wegweiser-kommune.de), auch das zuständige Regionale Kirchliche Verwaltungsamt (RKVA Eberswalde) stellte solches bereit. Zentrales Interesse galt Daten zur sozialen Lage (u. a. Leistungsbezug nach SGB II und XII), zur Entwicklung der Altersstruktur als auch zu den Bewegungen des Weg- und Zuzugs.

In weiteren Gesprächen, Interviews und im Rahmen von Diskussionen sind neben Experten der Diakonie und der sozialen Arbeit insbesondere die beruflich und ehrenamtlich Engagierten des Kirchenkreises zu Wort gekommen als auch jene, die Lebenslagen der relativen Armut und des Armutsrisikos erfahren. Letztere wurden überwiegend bei Angeboten der Diakonie (Tafel, Beratung, Selbsthilfegruppen) angesprochen. Über beruflich Mitarbeitende der Kirchengemeinden wurden weitere Interviewpartner, zum Beispiel geringfügig Beschäftigte, vermittelt.

Befragt wurden:

Experten des Landkreises in Wahlämtern und Verwaltung (Interviews):
Fragen: Wie sehen Sie die Lage in der Uckermark? Welche Formen von Armut nehmen Sie wahr?

Experten aus Kirche, Diakonie und sozialen Berufen (Interviews):
Fragen: Was ist in Ihren Augen Armut? Welche Formen von Armut nehmen Sie in der Uckermark/Ihrem Arbeitsfeld wahr? Wie nehmen andere Armut wahr? Ihre Motivationen? Zentrale Probleme? Mit wem bestehen Kooperationen? Wünsche für die Zukunft?

Die Gemeindekirchenräte (Gruppenbefragung und Gruppendiskussion):

Fragerunde in nahezu allen Pfarrsprengeln[16] (Gruppenbefragung):
Fragen: Wie geht es den Kirchengemeinden? Was sind die Schwerpunkte ihrer Arbeit?
Auf der Basis einer Liste aller Tätigkeiten wurde diskutiert:
Was gelingt/gelingt nicht/wird vermisst? Was macht Freude/Sorge? Was treibt um?
Die Diskussion wurde ergänzt um einen anonymen Fragebogen zur subjektiven Einschätzung, wie das eigene Engagement im (nichtkirchlichen) Umfeld wahrgenommen wird.[17]

Fragerunde in vier Pfarrsprengeln (Gruppendiskussion):
Thema: Verhältnis von kirchlichem Handeln und Armut in der Uckermark
Zentrale Fragen: Was ist in Ihren Augen Armut? Wo und wie erleben Sie Armut in Familien, im Bekanntenkreis, Beruf, Wohnort, in der Kirchengemeinde? Haben Sie selber Armutssituationen erlebt? Was haben Sie in den Kirchengemeinden bereits gegen Armut bewegt? Was ist gelungen, was ist gescheitert? Was wollen Sie gern in Angriff nehmen? Handlungsoptionen wurden zur Diskussion gestellt, die ausgehend von bereits ausgewerteten Daten der Uckermark-Studie entwickelt wurden. Nach den Gruppendiskussionen haben die Beteiligten einen anonymen Fragebogen erhalten. Es wurde

---

[16] Ein Pfarrsprengel besteht aus mehreren zu einem Pfarramt zusammengeschlossenen Kirchengemeinden.
[17] Vgl. Anhang.

erfragt, aufgrund welcher Motivationen Bereitschaft bestünde, in einem armutsbezogenen Projekt mitzuwirken.[18]

Beruflich Mitarbeitende des Kirchenkreises (zwei Konvente mit Gruppendiskussionen und Arbeitsgruppen)

Thema: Verhältnis von kirchlichem Handeln und Armut in der Uckermark. Fragen: Was ist in Ihren Augen Armut? Wo und wie erleben Sie Armut in Familien, im Bekanntenkreis, Beruf, Wohnort, in der Kirchengemeinde? Was wurde in den Kirchengemeinden bereits gegen Armut bewegt? Was ist gelungen, was ist gescheitert, was ist bedroht? Was wollen Sie gern in Angriff nehmen?

Diskussion eines biblischen Impulses (Jesaja 58,7 ff. und Matthäus 25,31 ff.). Ausgehend von bereits vorliegenden Daten: Diskussion konkreter Handlungsoptionen.

Die Synodalen (Arbeitsgruppen auf der Frühjahrssynode 2013)

Präsentation des bis 2013 erhobenen und analysierten Materials und Diskussion von Handlungsoptionen.

Menschen in Lebenslagen relativer Armut und des Armutsrisikos

(Lebensgeschichten-Interviews)
Fragen: Wie wird das eigene Leben einschließlich Armutssituationen erlebt und eingeschätzt? Weitere Fragen unter anderem bezüglich Alltag, sozialen Beziehungen, Erholung, Erleben von und Erwartungen an Kirche und Diakonie, Erfahrungen mit Engagement, Lebensmotto, Zukunftsbilder.

Menschen in Lebenslagen relativer Armut und des Armutsrisikos

(Gruppendiskussionen)
Fragen: Was ist in Ihren Augen Armut? Wie erleben Sie Armut und wie versuchen Sie, mit Armutssituationen umzugehen? Was kann Hilfe sein? Welche Erfahrungen haben Sie mit Diakonie/Kirche gemacht und welche Erwartungen haben Sie an beide? Bestehen Erfahrungen mit ehrenamtlichen Tätigkeiten?

---

[18] Vgl. Anhang.

5. Sozialdaten des Landkreises

Renate Giesler/Wolf von Nordheim

Der Landkreis Uckermark liegt im Nordosten des Bundeslandes Brandenburg – etwa 80 Kilometer von Berlin entfernt. Mit 3.058 km² ist er einer der größten Landkreise Deutschlands. Die Uckermark gehört mit 126.902 Einwohnern (Stand 2012) zu den am dünnsten besiedelten Regionen Deutschlands. Zum Landkreis Uckermark zählen fünf Ämter mit 26 amtsangehörigen Gemeinden und acht amtsfreien Städten und Gemeinden.

Lebten 1990 im Landkreis 169.255 Menschen, so waren es im Jahr 2008 nur noch 132.830 Einwohner[19], 2012 wurden 126.902 Bewohner gemeldet. Die Bevölkerung der Stadt Prenzlau sank von 1990 bis 2012 um mehr als 25 Prozent, die der Stadt Schwedt/Oder – Standort einer der größten Mineralölraffinerien – sogar um rund 40 Prozent.[20]

Von 1990 bis 2010 wurden insgesamt 149.915 Wegzüge gemeldet. Erstaunlich hoch ist aber auch die Zuzugsrate. Im gleichen Zeitraum sind 123.404 Menschen in die Uckermark zugezogen oder zurückgekehrt. Eine genauere Analyse dieser Wanderungsbewegungen steht bisher aus.[21]

Im Oktober 2011 erhielten im Landkreis Uckermark 20.924 Personen in 11.839 Bedarfsgemeinschaften einen Leistungsbezug nach SGB II, das sogenannte Hartz IV. Davon empfingen circa 5.200 Personen aufstockende Leistungen; ca. 350 von ihnen ergänzend zum Arbeitslosengeld I, ca. 4.850 ergänzend zur Erwerbstätigkeit.[22] Unter den Kirchenmitgliedern befanden sich zu diesem Zeitpunkt 1.302 Personen (in 1.036 Bedarfsgemeinschaften) im SGB-II-Leistungsbezug; 2008 waren es 2.374 Kirchgemeindemitglieder (in 1.992 Bedarfsgemeinschaften).

---

[19] Vgl. www.uckermark.de/index.phtml?La=1&sNavID=553.96&mNavID=553.42&object =tx | 553.631.1&kat=&kuo=1&text=&sub=0, Abruf 14.10.2014.

[20] http://www.uckermark.de/index.phtml?La=1&ffsn=false&object=tx | 1897.170.1&kat =&kuo=2&sub=0, Abruf 1.12.2014

[21] Bisher ist nicht untersucht worden, ob Menschen wiederholt die Uckermark verlassen und wieder zurückkehren, wie lange sie in anderen Regionen leben und wer die Rückkehrenden und Zuziehenden sind. Aufgrund der hohen Summe aller gemeldeten Weg- und Zuzüge in allen Altersgruppen sind vielfältige Gründe anzunehmen.

[22] Jobcenter Prenzlau.

Im Dezember 2012 betrug laut Statistik der Agentur für Arbeit die Arbeitslosenquote für die Uckermark insgesamt 15,9 Prozent (10.863 Arbeitslose), die Unterbeschäftigungsquote 19 Prozent. Zum Vergleich: Arbeitslosenquote in Ostdeutschland in diesem Monat: 10,3 Prozent[23], in Westdeutschland 5,6 Prozent.

2012 lag der Anteil der Einpersonenhaushalte im Landkreis bei 37 Prozent. Die Kaufkraft betrug 6.308 Euro je Einwohner (2005),[24] das ist deutlich unter dem Bundesdurchschnitt (8.523 Euro). Die Kinderarmut lag bei 30,5 Prozent, die Jugendarmut bei 23,3 Prozent.[25]

---

[23]   Vgl.   http://statistik.arbeitsagentur.de/Navigation/Statistik/Statistik-nach-Regionen/Politische-Gebietsstruktur/Ost-West/Ost-Nav.html?year_month=201411, Abruf 1.12.2014.

[24]   Vgl. http://www.insm-regionalranking.de/ki_341.html.

[25]   Vgl.   www.wegweiser-kommune.de/statistik/kommunale-daten+uckermark+soziale, Abruf 14.10.2014.

6. GESELLSCHAFTLICHER UND KIRCHLICHER WANDEL SEIT 1989: WITTENBERGE ÜBERALL?

Susann Jenichen/Wolf von Nordheim

Wenn die Bevölkerungsdichte zurückgeht, wird von Schrumpfung gesprochen. Nehmen die Unterschiede zwischen Gewinnern und Verlierern des gesellschaftlichen Wandels zu und die Kontakte zwischen ihnen ab, reden Gesellschaftsforscher von sozialer Fragmentierung. Verändert sich die Organisation der Gesellschaft und kommen neue Ideen vom Leben auf, spricht man in der Wissenschaft von institutionellem Wandel.

Die wohl bekannteste Untersuchung zu dieser Art von Veränderungen in Ostdeutschland nach der politischen Wende 1989 ist die soziologische Langzeitstudie in Wittenberge[26], für die zahlreiche Soziologen und Ethnologen von 2007 bis 2010 in Wittenberge forschten. Die dort beobachteten Prozesse der Schrumpfung, der sozialen Fragmentierung und des institutionellen Wandels können auch für die Uckermark beschrieben werden. Zugleich sind ergänzende Ergebnisse und Schlussfolgerungen möglich. Dies hängt unter anderem damit zusammen, dass der Gegenstand der Studien nicht deckungsgleich ist. In der Uckermark-Studie wurden mit dem Land- und dem Kirchenkreis Uckermark eine ländliche und stark durch Landwirtschaft geprägte Region und das flächendeckende Netz kirchlicher Akteure in dieser Region systematisch in den Blick genommen.

Wittenberge ist demgegenüber ein ehemaliges städtisch-industrielles Zentrum. Hier stand einmal das modernste Nähmaschinenwerk der Welt. Untersucht wurde in der Stadt im Nordwesten Brandenburgs, wie Menschen in Zeiten des Wandels und der Unsicherheit Vertrauen entwickeln können, wie sie ihr Leben in Familien und Gemeinschaften gestalten, welche Selbsthilfe- und Überlebensstrategien (Subsistenz) ihren Alltag bestimmen und wie prägende Persönlichkeiten des öffentlichen Lebens (charismatische Akteure) Orientierung ermöglichen. Die leitenden Fragen waren: Wie sind Orientie-

---

[26] Willisch (Hg.) 2012; Bude u. a. (Hg.) 2011.

rung und Vertrauen möglich, wenn die Lebenssituation der Menschen von Unsicherheit durchdrungen ist? Wie verhalten sich milieutypische Gemeinschaften gegenüber kommunalen und regionalen Entwicklungsprojekten? Wer sind die charismatischen Akteure, die in Umbruchs- und Krisensituationen vorangehen und die Sehnsüchte der Menschen nach dem guten Leben verkörpern, und welche Ideen bewegen sie? Wie wird die gesellschaftliche Unsicherheit durch Selbsthilfestrategien, zum Beispiel individuelle Subsistenz, bearbeitet? Erfahren diese Strategien neben den dominierenden gesellschaftlichen Leitideen von Aufstieg und Zugewinn neue Anerkennung? Die Wittenberge-Studie fragte also einerseits nach den großen Ideen, die Menschen antreiben, und andererseits danach, wie Unsicherheit durch Alltagsstrategien, in Familien, in kleinen überschaubaren und eher homogenen (milieubasierten) Gemeinschaften sowie durch herausragende Personen des öffentlichen Lebens bewältigt wird. Neben den großen Ideen, an denen Menschen sich orientieren, wurden die kleinsten sozialen Einheiten, die Mikro-Institutionen des Alltags, in den Blick genommen.

Auch in der Uckermark-Studie geht es um Leitideen, die Menschen bewegen, und um »Mikro-Institutionen« (Lebensläufe, Alltagsstrategien, kleine »Überlebensgemeinschaften«), die ihren Alltag bestimmen. Die Aufmerksamkeit galt darüber hinaus jedoch gezielt der über Jahrhunderte gewachsenen, deutlich gewandelten, aber auch heute noch flächendeckenden Struktur der Kirchengemeinden im Kirchenkreis Uckermark. Es wurde einerseits gefragt, wie sich der gesellschaftliche Wandel auf eine solche, regional breit verankerte Institution auswirkt und durch diese verarbeitet wird. Andererseits war von Interesse, wie die Leitideen und Strukturen der Institution und Organisation Kirche das Zusammenleben der Menschen prägen und die Mikro-Institutionen ihres Alltags mittragen. Um diese Fragen zu beantworten, wurden Gruppenbefragungen und -diskussionen sowie Interviews mit Engagierten aus nahezu allen Kirchengemeinden und den zentralen Gremien des Kirchenkreises Uckermark geführt.

Die Prozesse der Schrumpfung, der sozialen Vereinzelung – von Gruppen und Menschen – und des gesellschaftlichen Wandels prägen die Uckermark und wirken sich auf das kirchliche Leben in dieser Region aus. Ein nahezu vollständiger und extrem kurzfristiger Zusammenbruch, wie er für die industrielle Produktion in Regionen wie Wittenberge zu beobachten war, ist für das kirchliche Leben jedoch nicht festzustellen. Die sinkende Zahl an Kirchenmitgliedern, wesentlich bedingt durch Abwanderung und starke Alterung, zog eine deutliche Verringerung an beruflich Mitarbeitenden im Kirchenkreis nach sich. Dennoch konnte flächendeckend ein kirchliches Angebot erhalten werden. Insbesondere regelmäßige Gottesdienste, geöffnete Kirchen, gepflegte Friedhöfe, Konzertreihen, Seniorennachmittage, Versorgung mit »Kirchlichen Nachrichten«, Angebote der Seelsorge und die Vertretung auch kleiner Kirchgemeinden in Gemeindekirchenräten zählen dazu.

Die hohe Zahl an gemeldeten Wegzügen, aber auch eine hohe Zahl an Zuzügen von Neu-Uckermärkern wie Rückkehrern[27] haben in der Uckermark eine neue Vielfalt an Lebensformen hervorgebracht. Diese starke Wanderungsbewegung, die dadurch entstandene neue Vielfalt an Lebensweisen, die deutlichen Unterschiede zwischen Gewinnern und Verlierern des gesellschaftlichen Wandels nach 1990 und die schrumpfende Bevölkerung drängen soziale Gruppen in ihrem Denken und Leben auseinander. Viele Menschen finden sich in kleinen Gemeinschaften des Überlebenskampfes oder sogar in sozialer Vereinzelung wieder. Die wachsende Vielfalt an Lebensweisen ist auch in den Kirchengemeinden zu spüren. In Gemeindekirchenräten wie in Gremien des Kirchenkreises treffen zunehmend Menschen unterschiedlicher Prägungen und Erfahrungshorizonte zusammen. Dennoch gestalten sie gemeinsam die Geschicke ihres Kirchenkreises. Bei all ihrer Verschiedenheit ringen sie darum, in ihren Kirchengemeinden, Dörfern und Städten gemeinschaftlich Verantwortung zu übernehmen. Dieses gemeinsame Handeln fordert heraus und ist zugleich eine nicht zu unterschätzende Chance. Die in diesen Gemeinschaften geborgenen Kräfte für armutsbezogenes und bürgerschaftliches Engagement sind ein zentraler Gegenstand unseres Forschungsinteresses.

Liegt ein deutlicher Bevölkerungsverlust vor, so wird von Schrumpfung gesprochen. Nehmen die Unterschiede zwischen den Gewinnern und Verlierern des gesellschaftlichen Wandels zu und die Kontakte zwischen ihnen ab, reden Gesellschaftsforscher von sozialer Fragmentierung. Verändern sich die Ideen vom Leben und die Organisation der Gesellschaft, spricht man in der Wissenschaft von institutionellem Wandel.

Im Rahmen der Wittenberge-Studie als auch der Uckermark-Studie waren **Prozesse der Schrumpfung**, der **sozialen Fragmentierung** und des **institutionellen Wandels** zu beobachten.

Der Gegenstand der Studien ist jedoch nicht deckungsgleich. In der Uckermark-Studie wurden Leitideen, an denen Menschen ihr Handeln ausrichten, und kleine soziale Einheiten (Gemeinschaften, Alltagsstrategien, Lebensläufe) in ihrem Verhältnis zu den kirchlichen Institutionen in der gesamten Uckermark untersucht.

---

27 Gemeldete Wegzüge 1990–2010: 149.915; gemeldete Zuzüge und Zurückkehrende: 123.404.

Davon ausgehend konnte beobachtet werden, dass durch den **flächendeckenden Erhalt von kirchlichen Angeboten** in den Kirchengemeinden und ihren Gremien Menschen mit ganz unterschiedlichen Prägungen und in ganz verschiedenen Lebenssituationen aufeinandertreffen, um sich gemeinsam zu engagieren.

Welche verborgenen Kräfte enthalten diese **sozial durchmischten kirchlichen Gremien?**

6.1 FLÄCHENDECKENDES KIRCHLICHES ANGEBOT TROTZ SCHRUMPFUNG DER BEVÖLKERUNG

Prozesse der Schrumpfung zeigen sich neben der abnehmenden Bevölkerungszahl in einer verringerten Ausstattung öffentlicher Einrichtungen sowie einer ausgedünnten Infrastruktur. Nur wenige Daten sollen hier beispielhaft zusammengefasst sein.

Im Landkreis ist die Einwohnerzahl zwischen 1990 und 2010 um 23,5 Prozent auf ca. 130.000 Einwohner gesunken. Von 85.000 Arbeitsplätzen vor der Wende bestanden 1995 noch 28.000. Im Jahr 2012 stieg deren Zahl wieder auf 36.000. Die stärksten Verluste gab es bei den Arbeitsplätzen in der Land- und Forstwirtschaft. Von den heute dort Tätigen haben nur wenige bereits vor 1989 hier gearbeitet, ein Drittel der heute in der Landwirtschaft Beschäftigten sind »Nicht-Uckermärker«.

Im Jahr 2003 standen 100 Lehrstellenbewerbern im Landkreis Uckermark nur 85,4 Ausbildungsplätzen gegenüber, bundesweit waren es durchschnittlich 96,8 Ausbildungsstellen.[28] Im August 2013 meldete die Agentur für Arbeit Eberswalde, dass 351 Jugendliche, die dort oder beim Jobcenter Uckermark gemeldet waren, noch keinen Arbeitsplatz gefunden hatten. Zugleich waren 117 betriebliche Ausbildungsplätze noch unbesetzt.

Prozesse der Schrumpfung im Landkreis Uckermark 1989 bis 2010

	Arbeitsplätze	davon Land/Forst	Bevöl-kerung	Ev. Kirchen-mitglieder[29]	Pfarr-stellen
1989/90	rd. 85.000	21.000	169.255	24.000	43
2010	rd. 36.000	1.900	129.738	15.000	17
Differenz in %	− 58 %	− 91%	− 23,5%	− 37,5%	− 60%

---

28   Vgl. www.insm-regionalranking.de/ki_341.html. Abruf 14.10.2014.
29   Quelle: Gemeindegliederdateien der Verwaltungsämter.

Wie der Landkreis ist auch der Kirchenkreis Uckermark von vergleichbaren Veränderungen betroffen. Die Zahl der evangelischen Kirchenmitglieder ist von 1989 bis 2013 um 41,6 Prozent zurückgegangen. 2013 waren es noch 13.889 Mitglieder. Der Anteil der Wohnbevölkerung, der landeskirchlich evangelisch ist, beträgt gegenwärtig weniger als 15 Prozent. Von 1989 bis 2010 ist die Zahl der Mitarbeitenden im Pfarrdienst um 60 Prozent von 43 auf noch 17 Pfarreren und im katechetischen Dienst um 74,5 Prozent von vormals 19 auf fünf Mitarbeitende gesunken. Von den ehemals 41 Pfarrsprengeln bestehen nach mehreren Fusionen noch 12. Der Abbau weiterer Personalstellen als auch weitere Zusammenschlüsse von Kirchengemeinden sind für die nähere Zukunft bereits abzusehen. Auf ein »aktives« Kirchengebäude zählen zur Zeit durchschnittlich zirka 95 Kirchenmitglieder, die in ihren Kirchengemeinden zudem für Pfarrhäuser und Friedhöfe zuständig sind. Das sind herausfordernde Aufgaben, bedenkt man, dass die Kirchengemeinden den demographischen Wandel der Region besonders spüren. Der Anteil älterer Menschen in den evangelischen Kirchengemeinden ist vergleichsweise höher als der der Älteren im Landkreis. 2011 waren knapp 46 Prozent der Kirchenmitglieder 65 Jahre und älter, im Landkreis lag diese Quote bei knapp 23 Prozent. Dennoch erlauben die Beziehungen von Kirchengemeinden, Kirchenkreis und Landeskirche, dass eine flächendeckende Struktur aktiver Kirchengemeinden und Kirchengebäude weitgehend erhalten werden konnte.

6.2 SOZIALE VEREINZELUNG UND DENNOCH SOZIAL DURCHMISCHTE KIRCHLICHE GREMIEN

Prozesse der Schrumpfung sowie der Trend zum Wochenendpendeln aufgrund auswärtiger Berufstätigkeit verstärken Prozesse der sozialen Vereinzelung. Die große Bevölkerungsmobilität, erkennbar an den hohen Weg- als auch Zuzugsraten, führt zudem zu einer Pluralisierung der Lebensformen in der Uckermark. Die Unterschiede der Lebensqualität nehmen zwischen einzelnen Orten und Wohngebieten wie für die Gewinner und Verlierer des gesellschaftlichen Wandels zu. All dies trägt dazu bei, dass die Kontakte zwischen sozialen Gruppen abnehmen und erschwert werden und Menschen in soziale Vereinzelung geraten.

Junge Menschen mit höherer Bildung verlassen zur weiterführenden Qualifikation die Region, häufig gründen sie dann auch in anderen Regionen Deutschlands eine Familie. Die Bildungsabwanderung zählt zu den höchsten in ganz Deutschland. In vielen Kommunen und Kirchengemeinden wird deutlich, dass die Generation der jungen Erwachsenen fehlt. Im gesamten Kirchenkreis ist die Arbeit mit Jugendlichen überwiegend (nur) eine Begleitung bis zum Schulabschluss. Fließende Übergänge von der Jugendarbeit zur Arbeit mit jungen Erwachsenen und Familien sind kaum möglich. Gelegenheiten für familiäre und gemeinschaftliche Beziehungen unter jungen Erwachsenen und zwischen den Generationen haben abgenommen. Ein Mitarbeiter der Jugendarbeit berichtete von den Bemühungen, mit Jugendlichen Kontakt zu halten, die die Region zur Ausbildung verlassen. Einige kehren in die Region zurück und gründen in der Uckermark eine Familie. Doch nur zufällig erhält er davon Kenntnis, da die Rückkehrenden sich häufig nicht erneut in ihren Heimatorten niederlassen. Wenn junge Menschen zurückkehren oder auch zuziehen, bedarf es eines großen Aufwandes, um mit ihnen Kontakt aufzunehmen.

Mit großer Sorge werden auch Entwicklungen thematisiert, die unter dem Stichwort *3. Generation Hartz IV* gefasst werden. Angesichts des hohen Abbaus von Arbeitsplätzen ist für viele Menschen gesellschaftliche Teilhabe durch Erwerbstätigkeit zu einer unüberwindbaren Hürde geworden. Insbesondere in den kaum sanierten Neubaugebieten der 1970er Jahre, die am Rande der Städte und Dörfer liegen, ist ein Alltag ohne Erwerbstätigkeit weitgehend zur Normalität geworden. Es droht soziale Isolation aufgrund randständiger Wohnlagen, nachlassender Erwerbsorientierung und Einkommensarmut. Die Kirchengemeinden haben zu diesen Bevölkerungsgruppen vorwiegend durch Veranstaltungsangebote in Schulen und Kindertagesstätten Kontakt sowie in ihrer Funktion als Träger von Kindertagesstätten, als Arbeitgeber von Arbeitsmaßnahmen und aufgrund gezielter Projekte armutsbezogenen Engagements. Diese Beziehungen bleiben mehrheitlich flüchtig. Weitere Kontakte bestehen über die Angebote der Diakonie. Sie werden intensiver und nachhaltiger in Projekten, die von Kirchengemeinden und Diakonie gemeinsam getragen werden.

Um Entwicklungen der sozialen Vereinzelung wissen die Befragten der Kirchengemeinden, und sie erleben diese selbst bzw. in ihrem familiären und nachbarschaftlichen Umfeld mit. Dennoch lassen die Entwicklungen im Kirchenkreis Uckermark auch Prozesse erkennen, in denen Menschen unterschiedlicher Lebenslagen neu aufeinandertreffen. Dort, wo es Kirchengemeinden trotz ihrer ganz verschiedenen Situationen und nach immer wieder neuen Zusammenschlüssen zu Pfarrsprengeln gelingt, gezielt zusammenzuarbeiten, treffen Menschen aus Weg- wie aus Zuzugsorten, Alteingesessene wie Zugezogene, Gewinner wie Verlierer des gesellschaftlichen Wandels mit ihren vielfältigen Lebenserfahrungen und -orientierungen aufeinander (vgl.

Kapitel 7). Die Orientierung an einer Kirche *in der Fläche* bei gleichzeitig verstärkter Zusammenarbeit von Kirchengemeinden kommt positiv zum Tragen. Auch wenn nicht alle sozialen Gruppen und Generationen gleichermaßen vertreten sind, entstehen mit den gemeinsam tagenden Gemeindekirchenräten der sehr unterschiedlichen Kirchengemeinden eines Pfarrsprengels sozial durchmischte Gremien von Engagierten.

Sozial durchmischte kirchliche Gremien:

Die Vielfalt der Lebensformen und die Differenzen zwischen Gewinnern und Verlierern des gesellschaftlichen Wandels haben zugenommen.

Viele Jugendliche verlassen zur Ausbildung die Region. Mit den jungen Familien schwinden die Gelegenheiten für gemeinschaftliche Beziehungen unter jungen Erwachsenen und zwischen den Generationen.

Dennoch treffen in den Gremien des Kirchenkreises Menschen mit ganz verschiedenen Prägungen und Erfahrungen aufeinander, um gemeinsam zu handeln.

6.3 GESELLSCHAFTLICHER WANDEL ALS HERAUSFORDERUNG UND CHANCE

Die gesellschaftlichen Veränderungen und der weltanschauliche Wandel seit 1989 haben die Kirchengemeinden in neue und ungewohnte Verantwortlichkeiten gestellt. Für Erhalt und Restaurierung der Kirchengebäude standen plötzlich hohe Fördersummen bereit, die mit komplizierten Antragsverfahren zu erschließen waren. Die Rückübertragung des Landbesitzes stellte die Kirchengemeinden vor neue Aufgaben als Verpächter. Sie müssen sich zu konkurrierenden Interessen und ethischen Fragen verhalten, wenn Pächter das kirchliche Land zur Errichtung von Windkraftanlagen und/oder Mastställen in der Massentierhaltung nutzen möchten.

Kirchengemeinden übernahmen neue Verantwortung als Arbeitgeber für Beschäftigungsverhältnisse, denen unterschiedlichste Rechtsformen zugrunde liegen. Sie begleiten Menschen im Auftrag einer Behörde in geförderten Arbeitsverhältnissen wie ABM und sogenannten Ein-Euro-Jobs und profitieren von dieser Möglichkeit. Verbunden mit neuen Trägerschaften, zum Beispiel von Kindertagesstätten und Schulen, nehmen sie Aufgaben als ordentliche Arbeitgeber wahr.

Bis heute ermöglicht der Wandel der gesellschaftlichen Verhältnisse immer wieder neue Formen des Zusammenwirkens von Kirchengemeinden und Diakonie mit anderen öffentlichen Akteuren. Vertreter des Gemeinderates und Ortsvereine engagieren sich in einigen Fällen sogar tatkräftig bei der Sanierung von Kirche und Friedhof oder unterstützen kirchlich-diakonische Projekte; in jüngster Vergangenheit ein Seniorenzentrum mit acht Wohneinheiten und offener Begegnungsstätte. Weitere neue funktionale Beziehungen sind zu beobachten. Unternehmer spenden für den Kirchenbau und erlangen Ansehen im Ort. Angebote der diakonischen Einrichtungen werden von Menschen verschiedener kultureller und sozialer Prägung genutzt, weil sie den Ruf guter Qualität haben. Weltanschauliche Gründe hindern kaum noch, diese Angebote zu nutzen.

Soziale Fragmentierung und Schrumpfungsprozesse belasten dennoch das gemeinsame Wirken mit anderen öffentlichen Akteuren. Viele Pfarrsprengel umfassen eine große Anzahl an Dörfern, bis hin zum Extremfall von elf Kirchengemeinden und zweiunddreißig Dörfern. Die Möglichkeiten, Kontakte zu kommunalen Verantwortungsträgern zu pflegen, sind entsprechend hoch – der damit verbundene Aufwand jedoch ebenfalls. Haben Dörfer sehr unterschiedliche Entwicklungen genommen, so steigen neben den vielfältigen Aufgaben der Kontaktpflege auch die inhaltlichen Ansprüche an das Miteinander. Es ist eine anspruchsvolle Aufgabe, der sich öffnenden Schere zwischen schrumpfenden, stabilen oder gar wachsenden Dörfern sowie zwischen Menschen in verfestigten Armutssituationen oder in bessergestellten Lebenslagen zu begegnen.

Das Miteinander öffentlicher Akteure wird noch aus weiteren Gründen herausgefordert. In der Uckermark ist zu beobachten, was für Gesellschaften im Wandel typisch ist. Zwischen öffentlichen Akteuren bestehen kaum gefestigte Beziehungen der Anerkennung und des gemeinsamen Handelns. Verhältnisse, die in manchen westdeutschen Regionen noch gelten, sind hier nicht anzutreffen. In den alten Bundesländern sind Kirchengemeinden oft seit über 65 Jahren selbstverständlicher Partner von Kommunen und zivilgesellschaftlichen Initiativen, zum Beispiel bei sozial-diakonischen Aufgaben für das Gemeinwesen. Demgegenüber ist die gegenseitige Wahrnehmung von öffentlichen Akteuren in der Uckermark sehr wechselhaft. Sie ist in manchen Orten nur schwer zu erringen und immer wieder vom Einsatz Einzelner abhängig. Die neuen Chancen für Zusammenarbeit fordern einen beständigen Aufwand des situativen Aushandelns von Möglichkeiten. Nicht für alle Anliegen und in allen Orten gelingen die gewünschten Kontakte. Wechselseitige Erwartungen sind oft (zunächst) unvereinbar. Letzteres trifft zu, wenn Kommunen davon ausgehen, dass Kirchengemeinden den laufenden Betrieb einer großen bisher kommunalen Kindertagesstätte übernehmen und deren bisherige Prägung weiterführen können, die Gründung einer christlichen

Kindertagesstätte jedoch ablehnen. Es stimmt dennoch hoffnungsvoll, dass aus derartigen Verhandlungen und dank engagierter Kirchenmitglieder in Bildungsberufen auch positive Kontakte zwischen Kirchengemeinden und Kindertagesstätten sowie Schulen entstehen. Musikalische, kulturelle und zum Teil politische Veranstaltungsreihen (»Aufklärung gegen Rechts«) werden in einigen Orten zunehmend gemeinsam verantwortet von Kirchengemeinden, Kindertagesstätten, Schulen oder Musikschulen.

Auch wenn die Beziehungen zwischen Kirchengemeinden und anderen öffentlichen Akteuren unbeständig und sehr durchmischt sind, die einzelnen Engagierten sehen für ihr Engagement kaum Ablehnung durch ihr nichtkirchliches Umfeld und wissen auch um Anerkennung. Eine Befragung per anonymen Fragebogen von Gemeindekirchenratsmitgliedern, leitenden Ehrenamtlichen sowie beruflich Mitarbeitenden in zwölf von sechzehn Pfarrsprengeln ergab darüber folgendes Bild: Auf die Aussage »Mein kirchliches Amt/Engagement wird von meiner nichtkirchlichen Umgebung wohlwollend wahrgenommen« antworteten zirka 70 Prozent »stimmt überwiegend« und »stimmt genau«. In einer Kontrollgruppe aus vier Kirchengemeinden der Evangelisch-lutherischen Landeskirche Hannovers sind es 82 Prozent, die positiv zustimmten. Auf die Aussage »Aufgrund meines kirchlichen Amtes/Engagements werde ich von meiner nichtkirchlichen Umgebung abgelehnt beziehungsweise ausgegrenzt« antworteten in der Uckermark zirka 90 Prozent »stimmt selten« und »stimmt gar nicht«. In der Kontrollgruppe aus vier Kirchengemeinden der Evangelisch-lutherischen Landeskirche Hannovers sind es 98 Prozent. Engagierte in den Kirchengemeinden erfahren also kaum Ablehnungen ihres Engagements in der nichtkirchlichen Bevölkerung. Die von ihnen zu großen Teilen erlebte und vermutete Anerkennung kann motivieren, sich weiter zu engagieren, für die Kirchengemeinde, den Ort und die Region.

Gesellschaftlicher Wandel als Herausforderung und Chance:

Der gesellschaftliche Wandel seit 1989 ermöglicht neue Formen der Zusammenarbeit zwischen öffentlichen Akteuren.

Prozesse der Schrumpfung fordern das Zusammenwirken heraus, da zunehmend weniger Personal für gestiegene Kontaktmöglichkeiten verantwortlich ist.

Wie es für Gesellschaften im Wandel typisch ist: Die gegenseitige Wahrnehmung und das gemeinsame Handeln zwischen öffentlichen Akteuren sind schwankend und oft vom Engagement Einzelner abhängig. Wechselseitige Erwartungen sind oft (zunächst) gegensätzlich.

Dennoch fühlen sich die meisten Engagierten der Kirchengemeinden in ihrem Engagement von ihrer nichtkirchlichen Umwelt anerkannt.

---

7. Kirchengemeinden und ihre Potenziale für armutsbezogenes Engagement

Die Uckermark-Studie fragt nach den Möglichkeiten und Grenzen für armutsbezogenes Engagement in einer strukturschwachen ländlichen Region. Die Aufmerksamkeit der Studie galt in besonderer Weise den Kirchengemeinden:

- Wie geht es den Menschen dort?
- Wie erleben die Aktiven der Kirchengemeinden Armut in der Uckermark und wie gehen sie damit um?
- Wann und wie gelingt ihnen armutsbezogenes Engagement und wann scheitert es?
- Gibt es in den Kirchengemeinden verborgene Kräfte für armutsbezogenes Engagement, die gestärkt werden können?

Um diese Fragen zu beantworten, griffen wir die Überlegungen der drei Sozialwissenschaftler Michael Corsten, Michael Kauppert und Hartmut Rosa auf. Basierend auf soziologischen und psychologischen Theorien haben sie Fragen entwickelt, mit deren Hilfe betrachtet werden kann, wie Engagement entsteht und was wesentlich ist, damit Menschen sich gern und engagiert einbringen. Dies schließt nicht aus, dass es darüber hinausgehend Gründe für Engagement gibt. Manche Leser und Leserinnen werden durch eigene Erfahrungen angeregt, die folgenden Darstellungen durch weitere Gedanken zu ergänzen. Dennoch: Auch wenn in der Uckermark-Studie nur ausgewählte Fragen gestellt wurden, diese Fragen erlauben einen gezielten Blick auf das Ringen um Engagement, sie geben begründete Anregungen, sich in die Situation der Menschen in der Uckermark hineinzudenken.

7.1 Quellen für armutsbezogenes Engagement

Corsten, Kauppert und Rosa betonen, dass nicht einfach von *dem* Engagement für *das eine* Gemeinwohl gesprochen werden kann. Wer kann überblicken, was für alle den größten Nutzen bringt? Wer kann behaupten zu wissen, was allen dient? Jeder, der sich engagiert, bringt sich mit ganz eigenen Vorstellungen ein. Sie sind geprägt von seinem bisherigen Leben. Was man selber erfahren hat, bestimmt mit, was man anpacken und wie man ein gutes und gelingendes Leben und Zusammenleben mit anderen anstreben möchte. Jeder hat einen ganz besonderen »Sinn und Geschmack für *bestimmte* Formen *gelingender* sozialer Praxis« (Corsten/Kauppert 2007: 348, Hervorhebung im Original). Da in den Kirchengemeinden ganz unterschiedliche Menschen mit ganz eigenen Prägungen aufeinandertreffen, wird in der Uckermark-Studie gefragt, welche Herausforderungen und Potenziale in dieser Vielfalt liegen. Da für Engagement ausschlaggebend ist, dass Menschen ihre ganz persönlichen Prägungen und Überzeugungen einbringen können, wird ebenso untersucht, ob die Kirchengemeinden dies ermöglichen.

Zunächst ist zu fragen, ob in den Kirchengemeinden der Uckermark überhaupt typische Kräfte für armutsbezogenes Engagement zu erkennen sind. Wie stark drängt es die Kirchenmitglieder, das Zusammenleben in Gemeinschaften, in Dörfern, in Städten und in der Region oder nationalen und transnationalen Beziehungen (zum Beispiel durch Partnerschaften) mitzugestalten? Wie wichtig ist ihnen, sich für ein gutes gemeinsames Leben und/oder für andere einzusetzen? Drängt es sie auch, etwas gegen Armut zu tun? Wenn Menschen Lebensweisen als bedroht ansehen, die sie für ein gutes gesellschaftliches Zusammenleben als wichtig erachten, motiviert sie dies zu Engagement. Wenn Armut als Belastung des gemeinsamen Lebens erlebt wird, kann auch sie zum Zielpunkt des Handelns werden. Entsprechend wird gefragt, ob die Engagierten in den Kirchengemeinden Lebensweisen eines gelungenen Zusammenlebens als bedroht ansehen, weil Armut das gemeinsame Leben belastet.

Für Corsten, Kauppert und Rosa ist schließlich entscheidend für Engagement, dass Menschen überzeugt sind, durch eigenes und gemeinsames Handeln eine bedrückende Situation verbessern zu können. Dazu ist notwendig, dass ausreichend Mittel zur Verfügung stehen oder zugänglich sind. Zu ihnen zählen materielle, zeitliche, gesundheitliche und soziale Ressourcen. Sie verleihen den Einzelnen die notwendige Sicherheit, den Aufgaben gewachsen zu sein oder an ihnen wachsen zu können. Zentrale Fragen sind folglich: Welche Mittel stehen den Kirchengemeinden in der Uckermark zur Verfügung? Können sie hoffen und überzeugt sein, etwas zu bewirken und zur Verbesserung der Situation beizutragen?

Als wesentliches Kriterium für bürgerschaftliches Engagement wird der Einsatz für ein gemeinsam geteiltes besseres Leben und für andere Menschen gesehen.[30] Diese Definition sollte jedoch nicht zu eng und zu einseitig verstanden werden. Sie kann eine allzu starke Unterscheidung zwischen

---

[30]   Corsten/Kauppert 2007; Corsten/Kauppert/Rosa 2008: 13.

engagementfähigen Menschen einerseits und Hilfsbedürftigen andererseits bestärken. Das Kriterium »für andere« kann jene Formen des Engagements aus dem Blick drängen, die zu einem besseren gesellschaftlichen Zusammenleben führen, weil benachteiligte und unterdrückte Menschen sich selbst vertreten und um ihre Rechte an Teilhabe und gesellschaftlicher Bewährung kämpfen. Als weitere Quellen und Formen bürgerschaftlichen Engagements, insbesondere des armutsbezogenen Engagements, soll auch das selbstvertretende Handeln (gegen erfahrene Benachteiligung) gelten, das mit dem Ringen um Teilhabe und Bewährungsmöglichkeiten verbunden ist.

Es ist anzunehmen, dass ein großer Raum für bürgerschaftliches und armutsbezogenes Engagement entsteht, wenn alle diese drei Anliegen gleichrangig verfolgt werden: Selbstvertretung gegen Benachteiligung, Zuwendung an jeden Einzelnen, Handeln für ein gemeinsam geteiltes besseres Leben. In einem solchen Raum können sich Menschen wiederfinden, die an der schwierigen Lebenslage anderer Anteil nehmen, aber auch die Betroffenen selber. Alle Seiten können ihre Sichtweisen einbringen und sich für ein gemeinsames besseres Wohlergehen aller einsetzen.

Corsten/Kauppert/Rosa:
Quellen für Engagement

– Menschen haben einen Sinn für ein Leben mit anderen.
– Ihr Lebensverlauf prägt, wie sie sich für ein besseres Leben und Zusammenleben (Gemeinwohl) einsetzen möchten.
– Das gute Zusammenleben, das man schützen oder anstreben möchte, wird als gefährdet erlebt.
– Menschen sind überzeugt, dass etwas getan werden kann und es auf sie ankommt.
– Sie haben ausreichend Ressourcen, um handeln zu können.
– Sie fühlen sich den Problemen gewachsen, oder vertrauen darauf, an den Aufgaben wachsen zu können.
– Sie finden Räume des Engagements, in denen sie sich mit ihren Prägungen und Überzeugungen einbringen können.

Weitere Quellen und Formen des armutsbezogen bürgerschaftlichen Engagements:

– Selbstvertretung der Benachteiligten.
– Ringen um Teilhabe und Bewährungschancen durch Benachteiligte.

Engagement ist durch Vorstellungen vom guten Leben angetrieben. Menschen wollen etwas erreichen und bewahren oder etwas aufhalten und verhindern. Positive wie negative Bilder vom Leben, positive wie negative Erwartungen spornen sie an. Für die Uckermark-Studie ist dies wichtig, weil deutlich wurde: Menschen sind einerseits engagiert, weil sie zum Beispiel das gemeinschaftliche, kulturelle und wirtschaftliche Leben in ihren Orten erhalten und stärken möchten. Sie sind andererseits engagiert, weil sie trotz persönlich erfahrener relativer Armut oder Armutsgefährdung nicht aufgeben wollen, weil sie die Armut anderer, den Verfall ihrer Dörfer oder hemmende politische Rahmenbedingungen nicht hinnehmen möchten.

Ist der Aufwand jedoch hoch und sind gleichzeitig die Chancen gering, an Entwicklung, Entfaltung, Ressourcen und politischen Prozessen beteiligt zu werden, kommen Menschen an die Grenzen ihrer Belastbarkeit. Sind ihnen die Hände gebunden, kann sich ihr innerer Kampf gegen das drohende Verzagen in Aufbegehren äußern. Sie klagen Missstände an und mahnen Gerechtigkeit und politisches Handeln an. Erst wenn ausreichend Ressourcen zur Verfügung stehen, können positive Visionen entfaltet werden. Unter den Engagierten in den Kirchengemeinden ist beides zu finden. Sie ringen um positive Ziele und die Mittel, diese zu erreichen. Aber sie begehren auch auf und fordern Hilfe ein, wenn sie keine Möglichkeiten mehr sehen, selbst positive Ziele anzustreben, wie folgende Äußerungen zeigen.

»Das ist doch bekannt seit Jahren, dass die Uckermark das Schlusslicht in der Arbeitslosenstatistik ist. (...) Und damit auch die Wirtschaftlichkeit der ganzen Betriebe beziehungsweise der Familien an der Grenze liegt. Und da kann doch eine arme Kirchengemeinde nicht viel tun, um da jetzt die Situation zu verbessern. (...) Irgendwie erhofft man sich ja, dass Sie das irgendwo hintragen, wo sich eine Veränderung ergibt. Entweder für die Kirche oder für die Kommune oder bestenfalls für beide. (...) Im Großen muss irgendwas passieren, was entschieden werden. Auf kleiner Basis können wir überhaupt nichts bewegen.« (GKR)

»Wir können uns unterhalten mit denen, die davon [von Armut] betroffen sind, aber das ist sekundär. (...) Aber die Rahmenbedingungen, die wir hier haben, die werden nicht angemahnt. Es sind ja noch ein paar mehr Unternehmer am Tisch, die haben keine Lobby, um hier Arbeit zu schaffen. (...) Letztendlich hier Aufschwung in dem Sinne zu machen, da brauchen wir Rahmenbedingungen, wie wir die Wirtschaft anziehen. (...) Wir können unser Bestes da tun, will ich auch gerne bereit sein, auch weiterhin, (...) aber wir bekämpfen nicht die Ursächlichkeiten.« (GKR)

Die bisherigen Ergebnisse unserer Studie legen nahe, auch jenen Formen des Engagements Beachtung zu schenken, die gesellschaftliche Verhältnisse, verhindernde, einengende und ausschließende Strukturen, problematisieren.

Es gilt auch jene Menschen im Blick zu haben, denen aufgrund vielfältiger Benachteiligung gestaltendes Engagement unmöglich wird und deren aufbegehrende und anmahnende Haltung ihren inneren Kampf verdeutlicht – ihren Kampf, nicht aufgeben und resignieren zu wollen. Wir bezeichnen dies als aufbegehrendes oder anmahnendes Engagement, das vom gestaltenden Engagement unterschieden werden kann, aber doch eine große Nähe zu ihm aufweist. Es fragt sich, ob nicht gerade die Verbindung beider Formen eine wesentliche Kraft für den Kampf gegen Armut darstellt. Wenn in Gemeindekirchenräten Menschen mit unterschiedlichen kulturellen Prägungen, in unterschiedlichen Lebenssituationen und sozialen Lagen und mit ganz verschiedenen Möglichkeiten aufeinandertreffen, fordert dies heraus. Darin liegen jedoch zugleich besondere Chancen für kirchliches Handeln und armutsbezogenes Engagement.

Menschen engagieren sich für Gemeinwohlziele
– in Formen des Gestaltens und des Aufbaus von Lebensmöglichkeiten, soweit ihnen dies auf Basis ausreichender Ressourcen möglich ist;
– mit Formen des Aufbegehrens, wenn ihre Handlungsmöglichkeiten beschränkt sind und es darauf ankommt, verhindernde Strukturen anzuklagen und zu überwinden.
Die Nähe des aufbegehrenden zum gestaltenden Engagement kann unterschätzt und sollte nicht verkannt werden. Stellt die Verbindung beider Haltungen eine besondere und wesentliche Kraft dar, gegen Armut anzukämpfen?

Wir gehen von der Annahme aus, dass eine wesentliche Bedingung für Engagement darin besteht, wie stark und in welcher Art und Weise ein Problem wahrgenommen werden kann; in diesem Fall die Lebenslagen der Armut. Ob und wie sich Menschen engagieren, hängt auch davon ab, wie sie die anderen und wie sie sich selber wahrnehmen und in welcher Beziehung sie sich zu anderen Menschen sehen. Es wurde deshalb gefragt, wie stark und in welchen Formen in den Kirchengemeinden Armut als Belastung anderer, als eigene und als geteilte Belastung erfahren wird. Bei der Auswertung der Interviews und Gruppendiskussionen wurde intensiv darauf geachtet, wie über Armut diskutiert wird, welche Kontakte und Beziehungen zu Menschen in Lebenslagen der Armut oder des Armutsrisikos bestehen, ob Armut selbst erlebt wird und wie sich das auf die Wahrnehmung von Armut auswirkt.

Wie Armut wahrgenommen wird, ist eine weitere wesentliche Bedingung für armutsbezogenes Handeln und Engagement.

Die folgende Darstellung zu den Potenzialen armutsbezogenen Engagements beginnt mit der Frage, wie Armut in den Kirchengemeinden der Uckermark wahrgenommen wird (7.2). Diese Wahrnehmung ist geprägt durch Mit- und Selbstbetroffenheit. Die Berührungspunkte zu Menschen in Armut sind bei den Engagierten hoch. Vielen geht die Situation anderer persönlich nahe (Mitbetroffenheit). Einige Engagierte und Kirchengemeinden sind selbst durch geringe finanzielle Mittel herausgefordert (Selbstbetroffenheit). Über diese Formen der Mit- und Selbstbetroffenheit ist in Abschnitt 7.3 zu lesen. Bestehen ausgehend von diesen Erfahrungen in den Kirchengemeinden starke Bilder und Ideen, die auf ein gemeinsam geteiltes besseres Leben und auf ein Engagement für ein Gemeinwohl mit weniger Armut zielen? Verfügen die, die sich engagieren wollen, über ausreichend Ressourcen, dass sie hoffen können, selber etwas bewegen zu können (7.5 und 7.6)? Aus den vorangegangenen Kapiteln ist bekannt, dass in den Gremien der Kirchengemeinden und des Kirchenkreises Menschen ganz unterschiedlicher kultureller Prägungen sowie sozialer Lebenslagen aufeinandertreffen. Dies fordert heraus und führt auch zu Spannungen und Konflikten. Auch auf diese soll eingegangen werden, jedoch auch auf die Chancen des kirchlichen Raumes, diese Spannungen produktiv zu wenden.

7.2 WIE ARMUT IN DEN KIRCHENGEMEINDEN WAHRGENOMMEN WIRD

»... und das ist nicht wenig, was ich wahrnehme an Armut.«

Für eine armutssensible Praxis und für armutsbezogenes Engagement ist erheblich, wie und wo Armut wahrgenommen wird. Im Rahmen der Studie konnten in einigen Gemeindekirchenräten und den Mitarbeiterkonventen diese Fragen diskutiert werden. Dabei stellte sich heraus, dass Armut vielseitig wahrgenommen, miterlebt und erlebt wird. Sie wird einerseits zur Kenntnis genommen als weit verbreitete Belastung Einzelner und ihrer Familien. Neben den finanziellen Sorgen beunruhigen die nicht finanziellen Formen von Armut. Dazu gehören die Bildungsarmut von Kindern und von Eltern, der soziale Rückzug von Älteren und die Resignation junger Menschen angesichts fehlender Aussichten auf ein gelingendes Leben. Armut kann das Leben von Menschen sehr verschieden prägen. Während einige starke finanzielle Einschränkungen nur vorübergehend erleben, kämpfen andere immer wieder gegen solche Situationen an. Schließlich gibt es jene, die dauerhaft an den Rand der Gesellschaft geraten und die zum Teil Antrieb und Mut verlieren und nicht mehr um gesellschaftliche Teilhabe ringen. All diese Formen wurden angesprochen. Armut wird jedoch nicht nur als Herausforderung für Einzelne und Familien thematisiert. Sie wird von den Befragten auch als eine Belastung ihrer Gemeinschaften und Dörfer sowie der gesamten Region erlebt. In manchen Orten schleicht sich in das gemeinsame Leben die Stimmung des Verzagens, der Verzweiflung und der Unsicherheit ein.

Im Zentrum der folgenden Darstellungen stehen Äußerungen aus Gruppendiskussionen, die in Gemeindekirchenräten und unter den Mitarbeitenden des Kirchenkreises stattgefunden haben. Sie werden ergänzt durch einige aussagekräftige Einschätzungen von Experten der Diakonie oder der sozialen Arbeit als auch durch Äußerungen von Personen, die bei den Beratungsangeboten der Diakonie angesprochen wurden und die bereit waren, aus ihrem Leben zu erzählen (siehe Kapitel 9).

Gemeindekirchenräte und kirchlich Mitarbeitende nehmen Armut vielfältig wahr.
Sie sehen:

- Materielle Belastungen: finanzielle Einschränkungen und Not.
- Nichtmaterielle Belastungen: Mutlosigkeit, Verzagen, Angst und sozialer Rückzug.

▶ Wie Armut das Leben Einzelner prägt:

- Vorübergehende Armutssituationen.
- Ständiges Armutsrisiko, finanzielle Sorgen und Einschränkungen trotz hohen Engagements in Beruf, Familie und Gesellschaft.
- Aufgrund alltäglicher finanzieller Entbehrung schwinden dauerhaft Kräfte, und die Unsicherheit steigt. Der soziale Rückzug beginnt.
- Das Ringen um gesellschaftliche Teilhabe wird zur nahezu unüberwindbaren Hürde. Das Ziel von Erwerbstätigkeit wird über Generationen hinweg aufgegeben oder die Erwerbsfähigkeit sinkt. Alltagskompetenzen können schwinden und die Sorge um die Kinder überfordern. Sucht, Krankheit, Gewalterfahrungen und soziales Misstrauen binden Kräfte. Es fällt schwer, sich Ziele zu setzen und Strategien zu entwickeln.

▶ Wie Armut Gemeinschaften, Institutionen beziehungsweise eine Region prägt:

Der demographische Wandel, der Wegzug der jungen Generation, in einigen Orten der Rückgang des dörflichen Lebens, die Sorgen um die wirtschaftliche Entwicklung der Region sowie die geringe finanzielle Ausstattung von Institutionen und Organisationen werden als Armut erlebt.

7.2.1 FINANZIELLE EINSCHRÄNKUNGEN UND NOT IM ALLTAG – WAHRGENOMMENE MATERIELLE ARMUT

In den Diskussionen der Kirchengemeinderäte und der beruflich Mitarbeitenden wurden vielfältige Anzeichen finanzieller Entbehrung, Einschränkung und Not benannt. Sie sind aus der eigenen Familie, dem Freundeskreis, der Nachbarschaft, dem Beruf, aus Schulen, dem öffentlichen Raum oder der Kirchengemeinde bekannt. In Letzteren werden diese Belastungen sichtbar, wenn Personen an besonderen Ereignissen wie Fahrten, Reisen oder Konzerten nicht teilnehmen können, ohne finanzielle Unterstützung zu erhalten. Kirchengemeinden sind mit der finanziellen Situation von Menschen zudem durch Seelsorgetätigkeiten, als Arbeitgeber, als Verpächter, als Träger von Einrichtungen oder aufgrund ihres sozialen Engagements zum Beispiel in einer Teestube, einem Tafelgarten oder durch Beratungsangebote in Zusammenarbeit mit der Diakonie vertraut. Entsprechend vielfältig sind die Anzeichen finanzieller Einschränkungen und Not, die in den Diskussionen benannt werden. So ist unter anderem bekannt, dass sich Menschen um ihre Wohnsituation und den Erhalt ihres Autos sorgen oder ihr Auto aufgeben mussten. Man sieht die ständigen finanziellen Sorgen um steigende Mieten beziehungsweise Nebenkosten oder Betreuungskosten für die Kinder – und zwar auch bei denen, die voll erwerbstätig sind. Menschen bleiben besonderen Ereignissen im kirchlichen wie dörflichen Leben fern, Lehrer erleben hungrige Schüler, Ärzte nehmen den schlechten Zustand ihrer Patienten wahr. Experten aus dem Pflegebereich sehen, dass die Grundversorgung nicht ausreicht, und unterstützen zum Teil die Pflegebedürftigen mit Sach- und Lebensmittelspenden.

Wahrgenommene materielle Armut:
- Schlechter oder unzureichender Wohnraum.
- Furcht vor Rechnungen, Autoreparaturen und Angst um den Erhalt von Wohneigentum.
- Finanzielle Sorgen trotz Vollerwerbstätigkeit (geringe Entlohnung) bzw. aufgrund niedriger Renten.
- Fehlende Mittel für Kultur, Bildung, Freizeitgestaltung.
- Eingeschränkte Mobilität aufgrund fehlender Mittel.
- Belastungen durch Bildungs- und Betreuungskosten für die Kinder.
- Kein Geld für Sportsachen, Brille/Gebiss, orthopädische Schuhe.
- Unzureichende Pflegeleistungen und Lebensmittelversorgung.

Wiederholt wurde in den Gruppendiskussionen angesprochen, wie finanzielle Sorgen sich in der Angst um den Wohnraum äußern. Nicht wenige fürchten, ihr Wohneigentum zu verlieren oder leiden unter dem sich verschlechternden Zustand ihrer Wohnungen. Andere wohnen noch im Erwachsenenalter bei ihren Eltern, um Miete zu sparen und sich so ein Auto für die Wege zur Arbeit leisten zu können.

»... die normalen Familien [haben] extreme finanzielle Sorgen (...) und wissen nicht, wie sie die Wohnung halten sollen, oder die ist verschimmelt und [sie] haben aber keine Möglichkeit, irgendwie Alternativen zu finden und so weiter.« (GKR, medizinischer Beruf)

»Ja, sagen wir mal so, wenn ich mich zum Beispiel nehme. Ich wohne bei meinem Vater zu Hause. Ich könnte mir schon keine Wohnung leisten, geschweige denn überhaupt ein Auto. Ich gehe aber vierzig Stunden die Woche arbeiten, kriege aber – ich würde sagen, ein Arbeitsloser würde mehr kriegen. Aber dadurch, dass ich bei meinem Vater wohne, geht es. Da geht es mir auch gut, ich will auch nicht meckern. (...) Würde er jetzt nicht mehr sein, ich weiß nicht, was dann wäre. Das wäre dann wieder eine ganz andere Sache.« (GKR, mittleres Lebensalter)

In den Interviews mit jenen, die wir bei Beratungsangeboten ansprechen durften, wird deutlich, wie Menschen um ihr Wohneigentum kämpfen und darunter leiden, wenn sie dennoch das eigene Haus und Grundstück verlieren.

Clemens: *»Alles versucht. Mit Nebenjobs. Nachts der Nebenjob. Auch als ich noch tagsüber gearbeitet habe. (...) Und das ganze Gestrampel hat alles nichts genützt. Das wurde halt geldlich immer weniger. Dann sind Grundsteuern zu bezahlen, da ist Gas zu bezahlen, da ist Strom zu bezahlen. Wenn man einen eigenen Haushalt hat, fallen laufend Reparaturen an.«*
Beate: *»Es kommt dazu, wenn man jetzt ein eigenes Haus hat und ist auf ALG II oder wie man jetzt sagt Hartz-IV-Empfänger, so wie wir jetzt, wir haben vom Staat nicht viel gekriegt, das waren so um die 190 € im Monat. (...) Und jetzt, wo wir zur Miete wohnen, da kriegen wir 410 €. Eigentlich finde ich das so ungerecht. Wenn man ein Haus hat, sollte man doch auch sagen, wir geben doch denen, die die Hausbesitzer sind, auch das, was man an Miete ausgibt. Dann hätten wir das Haus heute noch. (...) Wir haben über 30 Jahre drin gewohnt. Haben die Kinder da großgezogen«.*

Clemens: »Die letzten zwei, drei Jahre haben wir immer jongliert, jongliert und jongliert. Und diese Bälle zum Jonglieren, die wurden immer weniger. Da konnte man strampeln und machen und zappeln. Bis ich zu meiner Frau gesagt hab, wir müssen hier raus. Das konnte sie kaum hören.«
Beate: »Das ist mir ganz schwergefallen.«
(Ehepaar, beide über 30 Jahre voll erwerbstätig, zum Teil mit ergänzendem Minijob)

Das Bangen vor der Nebenkostenabrechnung und vor Autoreparaturen wird von Geringverdienern angesprochen, aber auch von denen, die selber keine Armutsrisiken befürchten müssen. Alle sehen sie die ständig steigenden Ausgaben, die notwendig sind, um eine Wohnung warm und ein Auto funktionsfähig zu halten. Immer wieder wird die Situation der »Working Poor« problematisiert. Gemeint sind diejenigen, die trotz (Voll-)Erwerbstätigkeit auf aufstockende Leistungen angewiesen sind und sich um ihre täglichen Ausgaben sorgen.

»Ich sehe es aus meiner Sicht. Ich bin jetzt Alleinverdiener. Meine Frau ist jetzt arbeitslos. Wenn einer mit einem normalen Durchschnittslohn (...) ein Haus hat und dann die ganzen Energiekosten. Dann ist in der Hälfte des Monats das Geld ja auch weg. Dann bleibt ein bisschen was für Milch und weiß ich was, für was zu essen und zu trinken und dann ist vorbei. Dann wartet man schon wieder: ›Mensch, wann ist denn der nächste Lohn da, damit ich wieder mal meinen Strom bezahlen kann.‹ (...) Schlimm ist das schon. Wenn man dann den ganzen Monat malochen geht, und am Monatsende muss man noch an der Tür klingeln und sagen: ›Gebt mir mal Hartz IV dazu.‹« (GKR)

»Bei vielen Hausbesuchen, die ich erlebe, höre ich die Sorgen, zum Beispiel die Betriebskosten zu bezahlen. Öl oder Energie. Es wird immer schwieriger für die Menschen, die hohen Ratenzahlungen aufzubringen, die Nachzahlungen vor allen Dingen. Alles zittert, wenn die Endabrechnung kommt. (...) Ich höre in den Familien bei vielen Gesprächen dann, wie eng das ist, wenn die Kinder eine Klassenfahrt haben und dann plötzlich also 100 Euro zugezahlt werden sollen. Sind dann aber meinetwegen noch mehrere Kinder da. Ist schwierig. Also, so die ganz praktischen Dinge des Lebens, alles wird höher, alles wird immerzu angeglichen, es gibt kaum Einsparungen, wo die Leute mal wirklich weniger bezahlen müssen. (...) Da vor allen Dingen in den unteren Einkommensschichten, da merkt man das ganz besonders.« (MA Pfarrdienst)

Deutlich wird formuliert, dass sich die prekäre finanzielle Lage von Menschen auch negativ auf ihre Teilhabemöglichkeiten auswirkt.

»Was ich wahrnehme, und das ist nicht wenig, was ich an Armut wahrnehme, dass diese meistens einhergeht mit einer kulturellen und politischen und religiösen Bildungsarmut. Also, religiösen sowieso, aber vor allen Dingen kulturell und politisch. Das ist so, dass die teilweise auch nicht mobil sind. Die kennen teilweise nicht einmal andere Städte und die haben einen relativ eingeschränkten Mobilitätskreis. Und ein Theater oder ein Kino, so was kommt für die meisten Menschen überhaupt nicht infrage. Die einzigen Bildungsquellen sind Fernsehen oder Internet, was es so kostenlos gibt. Und Internet, selbst das ist bei vielen eingeschränkt. Weil, das kostet ja doch etwas. Das ist, was ich also eigentlich so am drastischsten wahrnehme an der Armut.« (MA Pfarrdienst)

Es macht die Befragten traurig, dass Menschen aufgrund ihrer finanziellen Lage an kulturellen und gemeinschaftlichen Höhepunkten des dörflichen Lebens oder des Lebens in den Kirchengemeinden nicht teilnehmen. Sie ziehen sich zurück, weil finanzielle Entlastungen nicht vorgesehen sind oder es ihnen Mühe bereitet, um solche zu bitten. Es erschüttert, dass für sie bereits kleine Summen zur Hürde werden.

»Und wir sehen es auf dem Dorffest jetzt zum Beispiel. Viele Menschen sind weggeblieben, weil sie nicht einmal die drei Euro Eintritt bezahlen konnten oder zum Tanz gehen, fünf Euro Eintritt abends. Ich hörte so ein Gespräch, als ich da war: ›Ach, da müssen wir ja wieder was bezahlen, nee, da gehen wir nicht hin.‹ Das war zu spüren beim Besuch auf diesem Fest, dass doch viele fehlten.« (MA Pfarrdienst)

»Es gibt aber auch viele, die sich sehr engagiert haben in der Kirchengemeinde über Jahre hinweg. Die jetzt eben Rente beziehen. Und wenn ein großes Konzert ist in der Kirche, die dann wirklich schlucken und überlegen und manche machen es nicht, weil sie es nicht können, sich eine Karte zu kaufen und teilzunehmen am Konzert. Aber aus Berlin kommen Busse, und für die Berliner ist das sehr günstig und die fühlen sich wohl bei uns und finden es ganz toll. Aber diejenigen, die im Dorf leben und die dafür auch alles Mögliche machen, dass das stattfinden kann, die müssen manchmal in den sauren Apfel beißen und sagen: ›Nein, kann ich nicht.‹ (...) Betrifft die Uckermärkischen Musikwochen, Eintrittspreis ungefähr zehn, zwölf Euro. Die Rentenermäßigung, glaube ich, gibt es nicht mehr.« (GKR)

»Ich möchte noch einen Satz sagen: Wie zeigt sich Armut in der Gemeinde? Das macht mich immer mal wieder betroffen. Zeigt sich beispielsweise, wenn Rüsten veranstaltet werden oder Tagesfahrten. Es gibt einen nicht so geringen Teil – und alle outen sich auch nicht sofort, es ist ja unangenehm –, die können sich dieses nicht leisten. (...) Also, da zeigt sich das einfach für mich, und das macht mich sehr betroffen, denn es sind ja in der Regel keine Riesensummen, die dafür nötig sind. Aber das haben eben nicht alle.« (GKR)

Dass Familien kein ausreichendes Einkommen haben, um ihren Kindern Ferien- und Freizeitangebote zu ermöglichen, gehört zu den alltäglichen Erfahrungen in der Kinder- und Jugendarbeit. Nicht nur die Teilnahme an besonderen, sondern auch an regelmäßigen Angeboten ist vor allem für die Familien problematisch, die kein Auto zur Verfügung haben und ihre Kinder nicht zu den Veranstaltungen bringen können.

»Also, bei Konfirmanden- und Jugendarbeit begegnet mir das auch immer wieder, dass eben zu bestimmten Fahrten oder so Eltern sagen: ›Wir können das nicht bezahlen für das Kind!‹ Und rechnen schon damit, dass wir da was zugeben.« (MA Pfarrdienst)

»Also diese Tendenz haben wir auch, dass die sozial schwachen Familien zunehmen. (...) Bei Fahrten steht bei uns immer gleich drauf auf der Anmeldung: aus finanziellen Gründen muss bei uns kein Kind zu Hause bleiben. (...) Zuerst war da auch Scheu, inzwischen ist sie weitgehend überwunden. (...) Alleinerziehende Mütter haben dann oft kein Fahrzeug, das liegt dann auch an uns, das mit zu organisieren.« (MA Katechetik)

Als Verluste der kulturellen Teilhabe werden ebenso die Einschränkungen bei der Bestattungskultur thematisiert.

»Mir wird die Armut immer sehr deutlich auf den Friedhöfen. Es gibt immer mehr Urnenbeisetzungen beziehungsweise anonyme Beisetzungen und auf grüner Wiese, (...) weil die Leute nicht mehr bezahlen können und sich ängstigen: ›Wie komme ich einmal unter die Erde?‹ Und das, finde ich, ist ein ziemlich schlimmes Signal. Das habe ich laufend vor Augen, wenn ich über den Friedhof gehe. Die Leute wissen am Ende des Lebens nicht: Was wird aus mir? Nehmen sie das Allerwenigste, was nicht schön ist, aber praktikabel ist.« (GKR ehemals kultureller Beruf)

In vielen Gesprächen zwischen Tür und Angel wurden wiederholt Beispiele benannt, in denen Familien die Mittel fehlen für die Sportsachen der Kinder, für eine zerbrochene Brille oder ein zerbrochenes Gebiss oder für orthopädische Schuhe. In einem Interview mit einer Expertin aus dem Pflegebereich wurde dies konkret veranschaulicht, als die Sprache darauf kam, wie sehr sich Menschen auch bei der Wahl von Pflegeleistungen einschränken.

»Sie müssen erstmal den Antrag auf Pflege stellen, hat ja immer wieder Vorrang. Dann kann der Versicherte sich das Gutachten, ich darf es ja noch nicht mal, das Gutachten anfordern. Dann können Sie halt sehen: Meinetwegen Pflegestufe 1 ist bewilligt, die 2 aber nicht. Sie sehen aber, die Leistungen sind einfach mehr wie die 1. Dann kann diese Differenz über eben Sozialhilfeträger beantragt werden. Wissen aber nur die wenigsten, und das müssen sie halt erstmal dann beantragen. Und dazu müssen Sie auch erstmal die Leute wieder kriegen, dass Sie denen sagen: Also, Sie müssen sich aber beim Sozialamt melden, Sie müssen aber alle Karten auf den Tisch packen, Sie müssen sämtliche Kontostände, solche Sachen. Und bei unseren Leuten ist das einfach so, die haben Angst, dass sie das Geld, was sie sich für die Beerdigung zurückgelegt haben, das ist die größte Sorge, dass sie das auch antasten müssen. Und dann nehmen die schon wieder Abstand beim Antrag wegen Sozialhilfe. Und ich weiß jetzt gar nicht im Moment, wie der Satz ist, was sie sich so zurechtlegen können. Also so um die dreitausend können Sie haben, aber dafür kriegen Sie keine Beerdigung mehr, können Sie vergessen. So, und da fängt das dann schon an, und dann sagen sie schon: Nee, dann will ich das nicht, dann will ich gucken, wo ich das notdürftig regeln kann: nur einmal in der Woche duschen oder nur einmal in der Woche vielleicht baden. Schwierig. Also ich würde mich nicht so wohl fühlen bei einmal in der Woche duschen. [lacht] Ja, aber sie knapsen wirklich da, und die anderen Tage eben mit ihr Schüsselchen und ihr Läppchen machen sie alleine, aber das ist ja keine vernünftige Versorgung.« (MA Diakonie)

Immer mehr Anbieter von Pflegeleistungen müssen Menschen bei der Beantragung um sozialstaatliche Leistungen unterstützen. Zugleich sehen die Mitarbeitenden in Pflegediensten, dass diese finanziellen Hilfen oft nicht genügen, um eine ausreichende Pflege und Grundversorgung zu gewährleisten. Sie unterstützen deshalb durch privates Engagement, indem sie Pflegebedürftige mit Kleidung und Lebensmitteln versorgen.

Interviewerin: »Sie bieten auch Beratung an. Welchen Stellenwert hat zum Beispiel die Beratung für Ältere, um Sozialhilfe und Leistung zu erhalten?«

Mitarbeiterin Diakonie: »Nimmt immer mehr zu, weil die Generation, die wir bis jetzt versorgt hatten, das sind ja die, die auch noch ausreichend Altersrente bekommen. Jetzt werden ja auch die Jahrgänge auf uns zukommen, die einfach nicht mehr genug Arbeitsjahre hatten, wo einfach die Rente und das Pflegegeld nicht ausreichen. Und demzufolge müssen sie da immer schon eine Bezuschussung dessen beantragen, was natürlich immer schwieriger wird, weil die Töpfe sind leer. Und demzufolge sind die wirklich aufs Minimalste versorgt. (...)«

Interviewerin: »Wie geht es dann Ihrem Personal damit?«

Mitarbeiterin Diakonie: »Nicht so gut. Also wir sind ja immer noch so, wo wir sagen, ja, Menschlichkeit, das gehört einfach mit zu unserem Berufsbild. Wir geraten aber natürlich auch immer mehr unter Leidensdruck. Auch unsere Mitarbeiter. Wo wir uns auch mal zusammensetzen und auch mal reden müssen, weil es denen einfach nicht gut dabei geht. Wenn sie Leute zurücklassen müssen, wo wir nur begrenzt helfen können. Wo wir dann auch einfach gucken über Sachspenden, wo wir den irgendwo helfen können. Mit Wäsche oder wie auch immer. Oder auch manchmal mit Essen, dass wir den Leuten Abendbrot mit hinnehmen. Das nehmen die Schwestern von sich zu Hause dann halt mit. Ja, so weit geht das einfach.«

In den Diskussionen in den Kirchengemeinden und unter den Mitarbeitenden des Kirchenkreises wurden Einschränkungen bei der Lebensmittelversorgung als Merkmal von Armut kaum thematisiert und nur selten angedeutet. Demgegenüber war dies wiederholt Thema in Diskussionen und Interviews mit Nutzern von Angeboten der Diakonie. Dass sich das geringe Haushaltseinkommen auch auf den Inhalt des Einkaufswagens auswirkt, wird zum Teil zuerst benannt, wenn nach Armut gefragt wird. Einschränkungen bei der Lebensmittelversorgung sind alltäglich spürbar.

»Wenn es Geld gegeben hat, dann machen wir erstmal einen Zettel und raffen da alles zusammen. Was ist jetzt wichtig? Und dann machen wir mal so einen Masseneinkauf, dass wir sagen: ›Okay, das ist wichtig, das ist wichtig.‹ Damit wir erstmal wieder ein bisschen was aufmunitioniert haben. Und dann geht die Rechnerei von vorne los, mit Klemmbrett.« (Clemens, Anfang 60)

Die Engagierten in den befragten Kirchengemeinden sind aufmerksam für die materiellen Belastungen und Entbehrungen und nehmen diese vielseitig wahr. Zwischen den Diskutierenden wurden trotz der weitgehend hohen Bereitschaft, sich dem Thema Armut zuzuwenden, auch Unterschiede deutlich. Wer selber stärker betroffen ist, akzentuiert die finanziellen Einschränkungen deutlicher. Auch Experten aus medizinischen und Pflegeberufen haben in besonderer Weise darauf hingewiesen, wie sich finanzielle Einschränkungen auf die Lebensqualität auswirken. Einige, die selber weniger betroffen sind, können sich demgegenüber kaum vorstellen, wie stark die finanziellen Spielräume anderer – auch anderer Engagierter – eingeschränkt sind und was dies für deren Leben bedeutet.

Im folgenden Ausschnitt aus einer Gruppendiskussion erzählt zunächst eine der älteren Frauen, wie in ihrer Familie zwei Generationen bereits mit geringem Einkommen auskommen müssen. Sie deutet an, wie stark die Kosten für die Betreuung und Bildung der Kinder (Kinderkrippe, Kindergarten und Schule) belasten und dass ihre Schwiegertochter auch zu Entscheidungen gezwungen ist. Drei etwas jüngere Frauen, deren Lebenssituation eher als materiell solide eingeschätzt werden kann, diskutieren den Gedanken notwendiger Entscheidungen weiter. Sie diskutieren letztendlich aber ein anderes Problem. Man merkt ihnen an, dass sie zu Entscheidungen deutlich weniger gezwungen sind und dass ihnen viel mehr Spielräume des Handelns zur Verfügung stehen. Für ihr Leben gelten andere Voraussetzungen und andere Probleme als für Menschen mit geringerem Einkommen – dies scheint ihnen nur teilweise bewusst zu sein. Auf Anregung der Interviewerin wird dieser Gedanke jedoch aufgegriffen und anerkannt, dass die Ausgaben für eine vollständige Teilhabe am schulischen Leben deutlich gestiegen sind und eine ernsthafte Belastung darstellen können.

Edith: »*Ich finde, bei Kindern hört alles auf. Sage ich immer. Die müssten gleiche Chance haben. Meine Schwiegertochter ist Friseuse. Die verdient ja auch fast nichts. Wie überall. Und dann geht es los: Da müssen sie hinfahren. Da müssen sie bezahlen. Das muss bezahlt werden, ›Ja‹, sagt sie, ›ich muss mir überlegen. Ich habe noch ein Kind. Wie denn?‹ Ist nicht einfach, aber trotzdem darf man da den Kopf nicht in Sand stecken. Das bringt ja nichts.*«

Christine: »*Und die Verlockungen sind ja auch so groß, ne? Es gibt ja heutzutage alles. Und dann zu sagen, nein, geht nicht. Können wir nicht.*«

Doris: »*Ja, die Welt ist einfach zu materiell geworden. Also, früher hat man dann mehr mit den Kindern gespielt oder waren solche Dinge eben wichtig. Heutzu-tage gucken sie Fernsehen oder Nintendo. Mit diesem ganzen Computerkram, wo man als Großeltern gar nicht mehr hinterherkommt. (...)*«

Franziska: »*Aber ich denke mal, das ist auch eine Frage, ich sage das einfach mal so, der Erziehung. (...) Sicherlich, wir mussten da auch nicht gucken. Also,*

ich habe nicht deswegen Nein gesagt, weil wir uns das nicht leisten konnten, sondern Nein gesagt, weil ich es nicht für notwendig erachtet habe. Und ich meine, ich will das jetzt auch nicht verallgemeinern. Das ist sicherlich im Laufe der Zeit immer schwieriger geworden, diese Dinge auch in den Schulen bei den Kindern umzusetzen. Ich denke mal, wenn man da so eine gute Beziehung zu den Kindern auch hat und andere Prioritäten setzt, dass es machbar ist. (...)«
Interviewerin:»Sie haben vorhin auch noch diesen Aspekt angesprochen. Man sieht dann, für was man alles was ausgibt und dass – wenn man sich jetzt noch für was frei entscheiden wollte – der Spielraum nicht mehr da ist (...).«
Franziska:»Das hat sicherlich auch zugenommen im Laufe der Zeit, die Ausgaben. Wenn man so guckt, was eine Klassenfahrt heute kostet, das ist ja schon ein Vermögen.« (GKR)

7.2.2 Wahrgenommene Formen nichtmaterieller Armut: Mutlosigkeit, Verzweiflung, Einsamkeit – im Extremfall auch Verwahrlosung

Formen nichtmaterieller Armut werden von den Engagierten der Kirchengemeinden mit Sorge angesprochen. Es belastet sie zu sehen, wie sich Lebenshaltungen von Menschen verändern. Sie wissen um jene, die unter Arbeitslosigkeit leiden, deren Lebensmut schwindet, die zunehmend verzweifeln und verzagen und sich zurückziehen. Sie sehen, wie einige Familien – Erwerbslosigkeit bereits in der dritten Generation – das Ziel aufgegeben haben, Arbeit zu finden. Sie sehen, wie die Jüngeren keinen Sinn darin erkennen, einen Bildungsabschluss zu erlangen. Experten der sozialen Arbeit verweisen darauf, dass viele junge Menschen auf Beziehungen zurückgeworfen sind, in denen sie wenig Lebensmut und Vertrauen erlernen und entfalten können. Sie benennen die Sorge um eine wachsende Zahl an Nichtlesern und funktionalen Analphabetismus.[31] Ähnlich wie die Engagierten der Kirchengemeinden beschreiben sie, wie Familien oft mit alltäglichen Handlungen überfordert sind. Alltagskompetenzen sind verloren gegangen. Sie wissen um die hohen Belastungen, die mit sozialen Konflikten, wechselnden familiären Beziehungen, Gewalt, Alkoholismus oder Suchtkrankheiten verbunden sind. Große Sorge bereitet, wie diese Erfahrungen Kinder prägen. Für Vorschulkinder werden von Experten wie von Engagierten in Kirchengemeinden Verzögerungen in der Entwicklung als Formen nichtmaterieller Armut angesehen.

---

[31] Der funktionale Analphabetismus in Deutschland ist in seinem Ausmaß schwer zu erfassen. In der umfassenden repräsentativen Level-A-Studie wird er bundesweit mit rund 15 Prozent angegeben. Vgl. Anke Grotlüschen/Wibke Riekmann (2011).

Wahrgenommene nichtmaterielle Armut:

Gemeindekirchenräte:

Erleiden ungewollter Arbeitslosigkeit.
Schwinden von Lebensmut und Antrieb.
Regeneration und Entfaltung sind nicht möglich.
Rückzug und Verlust von Kontakten.
Eine aktive Lebenshaltung (mit Erwerbstätigkeit) wird nicht mehr angestrebt.
Eltern verlieren Alltagskompetenzen; Kinder können sich nur eingeschränkt entwickeln.

Experten/Expertinnen und Betroffene:

Funktionaler Analphabetismus.
Fehlende Vertrauensbeziehungen. Soziale Konflikte, Misstrauen.
Realistische Lebensziele können nicht mehr angestrebt und entfaltet werden.
Ängste dominieren den Alltag.
Flucht in den Alkoholismus.

Menschen leiden unter Arbeitslosigkeit und unter den geringen Aussichten, durch Erwerbstätigkeit unabhängig von Leistungsbezügen zu sein. Sie verzagen dadurch, verlieren ihren Lebensmut und ihren Antrieb, worunter auch die Familien, Kinder und Jugendlichen leiden.

»Also, ich denke, das Hauptproblem ist die hohe Arbeitslosigkeit hier in der Uckermark. Und wenn das gerade Jugendliche betrifft, die eben zu Hause sind, das ist natürlich eine ganz schlimme Sache. Dass dann ganze Familien darunter leiden, wenn die Eltern eben arbeitslos sind, dass dann die Kinder auch darunter leiden. (...) Vor allen Dingen einfache Arbeiten. Es sind ja alle weggebrochen, die Arbeiten, die früher existiert haben.« (GKR)

»Die Leute möchten ja arbeiten – und ja auch mal den ganzen Tag arbeiten, aber der Verdienst ist nicht da, und die Menschen werden einfach arm. Die werden trotz Arbeit immer ärmer. [Zustimmung] Also, das reicht hinten und vorne nicht mehr. Ersparnisse, das geht gar nicht mehr. Die Leute, die verzagen irgendwie.« (GKR)

Menschen verlieren bei dauerhaft negativen Erwerbsaussichten ihren inneren Antrieb.

»Und wenn ich mal ganz aus meiner direkten Sicht das sagen kann, dann merke ich es unter anderem daran, dass wir hier als Kirchengemeinde immer wieder

Leute haben, die als Ein-Euro-Jobber oder als Kurzzeitbeschäftigte Dienste tun. Und wenn man sich mit den Leuten unterhält, dann bekommt man doch mit, wie die Lebensgeschichte aussieht. Wie schwierig es ist, wieder Fuß zu fassen, vielleicht wieder ein dauerhaftes Arbeitsverhältnis zu erreichen. (...) Und die Schwierigkeit ist, wenn jemand zu Hause sitzt, dass er mit der Zeit einfach den eigenen Antrieb verliert.« (GKR)

Menschen ziehen sich zurück. Der Kontakt zu anderen fällt ihnen zunehmend schwer. Das könne letztendlich jedem passieren.

»Eine gewisse Armut sehe ich bei uns in den Dörfern, dass nun fast in jedem zweiten Haus nur noch ein alter Mensch wohnt, wo die Kinder abgezogen sind. (...) Rente haben sie alle noch wenig. Weg gehen sie nicht, weil sie vom Hund nicht wegkönnen oder weil sonst der Kater alleine ist. Und dann kommt ein Verkaufswagen, der tutet ganz kurz ›Düüüt‹. Und dann springen die Türen alle auf. Dann kaufen sie sich ihre Lebensmittelsachen und dann klappt die Tür wieder zu und dann warten die so lange, bis das wieder mal tutet. Und so lange kann man durch ein Dorf auf- und abgehen, da sieht man keinen Menschen. Die sitzen alle hinter ihren Türen, und das ist ja auch eine gewisse Armut. (...) Und das sind aber alles Leute wie du und ich – oder wie wir alle, die eben älter geworden sind.« (GKR)

In einem Gemeindekirchenrat wird betont, dass den Bewohnern Möglichkeiten zur Erholung und Spielräume zur Entfaltung fehlten. Ihre Kräfte seien gebunden durch Alltagsstress und Ängste.

»Vielleicht noch mal als Ergänzung zu ›finanzielle Armut ist auch oft eine kulturelle und geistige‹. Das ist natürlich oft auch schwierig. Wenn man jeden Tag mit Alltagssorgen zu tun hat und der Frage ›wie kriege ich die Kinder durch?‹ und so weiter. Dann ist natürlich die Kraft gar nicht da. Man ist gar nicht so offen dafür, auch andere Dinge einmal in Angriff zu nehmen, weil der Alltag einfach schon eine Herausforderung ist.« (GKR, medizinischer Beruf)

Bildungsarmut ist zu einer bedrückenden Sorge geworden. Politische, kulturelle und religiöse Armut bei Jugendlichen wird als Folge finanzieller Armut thematisiert. Darüber hinaus wird ein Verlust von Alltagsfähigkeiten gesehen, der von Generation zu Generation zunimmt und die Entwicklung von Kindern erschwert. Den Mitgliedern des Gemeindekirchenrates sind diese Probleme durch persönliche Kontakte und durch die Trägerschaft einer Kindertagesstätte vertraut.

Gabriele: »*Also, ich habe keinen Begriff dafür, wie ich das nennen soll. Aber ich sage einfach was, was ich so weiß und erzählt bekomme. Vor ein paar Jahren hat eine Kinderärztin hier ein ›Netzwerk gesunde Kinder‹ aufgebaut. Gemeinsam mit anderen, also die Ehrenamtliche schulen als Paten für junge Familien. (...) Diese Kinderärztin hat mal gesagt: ›Also, wir müssen einfach wissen, dass schon in der zweiten Generation jetzt die jungen Frauen vielfach nicht mehr in der Lage sind, ihren Kindern ein normales Essen zu kochen.‹ Sie können es nicht, weil ihre Mütter es schon nicht mehr konnten. Also, da ist einfach diese Tradition ganz normaler Alltagsfähigkeiten verloren gegangen. (...) Das ist doch auch eine Art Armut, auch wenn es da vielleicht gar nicht am Geld hapert.*«

Ingrid: »*Genauso ist es in der Kita, wenn die Leiterin sagt: ›Die, die Zeit haben, können sich mit den Kindern nicht beschäftigen, und die, die die Zeit nicht haben, die können nicht, weil sie keine Zeit haben.‹ Die Eltern sind nicht in der Lage, ihre Kinder vernünftig zu beschäftigen. Also, so mal zu basteln oder einfach mal so (...) Zeit zu verbringen, sinnvoll, ne? Also, das ist ja auch eine geistige Armut in dem Sinne.*« (GKR)

»*Das ist ganz deutlich auch zu erkennen, vielleicht nicht so sehr in dem, wie die Kinder angezogen sind oder wie sie ernährt sind – aber im Entwicklungsstand ist es ganz deutlich zu erkennen, dass Kinder aus armen Elternhäusern im Entwicklungsstand gegenüber den anderen zurück sind.*« (MA Pfarrdienst)

In einem Experten Interview (Kindertagesstätte der Kirchengemeinde) werden darüber hinaus die Probleme des funktionalen Analphabetismus angesprochen:

»*Bei uns ist es noch schwierig, ganz viele Infoblätter, die dann auch in den Garderoben oder auch unten an dieser Informationswand hängen, werden eher weniger von den Eltern wahrgenommen, eventuell noch wahrgenommen, und dann ist das Verständnis sehr schwierig. Und einige Eltern können dann eher weniger lesen. Hatten wir auch schon. Aber da braucht man wirklich Fingerspitzengefühl, um es zu bemerken, dass die Eltern gar nicht lesen können.*«

Die Sicht der Gemeindekirchenräte kann durch weitere Erfahrungen von Experten der sozialen Arbeit ergänzt werden. Aus deren Perspektive fehlen jungen Menschen Beziehungen, in denen sie Vertrauen erfahren und entfalten können.

»Alleine kann man nicht überleben. Sie haben Sozialbeziehungen. Die Frage ist aber, welche. Sie gestalten ihre Sozialbeziehungen so, wie sie sie in ihrem bisherigen Leben erfahren haben. Sie wollen in den Tag hineinleben, grenzenlos sein. Man teilt Wohnraum oder Alkohol, versteckt aber sein Essen unterm Kopfkissen. Das Vertrauen in andere Menschen ist gering. Man will irgendwo dazugehören und sich orientieren können, was unter diesen Bedingungen und Sozialbeziehungen aber nicht möglich ist. Die Kinder werden in Wohnungen groß, in denen es nicht einmal mehr einen Tisch gibt, an dem die Familie gemeinsam essen kann, noch einen Raum, in dem man in Ruhe Gespräche führen kann. Die Partner der Eltern wechseln ständig.« (Gedächtnisprotokoll zu einem Gespräch mit einem Experten der sozialen Arbeit)

Junge Menschen machen sich Hoffnungen, die weit entfernt sind von der Realität ihres Lebens. Ihnen fehlen Vorstellungen, welche Schritte zu gehen sind, um ihr Leben gestalten zu können.

»Sie haben enorme Wünsche und Träume, aber völlig fern von der Realität. Sie reden vom eigenen Haus, vom Traumjob, ohne im Blick zu haben, was dafür notwendig ist. Mädchen bekommen Kinder in der Illusion, dass sich damit alle Probleme lösen.« (Aus einem Gedächtnisprotokoll zu einem Gespräch mit einem Experten der sozialen Arbeit).

Der Umgang mit Geld ist für diese jungen Menschen eine große Herausforderung.

»Und wenn sich da jemand natürlich so einen Fernseher kauft, (...) dafür verschulden sie sich. (...) Aber das ist ein Zeichen, die wollen auch was haben. Die wollen auch einen schönen Fernseher haben und sagen: ›Wir haben jetzt auch so ein dolles Ding.‹ Erlebe ich ganz oft, die können sich nichts zu essen kaufen, aber einen großen Fernseher oder ein neues Handy. Also das sind Statussymbole. Und das ist für die ganz wichtig. Kann man auch sagen: ›Okay, da ist ja ein Wille da, Teilhabe zu zeigen eben.‹« (Experte soziale Arbeit)

Mitarbeitende aus dem Pflegebereich berichten, wie sie Menschen antreffen, die sich aufgegeben haben und verwahrlosen.

»Es gibt schon die, die einfach an ihre Grenzen stoßen. Die einfach dann die Ohren hängen lassen. Das fängt ja dann schon an, sie können ihr Wassergeld nicht mehr bezahlen oder den Strom nicht mehr. Dadurch eben die Körperhy-

giene nicht mehr betreiben, und das hat auch gesundheitliche Folgen. Oder sie haben kein Geld, um sich ihre Medikamente zu holen, weil sie Zuzahlungen zu leisten haben, keine Befreiung haben, dass sie regelmäßig ihre Herztabletten bekommen. Und irgendwann fangen wir die dann auf – über eine Arztpraxis oder dass mal ein Nachbar anruft: Mensch, kommen Sie doch mal, gucken Sie mal, hier ist jemand, dem geht es schlecht, da kümmert sich niemand. Da fangen Sie dann eben von der Pike auf an, gehen in Vorleistung, stellen einen Antrag auf Pflege, Grundsicherung, gucken, was ist mit seinen Finanzen? Braucht er eventuell einen Betreuer, ist er dem selber gewachsen? (...) Wir haben jetzt hier jemanden gehabt, der war um die fünfzig. Ist ja auch noch kein Alter, wenn man sich das so überlegt. Der hatte solche Beine, völlig entkräftet, hat seine Herzmedikation nicht gekriegt, dadurch Einlagerung in den Beinen, dadurch Beine offen, weil alles wie gestaut war. Nie zum Arzt gegangen, konnte auch gar nicht mehr laufen aufgrund dieser Beine, kam in kein Schuhwerk mehr rein. Ja, das ist ja eins so ins andere. Strom war abgestellt, dann dadurch hat er keine Wäsche gewaschen, total verwahrloste Hütte. Die Nachbarn haben sich beklagt. Ja, beklagt, aber mehr auch nicht. Hätten sie schon mal eher was sagen sollen. So, dann haben wir ihn halt erstmal zum Arzt geschleift, und dann geht die Maschinerie los.« (MA Diakonie)

Die Sichtweisen der Engagierten in Kirchengemeinden und der Experten können durch die Sicht der Betroffenen ergänzt werden. Die Mitglieder einer Selbsthilfegruppe formulieren in den folgenden Passagen, wie sehr sie der Kampf gegen Angst und Verzweiflung belastet. Sie benennen ihre Angst, verschweigen nicht das Problem des Alkoholismus. Unsicherheit, Angst, entstehender Alkoholismus – all das ist für sie auch eine Form von Armut.

Helmar: *»Das ist eben sehr schwer einzuschätzen. Ich meine, man kann nicht direkt in die Menschen hineinschauen, um festzustellen, wie arm ist der. (...) Die allgemeine Situation ist die, die ich also auch noch aus meinem Arbeitsprozess kenne, dass eine allgemeine Bedrücktheit und Angst über den Menschen liegt, wirklich ins Uferlose abzustürzen. Die Angst, die muss nicht mal real sein. Die ist einfach so immanent vorhanden, dass die Leute darunter leiden. Es könnte passieren, ich verliere meine Wohnung oder so etwas. (...) Diese Unberechenbarkeit der nicht vorhandenen Sicherheit, die ist greifbar in der ganzen Uckermark. Egal, von Jugendlichen in Gymnasien, wie ich das wieder höre, bis in die Rentnergeneration. Überall.«*
Friedrich: *»Ich meine, solche Sachen, das lähmt einen ja auch in gewisser Weise. Denn wenn du irgendwie unsicher bist, also wenn du nicht weißt, wie es*

weitergeht, oder du hast finanzielle Sorgen oder sonst etwas, dann kannst du nicht mehr normal denken. (...) Ich meine, manchmal muss man sich also selber am Haarschopf wieder aus dem Sumpf ziehen sozusagen. Aber wenn das dann immer wiederkommt, dass dann so eine Unsicherheit ist, dann fragt man sich manchmal: Wozu überhaupt und was soll das? (...) Und dann kommt die Flucht in den Alkoholismus. Ich meine, das sieht man ja hier ständig.« (Selbsthilfegruppe)

7.2.3   ARMUT ALS BELASTUNG FÜR GEMEINSCHAFTEN, DÖRFER UND DIE REGION

Über die Gemeinschaft in den Kirchengemeinden und manche Entwicklung in der Region wird begeistert gesprochen. Dies kann jedoch nicht darüber hinwegtäuschen, dass das Verzagen vieler und die nur geringen Aussichten auf nachhaltige und umfassende positive Veränderungen für die Region nahezu alle Befragten in den Kirchengemeinden belasten. Gleiches wurde in den Experten- und Lebensgeschichten-Interviews deutlich. Wahrgenommen wird nicht nur die Armut der Einzelnen. Erlebt wird auch eine Armut der Gemeinschaften, der Dörfer und der Region. Diese sehen die Befragten einerseits in den begrenzten Aussichten auf eine verbesserte finanzielle Lage der Region. Ursache dafür seien die fehlenden politischen Rahmenbedingungen »in der kleinen wie der großen Politik«. Sie erleben andererseits, dass ihnen als Verantwortliche in Kirchengemeinden für vielfältige Formen des kirchlichen Engagements die Kräfte und finanziellen Mittel fehlen. Schließlich empfinden sie eine gemeinschaftliche Armut, weil viele junge Leute die Region verlassen und in einigen Orten das dörfliche Leben zerfällt. Es bedrückt die Befragten, wenn Menschen sich zurückziehen und Lebensziele aufgeben.

Armut als Belastung von Gemeinschaften, Dörfern und der Region:
- Beschränkte Aussichten auf Verbesserung der finanziellen Lage in der Region.
- Abwanderung junger Leute. Sie fehlen in Betrieben, Familien, Vereinen, Gemeinschaften und Kirchengemeinden.
- Zerfall dörflichen Lebens.
- Geringe Handlungsmöglichkeiten der Verantwortlichen in Institutionen (hier in Gemeindekirchenräten) aufgrund geringer Kräfte und finanzieller Mittel.
- Angst, Sorgen sowie fehlende Zuversicht sind auch im öffentlichen Miteinander spürbar.

In einer Gruppendiskussion in einem Gemeindekirchenrat war die erste spontane Antwort auf die Frage »Kirchengemeinden und Armut in der Ucker-mark – was fällt Ihnen dazu ein?« der Verweis auf die schwierige finanzielle Situation und die schwindende Mitgliederzahl der eigenen Kirchengemeinde.

Interviewerin: *»»Kirchengemeinden und Armut in der Uckermark‹. Was fällt Ihnen zu diesem Thema ein?«*
Franziska: *»Dass die Kirchen kein Geld haben.«*
Heike: *» Ich wollte das Gleiche sagen.«*
Karsten: *»Alles mit eurem Geld. Ich denke eher, dass wir arm sind an Gemein-demitgliedern. Dass wir zu wenige Mitglieder haben hier. Das sehen wir ja an dem ganzen Pfarrsprengel hier. Früher waren wir, so wie wir jetzt sitzen, drei Pfarrsprengel, und heute ist es einer. Damit, dass wir wenige Mitglieder haben, sind die Kirchengemeinden natürlich auch ein bisschen am Geldmangel dran. Hängt ja auch miteinander zusammen.«*

Heike betont im Verlauf der Diskussion, dass die Gemeinschaft und die Auf-gaben in der Kirchengemeinde ihr Leben durchaus reich machen und einen Mittelpunkt ihres Lebens darstellen. Dass die junge Generation, auch die eigenen Kinder die Region verlassen haben und dass die Hände gebunden sind, sich ausreichend für die eigene Kirchengemeinde und die Region ein-zusetzen, erlebt sie dennoch oder gerade deshalb als Armut und Ohnmacht.

Heike: *»Also, wir sind ja vielleicht arm an finanziellen Mitteln. Die Uckermark hält tapfer immer die rote Laterne in der Arbeitslosenstatistik. Und ich habe ja vor vielen Jahren auch begreifen müssen, mit meinem regulären Job wird es eh nichts mehr. Egal, wo ich dann eben bin. Aber sagen wir mal so, ich danke Gott eigentlich jeden Abend für mein erfülltes und reiches Leben für die Gemein-schaft, in der ich mich bewege, für das Gemeindeleben, für meine Aufgaben, die ich eigentlich alle habe. (...) Auch wenn man eben sich nicht so viel leisten kann (...), ich empfinde mein Leben letztendlich hier in unserer armen Uckermark als reich. (...) Schlimm finde ich aber, dass so viele junge Leute gezwungen sind, auszuwandern hier, um ihren Lebensunterhalt, ihr Leben zu bestreiten. (...) Und das ist für mich dann halt arm, dass die Kinder gezwungen sind, weggehen zu müssen und woanders zu leben. Und dann kommen sie ja im Allgemeinen nicht mehr zurück. (...) Haben sich dann woanders ihr Leben und ihren Freundes-kreis aufgebaut. Haben ihren Verdienst und sind hier halt nicht mehr da. Und das ist auch so für die Familie oder für das Zusammenleben nicht so, wie man das eigentlich gerne hätte. Da fehlt was. Da ist einfach was abgerissen. Und* *das tut einem dann schon weh. (...) Und wenn man sich den baulichen Zustand der Kirchen, unserer Gebäude und der Pfarrhäuser anguckt, dass man weiß, es muss dringend was getan werden. Es sind ja auch Kulturgüter. Es sind dorfprägende Gebäude. Und es ist in weiter Ferne, wie man diese Sachen in einen Zustand versetzen kann, wo man sagen kann, jetzt ist es in Ordnung. (...) Und das ist so beklagenswert, dass man gezwungen ist, so zu leben und irgendwie klarzukommen, und man überhaupt nicht sieht, dass sich da irgendwie mal was ändert. Oder dass da was passiert oder dass es dafür irgendeine Richtlinie oder irgendwelche Mittel gibt, dass das erhalten werden kann.«*

Ludwig leidet unter der Überalterung seines Dorfes, dem Rückzug der älteren Menschen in ihre vier Wände, dem Verfall der Dörfer. Dass ein dörfliches Leben kaum mehr möglich ist, dass Menschen ihr Leben nicht mehr mit anderen teilen, erlebt er als Armut.

Ludwig:»Eine gewisse Armut sehe ich bei uns in den Dörfern, dass nun fast in jedem zweiten Haus nur noch ein alter Mensch wohnt. (...) Man kann durch ein Dorf auf- und abgehen, da sieht man keinen Menschen. Die sitzen alle hinter ihren Türen. Das ist ja auch eine gewisse Armut. (...) Das ist eigentlich traurig, wenn man die Gemeinden von früher her kennt. Wo wirklich die Familien zusammen waren und Großfamilien in den Häusern wohnten, Kinder, Enkel und alles Mögliche, da sitzt noch ein Wurm. Und so ist auch der Verfall in den Dörfern, das ist ganz klar, da ist keine Schule mehr, da kommt der Doktor nicht mehr und ist kein Konsum mehr. Da kommen auch keine jungen Leute hin. Und das ist eigentlich ein trauriges Bild.« (GKR)

Manfred bezieht sich im Laufe der Diskussion auf Ludwig. Er beschreibt, wo und wie sich Dörfer auch positiv entwickeln können, sieht aber auch jene Orte, in denen sich die Situation zugespitzt hat und Ratlosigkeit auslöst.

Manfred:»Da, wo Dörfer sind, die noch so eine Struktur haben, wo Leute sind, die sich ein bisschen engagieren, auch in Kirche engagieren, wo man einen Grundstock hat von Leuten, denen es gutgeht, da läuft es in den Dörfern auch relativ gut. (...) Aber die Möglichkeiten sind ja nicht überall. (...) Und in einigen Dörfern - er hat es ja vorhin beschrieben -, da liegt wirklich alles im Argen, und dann wird es auch ganz schwierig. Wo will man da anfangen?« (GKR)

Der Wegzug der jungen, familienbildenden Generation und der dadurch beschleunigte demographische Wandel wurden - mit wenigen Ausnahmen - in allen Pfarrsprengeln und Diskussionen mit großer Sorge thematisiert. Beides hat Folgen für das Leben im Dorf und in den Kirchengemeinden. Auch schwierige Arbeitsbedingungen sowie die Erwerbstätigkeit in anderen Regionen Deutschlands wirkten sich direkt auf das Leben in den Familien, den Kirchengemeinden und im Dorf aus.

»Ich möchte vielleicht noch sagen, es gibt sehr viele Männer, also, ich habe das am eigenen Beispiel erlebt, die jahrelang sonst wo arbeiten, und die kommen am Wochenende Freitagabend total kaputt nach Hause von der Autobahn. Fahren Sonntagabend wieder los, und da ist natürlich auch kein Familienleben, gar nicht. Wer geht denn da dann noch am Wochenende in die Kirche? Und das gibt es ganz viel. Wer sein Geld verdienen will, der muss irgendwohin fahren. Was anderes bleibt nicht.« (GKR)

Die persönliche Armut von Menschen wird im öffentlichen Leben spürbar. Es belastet die Gemeinschaften der Kirchengemeinden und des Dorfes, wenn Menschen, wie oben geschildert, an kulturellen Höhepunkten nicht mehr ohne Unterstützung teilnehmen können, wenn sie Lebensziele aufgeben oder sich ganz zurückziehen. Wie viele betroffen sind, wird unter anderem daran sichtbar, wie sich Familien und Rentner mit Lebensmitteln versorgen.

Jana: *»Wenn man nach dem 30. einkaufen geht. (...) Da erlebt man's. Da sieht man dann Leute mit Kindern (...). Dann hat es Geld gegeben, und dann geht es los.«*
Norbert: *»In der vorletzten Woche bei Aldi der Parkplatz war ganz leer.«*
Klara: *»Das ist in jedem Dorf so. Sieht man im Bäckerladen. Die letzte Woche vom Monat dann ist das Geld alle.«* (GKR)

Der demographische Wandel, der Wegzug der gut qualifizierten Jugendlichen und die damit verbundenen sozial-strukturellen Veränderungen prägen, so ein Experte der sozialen Arbeit, auch den zwischenmenschlichen Umgang im öffentlichen Raum.

»Also zur Frage: Was ist in Ihren Augen Armut in der Uckermark? Also, mir fällt immer wieder auf, die zunehmende Bildungsferne beziehungsweise Bildungslosigkeit bedingt Wegzug. Diejenigen, die lernen können oder die gute Möglichkeiten haben, ziehen weg. Die Glücklichen, die sollen das auch. Schöner wäre es, wenn sie hierbleiben würden, und andere könnten davon auch mit lernen. Zunahme von ALG-II-Empfängern ist durch diese Bildungslosigkeit erheblich zu

verzeichnen. *Es gibt weniger adäquate Angebote und Bildungsmöglichkeiten für junge Menschen. Das hat zur Folge, dass grundsätzlich ein Qualitätsverlust auf breiter Ebene zu sehen ist. Also, der Kunde ist König, gilt oft nicht. Es gibt kaum Konkurrenz. Es werden Kinder am Bus stehen gelassen. Man muss beim Arzt ewig lange sitzen und man muss sich da bestimmte Sachen anhören. Im Handel wird man behandelt, als wäre Geld gar nichts wert. Ist man in anderen Regionen unterwegs, dann fühlt man sich plötzlich anders. Mensch, die sind aber freundlich zu mir. Fällt mir ganz oft auf. In der Uckermark ist das eben so, und das liegt nicht an der Sturheit der Uckermärker grundsätzlich. Ich glaube, es hat damit zu tun, dass der Anspruch ganz weit runtergeschraubt wird durch dieses System der Armut.« (Experte der sozialen Arbeit)*

7.2.4 »NEUE ARMUT« UNTER DEN ENGAGIERTEN – UND DIE SCHWIERIGKEITEN, DIESE WAHRZUNEHMEN

Deutlich wurde eine Form des stetigen Armutsrisikos unter Engagierten in Gemeindekirchenräten, die Stephan Beetz, Leiter eines Forschungsprojektes an der Hochschule Mittweida, als »neue Armut« bezeichnet.[32] Diese zeigt sich in der Uckermark besonders in dörflichen Gebieten, die zum Beispiel aufgrund der Nähe zu Naturschutzgebieten kaum von unternehmerischen Initiativen (Landwirtschaft, Gewerbe, Windenergie) profitieren können. Beetz beobachtet sie bei landwirtschaftlichen Familienbetrieben, deren Mitglieder sich vielfältig engagieren und Verantwortung übernehmen in Gemeinschaften, in Institutionen, im Ort. Gleichzeitig ist ihr privates Leben von finanziellen Sorgen und Entbehrung geprägt; in diesen Betrieben zum Teil auch durch Überschuldung. In der Uckermark war zu sehen, dass familiäres Engagement einerseits und Armutsrisikolage andererseits nicht nur auf landwirtschaftliche Familienbetriebe zutreffen.

In den Diskussionen in den Gemeindekirchenräten teilten nahezu alle Befragten die Meinung, dass Erwerbstätigkeit vielfach nicht angemessen entlohnt wird, so dass Menschen sich einschränken müssen und ihr Leben von ständigen Sorgen geprägt ist. Diese beschwerlichen Lebenssituationen sind sofort vor Augen, wenn nach Armut in der Uckermark gefragt wird. Dennoch fällt es schwer wahrzunehmen, dass dies auch Mitglieder der Gemeindekirchenräte betrifft. Einerseits scheint kaum nachvollziehbar, dass auch engagierte Menschen in derartige Lebenssituationen gedrängt werden. Andererseits besteht Unsicherheit, ob man den engagierten Mitchristen gerecht

---

32 Knierim 2013, 8–10.

wird, wenn man ihre Lebenssituation als eine des Armutsrisikos bezeichnet. Warum fällt es einigen so schwer, die Belastungen anderer wahrzunehmen? Und wenn diese doch erahnt werden, warum ist die Unsicherheit so groß, sie anzusprechen? Die Gründe sind vielfältig:

— Für einige ist es unvorstellbar, dass eine positive Lebenshaltung nicht ausreicht, um über ein ausreichendes Haushaltseinkommen zu verfügen, das Handlungsspielräume ermöglicht und von Sorgen entlastet.

— Für andere scheint es grundsätzlich nicht angemessen, von Armut und Armutsrisiken und besonderen finanziellen Belastungen und Benachteiligungen in Deutschland zu reden. Armut ist für sie absolute Not. Sie ist in ihren Augen dort zu finden, wo Menschen hungern, frieren und um ihr Überleben kämpfen müssen. Sie ist dort, wo Menschen jegliche Möglichkeiten verwehrt werden, sich zu helfen und Hilfe zu erhalten. Als arm gilt zudem, wer in einer besonderen Notlage absoluter Hilflosigkeit ist. Beides trifft auf die Engagierten in den Kirchengemeinden nicht zu. Diejenigen, die Armut als absolute Notlage verstehen möchten, fordern oft auch Bescheidenheit und Akzeptanz von Einschränkungen. Sie wünschen Hilfsbereitschaft von all jenen, für die zugespitzte Notlagen nicht zutreffen. Diese Haltung erschwert die Diskussion über die vielfältigen Belastungen im Leben von Menschen (auch Engagierten) in der Uckermark.

— Schließlich gibt es jene, die der öffentlichen Definition der relativen Einkommensarmut zustimmen und sie als geeignet ansehen, um die finanziellen Herausforderungen von Familien zu erkennen. Da sie jedoch Armut mit einer helfenden Haltung gegenüber einzelnen Menschen bekämpfen wollen, da sie als Christen insbesondere Menschen von extremen Notlagen entlasten und ihnen aus Hilflosigkeit und Einsamkeit helfen wollen, widerstrebt es ihnen, ihren engagierten Mitchristen Erfahrungen von Armut zuzuschreiben. Hilflosigkeit und Einsamkeit treffen auf die Engagierten eben nicht zu. Sie sind aktiv und integriert. Dennoch haben sie mit den finanziellen Schwierigkeiten relativer Einkommensarmut zu kämpfen, und diese Belastungen sind nicht zu unterschätzen. Einige sehen ihre Situation mit dem Begriff der relativen Einkommensarmut deshalb auch passend beschrieben – allerdings nur dann, wenn dieser Begriff nicht gleichzeitig meint, dass sie persönlich soziale Ausgrenzung erleben und sich sozial zurückziehen.

— Nicht zuletzt wird die Wahrnehmung der Belastungen der Engagierten auch deshalb herausgefordert, weil einige unsicher sind, wie sie die Situation anderer einschätzen sollten. Sie fragen sich, wie diese selbst ihre

Lage sehen. Sie sind deshalb unsicher, mit anderen das Gespräch darüber zu suchen, oder befürchten Ablehnung, weil sie unpassende Fragen stellen könnten.

Es fällt schwer, die finanziell belastete Situation und die Armutsrisiken von Engagierten wahrzunehmen, wenn:
– der Begriff der Armut nur für absolute Notlagen akzeptiert wird,
– nicht damit gerechnet wird, dass auch engagierte Menschen in Lebenslagen des Armutsrisikos und der relativen Armut gedrängt werden,
– das Engagement gegen Armut als Engagement gegen Hilflosigkeit, Überforderung und soziale Ausgrenzung verstanden wird,
– man unsicher ist, wie andere ihre Situation selbst sehen und wie man das Gespräch darüber suchen soll.

Die Diskussionen haben gezeigt, wie wesentlich sich Definitionen von Armut und Vorstellungen des Umgangs mit Armut darauf auswirken, wie umfassend die finanziellen und nichtfinanziellen Belastungen von Menschen wahrgenommen, anerkannt und zum Gegenstand des Handelns werden können. Formen neuer Armut auch im persönlichen Gespräch anzusprechen und zum Gegenstand gestaltenden und politischen Handelns in der Region zu machen, scheint bisher eine Herausforderung zu sein, auf die es in den Kirchengemeinden kaum eine Antwort gibt. In nahezu allen Diskussionen wurde jedoch gefordert, dass sich Kirchengemeinden, Kirchenkreise und Landeskirche wieder gezielter politisch positionieren sollten. Der Selbstvertretung der Betroffenen gegen Benachteiligungen könnte dabei ein neues Gewicht eingeräumt werden.

7.3 SELBST- UND MITBETROFFENHEIT

»... aber trotzdem darf man den Kopf nicht in den Sand stecken.«

Es ist bereits deutlich geworden, Lebenslagen des Armutsrisikos und der Armut wie auch Anzeichen für Armut werden unter den Engagierten der Kirchengemeinden auch deshalb in einer großen Vielfalt wahrgenommen, weil sie solche Situationen aus ihrem eigenen Leben oder dem Leben nahestehender oder ihnen anvertrauter Menschen kennen. Sie sind selbst persönlich betroffen oder sorgen sich um Menschen, denen sie begegnen, und sind damit Mitbetroffene. Darüber hinaus erleben sie die begrenzten Möglichkeiten regionaler Entwicklung sowie die beschränkten Mittel von Institutionen und Gemeinschaften als gemeinschaftlich erfahrene Armut.

7.3.1   SELBSTBETROFFENHEIT AUFGRUND PERSÖNLICHER UND GEMEINSCHAFTLICHER ARMUTSERFAHRUNGEN

Zur Selbstbetroffenheit der Engagierten in den Kirchengemeinden zählt das *persönliche Armutsrisiko* aufgrund gering entlohnter Erwerbstätigkeit und fragmentierter Erwerbsverläufe sowie geringer Bezüge im Alter. Auch die Angst davor ist ihr zuzurechnen. Beides wurde in den Diskussionen zum Teil direkt angesprochen, aber auch in einer anonymen Befragung zum Ausdruck gebracht.

»Ja, sagen wir mal so, ich wohne bei meinem Vater zu Hause. Ich könnte mir schon keine Wohnung leisten. Geschweige denn überhaupt ein Auto. Ich gehe aber vierzig Stunden die Woche arbeiten.« (GKR)

»Ich bin jetzt Alleinverdiener. Meine Frau ist jetzt arbeitslos. (...) In der Hälfte des Monats ist das Geld auch weg. (...) Schlimm ist das schon. Wenn man dann den ganzen Monat malochen geht, und am Monatsende muss man noch an der Tür klingeln und sagen: ›Gebt mir mal Hartz IV dazu.‹« (GKR)

»Mit dieser Situation muss man auch erst lernen umzugehen [Beantragen von aufstockenden Leistungen wie Hartz IV und Sozialhilfe im Alter]. Das ging mir so. Habe immer gedacht, mich kann keiner. (...) Mein Mann Rentner. Alle Leistungen reichen nicht. Fünf Euro zu viel Rente – keine Leistung für mich. Und dann haben wir dagestanden, ja wie denn nun?« (GKR)

Nach den Gruppendiskussionen in den Gemeindekirchenräten haben die Beteiligten einen anonymen Fragebogen erhalten. Es wurde erfragt, welche Gründe sie bewegen würden, in einem armutsbezogenen Projekt mitzuwirken. Zwei der Antwortmöglichkeiten lauteten: A) weil ich mir Sorgen mache, selber in Situationen der Armut zu geraten. B) weil ich Situationen der Armut/des Armutsrisikos selber erfahren habe. Die Befragten in den Städten haben nur vereinzelt mit »stimmt genau« und »stimmt überwiegend« geantwortet. In den ländlichen Pfarrsprengeln wurden diese Antwortmöglichkeiten häufiger genutzt. Dort gaben 11 von insgesamt 45 Personen an, sich gegebenenfalls an einer Initiative gegen Armut zu beteiligen, weil sie Situationen der Armut oder des Armutsrisikos selbst erfahren haben. Die Mehrheit dieser Personen und einige weitere machen sich zudem Sorgen, auch zukünftig von Armut und Armutsrisiko betroffen zu sein. Dies entspricht weitgehend den Erwerbssituationen der Befragten, wie diese sie in den Vorstellungsrunden beschrieben.

Zur Selbstbetroffenheit gehören auch Erfahrungen der *Verarmung von Gemeinschaften* aufgrund des demographischen Wandels, erlebte Verluste in der Struktur der Daseinsvorsorge (z. B. öffentlicher Nahverkehr, medizinische Versorgung) oder eine verbreitete Unsicherheit und Resignation, die im öffentlichen Leben spürbar ist. Ursachen werden unter anderem in den begrenzten Bedingungen für eine positive wirtschaftliche Entwicklung der Region gesehen. Während die Engagierten persönliche Ausgrenzungserfahrungen verneinen, bringen sie jedoch zum Ausdruck, dass sie sich als Bewohner einer ostdeutschen ländlichen Region politisch vernachlässigt fühlen.

»Primär sind die Rahmenbedingungen hier nach der Wende nicht so gelaufen, wie wir eigentlich alle erwartet haben. (...) Letztendlich gibt es nach der Wende andere Regionen, sicherlich, denen es schlechtergeht, aber eine Menge, denen es auch bessergeht. Und da sind überall nur Menschen. (...) Und dass so viele wegziehen, dass nachher wieder alle hier Arbeit haben, das kann es auch nicht sein. Ob in der kleinen oder in der großen Politik, (...) jetzt muss man hier einfach Rahmenbedingungen in der Wirtschaft sichern.« (GKR)

Eine dritte Form der Selbstbetroffenheit ist das Erleben von *Armut als Verantwortliche in Institutionen*, Organisationen, Einrichtungen (z. B. im GKR). Während die Engagierten ihre persönliche Situation der finanziellen Entbehrung relativieren, empfinden sie Ohnmacht und Wut, wenn sie in ihrem Engagement erneut auf Grenzen stoßen. Es belastet sie unter anderem, wenn sie aufgrund fehlender finanzieller Mittel und Förderpläne hinnehmen müssen, dass gesellschaftliche Kulturgüter aufgegeben werden. Für die häufig dorfprägenden Kirchen- und Pfarrgebäude wie Friedhöfe fühlen sie sich besonders verantwortlich.

Für einige der Engagierten in der Uckermark wurde deutlich: Sie müssen persönlich mit einem geringen Einkommen auskommen. Gleichzeitig erleben sie die Abwanderung, den demographischen Wandel, die begrenzten Möglichkeiten positiver regionaler Entwicklung als Armut ihrer Gemeinschaften, Orte und der Region. Auch wenn sie durchaus von positiven Erfahrungen ihres Engagements erzählen können, drücken sie Wut und Empörung aus, wenn sie als Verantwortliche in Institutionen aufgrund geringer finanzieller Mittel ihr gesellschaftliches Engagement nur begrenzt entfalten können. Einige Engagierte erleben so eine gewisse Armut in allen ihren Lebensbereichen. Zur individuellen Einschränkung tritt die des gemeinschaftlichen Handelns und des gesellschaftlichen Engagements.

Selbstbetroffenheit der Engagierten:

– Persönliche Erfahrungen des Armutsrisikos und der relativen Armut.
– Verarmung von Gemeinschaften und Orten durch demographischen Wandel, Verluste in der Struktur der Daseinsvorsorge, verbreitete Resignation.
– Wenn Verantwortlichen in Organisationen und Institutionen Mittel fehlen, um ihr gesellschaftliches Engagement zu entfalten.

Selbstbetroffenheit ist besonders anzutreffen in Dörfern und Kleinstädten in peripherer Lage.

7.3.2 MITBETROFFENHEIT DURCH ARMUTSNÄHE

Mitbetroffenheit besteht, wenn Familienangehörige, Nachbarn, Kollegen, Schüler oder Patienten in Situationen der Armut und des Armutsrisikos leben oder Unternehmer besorgt sind, weil es ihnen Mühe bereitet, stetige Anstellungsverhältnisse zu ermöglichen. Sie wird erlebt, wo Menschen an besonderen Ereignissen des gemeinschaftlichen Lebens in Kirchengemeinden oder im Dorf nicht teilnehmen, weil ihnen die finanziellen Mittel fehlen, sie sich zurückgezogen haben oder sich ängstigen, um Unterstützung zu bitten. Man findet sie, wo Kirchengemeinden als Träger von Einrichtungen (Kitas, Schulen), sozialen Angeboten (Teestube, Tafel, Beratungsangebote) oder als Arbeitgeber und Vermieter sowie als Verpächter auf Menschen in Lebenslagen der Armut und des Armutsrisikos treffen. Sie wird schließlich dort erfahren, wo Engagierte feststellen, dass ihre Möglichkeiten begrenzt sind, etwas gegen die Probleme zu tun. Die Übergänge von der Mit- zur Selbstbetroffenheit können dann fließend sein. Ein Großteil der Formen der Mitbetroffenheit wurde bereits deutlich bei der Darstellung der Wahrnehmung von Armut (vgl. 7.2). Hier sollen einige wenige Zitate aus Einzelinterviews und Diskussionen das Bild vervollständigen.

Zu den Erfahrungen in Kirchengemeinden als Arbeitgeber:

»Wir haben als Kirchengemeinde immer wieder Leute, die als Ein-Euro-Jobber oder als Kurzzeitbeschäftigte hier Dienste tun. Und wenn man sich mit den Leuten unterhält, dann bekommt man doch mit (...), wie schwierig es ist, vielleicht wieder ein dauerhaftes Arbeitsverhältnis zu erreichen. Und wo man auch zwar dankbar ist, dass wir als Kirche dann die Möglichkeit geben, dass solche Leute

wenigstens etwas im Arbeitsleben drin sind und damit nicht ganz sozial auch ausgegrenzt werden, aber es ist natürlich schon so, dass wir da nur sehr bedingt helfen können.« (GKR)

Über die Berührungspunkte mit Armut durch die Trägerschaft für eine Kindertagesstätte:

»*Also in unserem Kindergarten, der jetzt noch in einem Gebiet liegt, das also von Armut gekennzeichnet ist, sind mehr als 50 Prozent, ich glaube 57 Prozent Kinder, die stammen aus Haushalten, wo die Eltern entweder Hartz-IV-Empfänger sind oder in geringfügigen Beschäftigungsverhältnissen mit Aufstockungen. 57 Prozent!« (MA Pfarrdienst)*

Viele Jugendliche und Kinder werden in ihren Familien nicht gut ernährt, die Essensversorgung in Schulen und Kindertagesstätten ist oft nicht regelmäßig möglich. Und auch die Kirchengemeinden, die Träger von Kindertagesstätten sind, fordert es heraus, gesunde und zugleich preiswerte Mahlzeiten zu garantieren. In mehreren Orten des Kirchenkreises wurde bereits darüber nachgedacht, »Kindertafeln« einzurichten. Bislang konnte dies jedoch nicht umgesetzt werden.

»*Das ist nun bestimmt schon sechs Jahre her, da haben wir mit dem Leiter einer Tafel für Erwachsene versucht, eine Kindertafel zu konzipieren. Das ist uns aber nicht gelungen, weil wir innerhalb der Gemeinde auch niemanden gefunden haben, der sich da ehrenamtlich hätte hineinbegeben können. Die Leute, die das vom Lebensalter her und von ihren persönlichen Möglichkeiten her gut machen können, die haben bei uns Arbeit, die sind gut ausgelastet. Und so eine Arbeit, das ist ja eine richtig intensive ehrenamtliche Tätigkeit. (...) Und die Älteren haben sich das selbst nicht zugetraut und lagen sicherlich auch richtig an der Stelle. Aber das ist uns eine ganze Zeit lang immer wieder nachgegangen. Wenn ich drüber nachdenke, geht es mir auch wieder nach, dass das nicht gelingt. Also, die Essenpreise in den Schulen, in den Kindergärten werden höher. Wir mussten jetzt gerade auch wieder eine Anpassung der Preise beschließen im letzten Gemeindekirchenrat, 20 Cent mehr als vorher. Und natürlich gibt es Eltern, die dieses Geld sparen. Die ihre Kinder dann vor dem Mittag aus dem Kindergarten abholen. Was die dann essen, die Kinder, keine Ahnung.« (MA Pfarrdienst)*

Mitbetroffenheit erleben Engagierte als:

– Unternehmer, Familienangehörige, Kollegen, Nachbarn, in sozialen und medizinischen Berufen (Ärzte, Pflegedienst, Lehrer, Sozialarbeiter).

Mitbetroffenheit erleben Kirchengemeinden als:

– Arbeitgeber, Verpächter, Vermieter, Träger von Einrichtungen (Kitas, Schulen), aufgrund ihres sozialen Engagements und bei ihrem Engagement für ihre Dörfer.

7.4 DER SINN FÜR DAS GEMEINWOHL

»... da steht auch Kirche in der Verantwortung.«

In den Gesprächen mit Gemeindekirchenräten und beruflich Mitarbeitenden des Kirchenkreises Uckermark wurden zahlreiche Sichtweisen deutlich, wie sich Engagierte für das Gemeinwohl in der Uckermark engagieren möchten. Nicht alle diese Vorstellungen, zu denen auch kulturelle und missionarische gehören, können hier vorgestellt werden. Es erhalten jene besondere Aufmerksamkeit, die den Umgang mit Armut einschließen. Wie bereits ausführlich geschildert, ist Armut für viele Befragte ein persönliches Thema. Und auch in den Vorstellungen und Sichtweisen für kirchengemeindliches Engagement hat es seinen Stellenwert. Diese sind jedoch so vielfältig wie die Lebensläufe, Prägungen und Erfahrungen mit Armut unter den Engagierten. Dies führt in einigen Gemeindekirchenräten zu Spannungen und Konflikten. Gleichzeitig liegen darin aber auch Chancen für das kirchengemeindliche armutsbezogene Engagement.

Für die folgenden Darstellungen haben wir eine Gruppendiskussion ausgewählt und werden die vielseitigen Sichtweisen des gemeinwohl- und armutsbezogenen Engagements dieses Gemeindekirchenrates ausführlich darstellen. Ein solcher Tiefenblick wird einer breiteren Darstellung weiterer Gemeinwohlorientierungen im Kirchenkreis Uckermark vorgezogen, um die Belastungen und Chancen, die mit den vielseitigen Sichtweisen des Engagements verbunden sind, stellvertretend zu verdeutlichen. Bereits durch diesen Gemeindekirchenrat wird die Breite und Stärke der armutsbezogenen Gemeinwohlorientierungen im Kirchenkreis Uckermark anschaulich.

Da Armut viele Befragte in den Kirchengemeinden persönlich angeht, beziehen sich ihre Vorstellungen von Gemeinwohl auch auf den Umgang mit Armut.

Da die Engagierten auf ganz verschiedene Lebensläufe und Lebenssituationen schauen, treffen in den Kirchengemeinden vielfältige Ansichten aufeinander, was zu Spannungen führen kann.

In dieser Vielfalt liegen jedoch auch besondere Chancen.

7.4.1 ARMUTSBEZOGENE GEMEINSINNIDEALE AM BEISPIEL EINES GEMEINDEKIRCHENRATES

Die folgende Übersicht skizziert Gemeinsinnideale eines Gemeindekirchenrates. Aufgrund z. T. gegensätzlicher Positionen (links/rechts) wurde temperamentvoll diskutiert. Ausgleichende Argumente halfen, zwischen den Befragten zu vermitteln (Mitte).

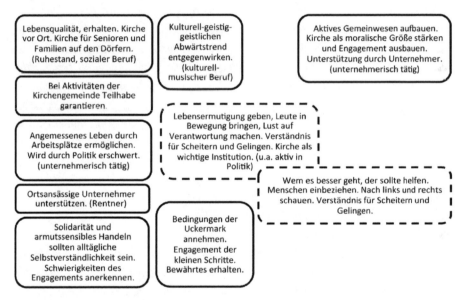

Einige der Vorstellungen der Befragten sollen etwas genauer charakterisiert werden. Interessant ist, dass nahezu alle Bemühungen, Armut wahrzunehmen, gleichzeitig mit Erwägungen verbunden waren, ob und wie in Bezug auf Armut gehandelt werden kann. In diesen Erwägungen kommen die Wünsche für das Gemeinwohl zum Ausdruck.

Ein Rentner beobachtet den zunehmenden sozialen Rückzug der älteren Menschen in seinem Ort und die damit einhergehende Verarmung des nachbarschaftlichen Lebens. Seine Erwägungen zielen darauf, wie man Menschen bestärken kann, Kontakte zu erhalten.

»Eine gewisse Armut sehe ich bei uns in den Dörfern, dass nun fast in jedem zweiten Haus nur noch ein alter Mensch wohnt. (...) Die sitzen alle hinter ihren Türen. (...) Ob man da irgendwas tun kann, dass man da entgegenwirkt, weiß ich nicht. Am Alltag auf jeden Fall. (...) Dass man da vielleicht die Leute noch einmal anspricht oder ein bisschen zu irgendwelchen Dingen einbindet, um ein bisschen Lebensqualität zu erreichen, und nicht nur, dass man da irgendwo nur sitzt und jahrelang nur mit seinem Kater erzählt.« (GKR)

Ein Unternehmer möchte durch sein Engagement für Arbeitsplätze zu einem angemessenen Lebensstandard beitragen und der Abwanderung junger Arbeitskräfte entgegenwirken. Er beklagt die Grenzen, die ihm gesetzt sind, und mahnt politische Weichenstellungen zur Förderung der wirtschaftlichen Entwicklung an.

»Wir können uns unterhalten mit denen, die davon [von Armut] betroffen sind, aber das ist sekundär. Primär sind die Rahmenbedingungen hier nach der Wende nicht so gelaufen, wie wir eigentlich alle erwartet haben. (...) Ich selbst habe viele junge Leute ausgebildet, habe viele aus der Arbeitslosigkeit beschäftigt, aber das sind die Rahmenbedingungen, dass man nicht noch mehr einstellen kann. Versuche jeden Monat, irgendwie Arbeit ranzuschaffen, dass jeder Arbeit hat, dass genug Geld reinkommt, um alle Leute und alle Abgaben und alles (...) zu bezahlen oder was übrig bleibt zu investieren, um wieder am Markt zu sein. Aber die Rahmenbedingungen, die wir hier haben, die werden nicht angemahnt. Die Unternehmer haben keine Lobby, um hier Arbeit zu schaffen. Und wer Arbeit hat, hat mit Sicherheit nicht alle Probleme gelöst, aber einen Großteil der Probleme. (...) Und ich finde es gut, dass wir hier weiterhin ein soziales Netz stricken, von der kirchlichen Seite aus, uns Mühe geben, dass wir die hier beschäftigen und die Hand reichen, das gehört auch zu uns. Und das, finden wir, steht uns auch gut zu Gesicht. Aber letztendlich, ja hier Aufschwung in dem Sinne zu machen, da brauchen wir Rahmenbedingungen, wie wir die Wirtschaft anziehen.« (GKR)

Ein anderer Befragter erzählt von den Möglichkeiten, sich die Belastungen von Familien und Heranwachsenden zu verdeutlichen und vor Augen zu führen. Hinzusehen und zu verstehen, das sind ihm wichtige Anliegen. Er plädiert für Solidarität und das Bemühen um Teilhabemöglichkeiten für alle durch niedrigschwellige Angebote von Kirchengemeinden und gemeinschaftliche Unterstützung.

»Also, für mich gehört es ganz selbstverständlich zum Leben dazu, Armut ist irgendwo immer präsent. Und ich kann mich noch erinnern, das war nicht in der Uckermark: Ich saß in einer Klasse in einer Gesamtschule, und da hatte nicht einmal die Hälfte der Eltern Arbeit. Und da haben wir uns einmal deutlich gemacht, was das heißt, und seitdem gehört das zu meinem Leben eigentlich dazu.«

»Also, ich selber kenne das aus meiner Jugendarbeit. Da war das auch selbstverständlich, dass wir die Ärmeren mitgenommen haben, und alle haben sozusagen mitbezahlt für die. Das war selbstverständlich und es ist auch jetzt so. Ich finde es selbstverständlich für kirchliche Arbeit. Und ich finde es eine schöne Sache, dass bei vielen Dorfveranstaltungen, wenn irgendwo Eintritt genommen wird, dass der ab 16 Jahren genommen wird. Dass sozusagen Familien mit Kindern eine viel niedrigere Schwelle haben, da hinzukommen. Das finde ich eine wirklich faire, schöne, gute Regelung.«

In einem Interview spricht der eben bereits zu Wort Gekommene noch deutlicher aus, was ihn antreibt. Er möchte Menschen Räume geben, in denen sie sich entfalten und Verantwortung übernehmen, in denen sie Autonomie und Solidarität lernen können und in denen sie so anerkannt werden, wie sie sind.

»Die Menschen sollen was finden für sich. Das ist ja das Ziel. Meine Motivation ist, dass die sich entfalten können, dass die was aus sich machen können.«

»Das sind Menschen, über die da gesprochen wird. Und da wird doch wirklich in der Zeitung über ›Gesindel, das rumhängt‹ gesprochen und so was. Ich finde, das geht nicht! (...) Also, mein Traum ist, eine Ausstellung zu machen. So große Plastikschilder müssten das sein, auf denen Porträts sind, schicke Porträts, müsste man einen Fotografen haben. Die Überschrift vielleicht ›Wir sind ... [A-Städter]‹. Und dann gibt es drei Fragen: Wer bin ich? Was ist mein Traum und was wünsche ich mir für ... [A-Stadt]? Das ist sozusagen meine Idee, das würde ich gerne machen.«

Eine Befragte drängt in besonders energischer Weise zu umfassendem neuen Engagement. Sie ist zugezogen, und sie ist durch Ideale des Neuanfangs und des Aufbaus eines aktiven Gemeinwesens geprägt. Sie mahnt Entwicklungen an, die jungen, gut ausgebildeten Personen eine Existenzgründung ermöglichen. Ihre Familie zeigt ein hohes unternehmerisches Engagement, sie benennt aber ebenfalls die Grenzen der eigenen Möglichkeiten. Sie fordert von den Mitstreitern und von Kirche, dass diese mehr Verantwortung wahrnehmen. Wichtig ist es ihr, dass Menschen eine aktive Haltung vorgelebt wird und dass Kirche stärker den direkten Kontakt zu den Menschen sucht, um Kirche erfahrbar zu machen und jenen zu helfen, denen es weniger gut geht.

»Ich denke, wir haben hier sehr gute Jugendliche. (...) Wir haben aber nicht viele Möglichkeiten, wenn sie gut ausgebildet sind, dass sie hier auch eine Existenz gründen können (...), um dann eben hier ihre Familie aufzubauen. Wir machen das bei uns jetzt mittlerweile so, dass wir Leute von hier ausbilden oder ihnen raten, dass sie sich woanders ausbilden lassen, und sind dankbar, dass sie familiäre Bindungen hier haben, dass sie dann wieder zurückkommen können. (...) Der zweite Punkt ist, dass wir sicherlich eine Basis haben von Leuten, die sehr arm sind, die eben nicht diese Bildungsmöglichkeiten hatten wie andere. Die werden wir immer durchschleppen müssen. (...) Und es ist die Frage, diese Leute jetzt eben mitzunehmen von der Kirche und einzubinden. Und vielleicht auch wiederum deren Kinder, die das von ihren Eltern dann vorgelebt kriegen, dass man mit wenig auch leben kann. Dass wir auch an die Kinder kommen und es ihnen vielleicht durch andere anders vorleben. Dass wir (...) zeigen, was Kirche ist und dass es da einen Weg gibt. Und diese dann aufzufangen durch die Schulen oder durch Programme auf den Dörfern. Es wird nicht so sein, dass diese Kinder aus den Dörfern in die Stadt kommen, um an Kirchenveranstaltungen teilzunehmen. Ich denke, da muss die Kirche in die Dörfer rein und muss die Kinder an die Hand nehmen.«

Sie ergänzt im Laufe der Diskussion:

»Ich denke wirklich, die christliche soziale Kompetenz, die sollten wir aufnehmen, und wir sollten auch unsere christliche Verantwortung diskutieren. Wie wir das machen können. Es muss ja etwas gemacht werden. (...) Warum gibt es nicht die Möglichkeit, auch die älteren Leute vielleicht in der Stadt und die in den Dörfern mitzunehmen. (...) Es war früher ein viel größeres Angebot, und es ist gern angenommen worden. Und warum geht die Kirche nicht hin und sagt zu den Unternehmen, die vor Ort sind: ›Komm, wir brauchen Spendengelder‹, um diese christliche Verantwortung dann auch umsetzen zu können. Es gibt ja Möglichkeiten ohne Ende, und ich denke, dass das auch wichtig ist, dass die Kirche in die Dörfer gehen muss und die Menschen abholen muss. Dann sehen sie, wo soziale Brennpunkte sind, was die Probleme sind und wo man weiterhin

ausbauen kann, irgendwelche Projekte zu entwickeln, um da jetzt gegen diese Armut anzukommen.«

In diesen Zitaten werden Ideale, Wünsche und Erwartungen eines arbeitsteiligen Handelns deutlich, die in strukturell entwickelten Regionen prägend sind. Die Befragte möchte sich mit ihrer Familie als Unternehmerin in ihrem Ort einbringen und fordert von Kirche ein flächendeckendes, am Menschen orientiertes soziales Engagement, an dem sie sich als Partnerin beteiligen kann. In ihren Augen gibt es zahlreiche ungenutzte Möglichkeiten. Einige Gruppenmitglieder erleben ihr Drängen als eine moralische Forderung, die zu wenig berücksichtigt, wie stark die kirchlichen Möglichkeiten innerhalb der Region begrenzt sind. Sie fühlen sich und ihre Bemühungen nicht ausreichend wahrgenommen und anerkannt. Sie ruft deshalb Gegenpositionen hervor.

»Aber vielleicht sollten wir ein bisschen weiter zurückschauen. Wo leben wir, die jetzt auch zwanzig Jahre nach der Wende älter, reifer geworden sind? (...) Wir waren ja vorher auch schon hier, und wir wissen, in welcher Gegend wir Kirche gelebt haben. Und wenn man jetzt, so wie Sie sagen, sage ich einmal, vom Westen, also aus den großen Ballungszentren kommt, wo die Infrastruktur eine ganz andere ist, wo anders verdient wird im Durchschnitt – und das wird alles nicht erwähnt. Also wir müssen doch fragen: Wo leben wir Kirche und leben sie hier weiter? Und das, was die Politik, sage ich mal, bisher nicht geschafft hatte, können wir als Kirche schon gar nicht leisten. Dieses demographische Problem halten wir ja nicht auf. (...) Und wenn man von einer Landesregierung ausgeht, die selbst jetzt schon plant, bestimmte Orte, wo nur noch wenige Alte wohnen, (...) gar nicht mehr anzufahren, Straßen zu pflegen, (...) dann wissen wir, wie schwer wir das haben, (...) dann generell auch noch Kirche vorzuleben oder Kirche zu aktivieren.«

Eine vergleichbare Haltung nehmen auch Befragte ein, für die in Diskussionen und Interviews eine ausgesprochen hohe Gemeinwohlorientierung deutlich geworden ist.

»Ja, ich finde auch, erstens einmal ist vieles ganz selbstverständlich hier. Auch und gerade auf den Dörfern. Natürlich wird da, werden die Leute da zusammengeholt und gefragt. Es sind manchmal nur kleine Kreise und vor allem ist es die Frage: Wer ist denn die Kirche, die das alles machen soll? (...) Das ist eben nicht nur der Pfarrer. (...) Es sind die Familien, die es aufrechterhalten zum Beispiel.

Und manchmal ist das nur eine, und manchmal ist es eben auch gar keine. Da läuft eben nichts, weil die Kirche einfach nicht da ist. Weil es die Familie da vielleicht im Moment nicht gibt. Das finde ich problematisch. Das ist ein Verständnis von Kirche manchmal, wo mir die Ohren schlackern.«

Die Vorstellungen der befragten Unternehmerin enthalten Visionen und damit auch Erwartungen einer flächendeckenden und dichten Struktur kirchlich-diakonischen Handelns, die über die Möglichkeiten der Region hinausgehen. Dennoch sollten diese Ideale bedacht werden. Sie zielen auf ein Engagement, das über die kleinen Schritte der Hilfe zwischen einzelnen Menschen oder ein reagierendes Handeln von Kirchengemeinden (z. B. wenn Kirchengemeinden von den Kommunen für einzelne Aktionen angefragt werden) hinausgeht. Die Vision eines arbeitsteiligen und strukturell stabilisierten Engagements ist auch Potenzial für die Gruppe. Unter anderem deshalb werden die Äußerungen der Befragten nicht nur als Angriff erlebt. Einige Gemeindekirchenratsmitglieder nehmen vermittelnde Positionen ein, erkennen ihr Drängen an und weisen zugleich auf die Grenzen des kirchlichen Handelns in der Region hin. In manchen Orten weiß man einfach nicht mehr, wie man noch ansetzen könnte. Dort werden herkömmliche Angebote nicht mehr wahrgenommen, weil sich ältere Menschen zurückgezogen haben. Für neues Engagement fehlen die, die Verantwortung übernehmen könnten. Für andere Orte werden jedoch durchaus Möglichkeiten für weitere positive Entwicklungen gesehen. Kirche kann sich als eine der letzten Institutionen vor Ort noch beteiligen.

Die nun zu Wort kommenden Befragten vertreten eine solche vermittelnde Position. Ihnen ist es wichtig, Menschen zu ermutigen und ihnen Lust auf Verantwortung zu machen. Sie möchten Frauen und Männer dort abholen, wo sie sind. Sie schätzen es, wenn Menschen »nach links und rechts schauen«, um gemeinsam mit anderen zu handeln. Sie sehen jene in der besonderen Pflicht, denen es besser geht. Einer der Befragten äußert sich wie folgt:

»Wir sind ja doch erheblich ausgeblutet in den letzten zwanzig Jahren, und jetzt muss man also schauen, wie man mit den Menschen, die noch hier sind, dann auch entsprechend das Leben hier gestaltet. Wo man auch guckt, welche Möglichkeiten sind da?«

»Wichtig ist, dass wir als Kirche eine Lebensermutigung geben. Lebensertüchtigung wäre der falsche Ausdruck, aber Lebensermutigung. Nämlich die Leute,

die resignieren, die sagen: ›Geht nicht, will nicht mehr, kann nicht mehr.‹ Dass man für die Leute eine Möglichkeit schafft zu sagen: ›Wie kann ich euch wieder animieren, aktiv zu werden?‹ Und zwar selbst aktiv zu werden.«

Diesem Befragten wäre es ein Anliegen, Menschen stärker bei Anträgen zu beraten und bei Ämtergängen zu begleiten, um ihnen zu ihren Rechten zu verhelfen. Gleichzeitig möchte er aber anregen, selber Verantwortung zu übernehmen und dadurch eine Bereicherung für das eigene Leben zu erfahren.

»Irgendwo ist aber auch jeder ein bisschen für sich selbst verantwortlich. Das wieder klarzumachen: ›Leute, ihr steht hier im Leben. Ihr habt auch eine Verantwortung gegenüber euren Familienmitgliedern, gegenüber der Gesellschaft. Habt ihr nicht Lust, zum Beispiel in diesem Kreis einmal eine Aufgabe zu übernehmen?‹ Dass man aus dieser Lethargie herauskommt und auch animiert wird, selbst wenn es in dem Moment dann ehrenamtlich ist. Aber eben sich mit einer Aufgabe außerhalb des eigenen kleinen Dunstkreises zu bewegen, um einfach zu sagen: ›Mensch, das macht mir Spaß.‹«

Er sieht für Kirche eine wichtige Aufgabe in den Dörfern und eine soziale Verantwortung. Dennoch weiß er um die Grenzen des eigenen Handelns und verweist auch auf jene Orte, deren Situation nur noch ratlos macht.

»Na ja, in der Regel gibt es ja auf dem Dorf ein oder zwei Institutionen, die da wirksam werden: Das eine ist einmal die Feuerwehr, und die klagt reihum über den fehlenden Nachwuchs. Klar, weil die Leute nicht mehr da sind. Und das zweite ist eben Kirchengemeinde, die in der Regel ja noch existiert. Und genau daran macht es sich fest, Aktivitäten zu haben und Leute wieder in Bewegung zu bringen. Ruhig im kleinen Radius, aber eben in Bewegung zu bringen. Aber die Erfahrung ist auch die, dass es schwer wird, die Leute zu mobilisieren und sie einmal wieder mit heranzubekommen.«

Seine Ansichten werden durch einen weiteren Befragten unterstützt:

»Da, wo Dörfer sind, die noch so eine Struktur haben, wo Leute sind, die sich ein bisschen engagieren, auch in Kirche engagieren, wo man einen Grundstock hat von Leuten, denen es gutgeht, da läuft es in den Dörfern auch relativ gut. Ansonsten gehen die Kirchenmitglieder zurück, damit ist weniger Geld in einer ganz normalen Gemeinde, wo nichts weiter ist, und da ist es dann wirklich schon schwierig, irgendwelche Dinge zu machen. Wenn ich jetzt mal sehe, die

letzten Jahre ging es in einigen Orten ständig bergauf. Das Gros der Leute, die da Arbeitgeber sind, engagieren sich auch für Kirche und versuchen, die Leute miteinzubeziehen, oder gucken nach rechts und links, wo sind denn hier Leute und wie man helfen könnte, wo es wirklich auf fruchtbaren Boden fällt. (...) Aber die Möglichkeiten sind ja nicht überall. So ein bisschen der Grundgedanke ist schon nicht so ganz verkehrt: Denen es bessergeht, die müssten auch mit ein Auge haben für andere. Aber das kann nicht alles sein. Und in eigenen Dörfern – er hat es ja vorhin beschrieben – da liegt wirklich alles im Argen und dann wird es auch ganz schwierig. Wo will man da anfangen?«

Zusammenfassend lässt sich festhalten, dass es zwischen den Beteiligten der Diskussion Spannungen gibt, aber es werden auch viele Gemeinsamkeiten deutlich. Für alle gilt, dass ihnen die Nähe zum Menschen und das Engagement in der eigenen Gemeinschaft wichtig sind. Sie wissen, dass angesichts der wahrgenommenen Probleme gehandelt werden muss. Die Mehrheit sieht zudem für Kirche wichtige gesellschaftliche Aufgaben und eine Bedeutung im Sozialraum. Für diese Anliegen wollen sich die Befragten engagieren. Sie wollen sich für andere einsetzen, und damit als Christen und Kirche einer sozialen Verantwortung nachkommen. Wie dies konkret geschehen soll, darüber gibt es verschiedene Vorstellungen. Sie variieren je nachdem, was die Befragten bisher erlebt haben und wovon sie geprägt sind. Einige wissen besonders um die Belastungen und Herausforderungen in der Region. Manche betonen die Notwendigkeit der kleinen Schritte. Andere können aufgrund besserer Bedingungen nachhaltige Beziehungen und Formen des Engagements gestalten, und sie erleben, wie es in ihren Orten »bergauf« geht. Manch einer der Zugezogenen hat darüber hinaus Visionen eines strukturell stabilisierten und breit verankerten sozialen Engagements.

Die Vielfalt der Ansichten kann trotz der Spannungen, die sie auslöst, als Chance gesehen werden. Einige Sichtweisen werden geteilt, andere können sich ergänzen. Innerhalb der Gruppe gibt es zudem zentrale Personen, die vermittelnde Ideen entfalten, in denen alle Ansichten Anerkennung erfahren.

Dennoch fordern die schwierigen Rahmenbedingungen heraus, und es dominieren die Einschätzungen, dass nur kleine und begrenzte Schritte sozialen Engagements möglich sind. Gleichwohl ist es durchaus sinnvoll, die Visionen und Fragen nach einem umfassenden armutsbezogenen Engagement von Kirche und Diakonie wachzuhalten und immer wieder zu stellen. Schließlich leidet die Mehrheit der Befragten unter der weit verbreiteten Armut und hat zugleich ein Gespür für soziale Fragen. Es bleibt offen, ob diese Fragen allein mit den Mitteln der Kirchengemeinden und des Kirchenkreises beantwortet werden können. Überregionale Unterstützung wird notwendig sein (siehe Handlungsoptionen, Kapitel 11).

Die Diskussion hat den Eindruck hinterlassen, dass die vielfältigen Anliegen, Gaben und Mittel von den Beteiligten untereinander nicht gezielt abgerufen werden können. Das Wissen umeinander ist begrenzt und die Erfahrungen sowie die kulturellen Prägungen der Beteiligten unterscheiden sich stark. Es kann als besondere Chance gesehen werden, die Vielfalt der Erfahrungen wertzuschätzen, anzuerkennen, aufzugreifen und die Ideen miteinander zu verhandeln. Dass »teilen Lebenserkenntnis ist« – so einer der Mitarbeitenden im Kirchenkreis –, kann auch für derartige Prozesse gemeinsamen Handelns gelten. Anregung, Begleitung und Stärkung vermittelnder Positionen durch überregionale Angebote der Beratung und Unterstützung können dabei hilfreich sein.

7.5 SICHTWEISEN DES MÖGLICHEN UND DES UNMÖGLICHEN

»... da haben wir eine Chance als Kirche.«
»... da kann doch eine arme Kirchengemeinde nicht viel tun.«

Armut, Armutsrisiko und Armutsnähe sind für viele Engagierte in den Kirchengemeinden der Uckermark ein persönliches Thema. Armut wird in verschiedenen Formen und Ausprägungen wahrgenommen. Nur äußerst selten wurde in den Diskussionen geäußert, dass schwierige Lebenssituationen vor allem durch die Betroffenen selbst zu verantworten sind. Es wurde deutlich, dass wertgeschätzte Lebensweisen als gefährdet angesehen werden, unter anderem auch aufgrund der herausfordernden Lebenslagen eines erheblichen Teils der Bevölkerung. Die Vorstellungen, sich für ein gemeinsames besseres Leben in der Region einzusetzen, sind vielseitig und schließen entsprechend auch den Umgang mit Armut ein.

Damit sind einige Bedingungen erfüllt, die sich positiv auf die Entfaltung von Engagement auswirken können. Es sind jedoch weitere Bedingungen notwendig. Die einzelnen Engagierten als auch die Gemeinschaften der Engagierten müssen davon überzeugt sein, dass es auf sie ankommt, wenn es darum geht, Lebensbedingungen zu verbessern. Sie brauchen die Gewissheit oder die Hoffnung, dass es ihnen möglich ist, etwas zu erreichen. Was sind hierzu die Meinungen der Befragten in den Kirchengemeinden der Uckermark? Sind sie davon überzeugt, dass es auf sie ankommt, wenn es darum geht, gegen Armut anzukämpfen? Sehen sie für sich und ihre Gemeinschaften

Möglichkeiten zu handeln und etwas zu bewirken? Sehen sie sich den Aufgaben gewachsen oder haben sie das Vertrauen, an den Aufgaben wachsen zu können? Wie bereits die persönliche Situation und die Vorstellungen, sich für das Gemeinwohl zu engagieren, unterscheiden sich auch diese Sichtweisen innerhalb des Kirchenkreises, der Kirchengemeinden und Kirchgemeinderäte stark. Diese Vielfalt der Sichtweisen des Möglichen wird im Folgenden in sieben Typen zusammengefasst.

Sichtweisen des Möglichen:

- Menschen sind überzeugt, dass sie persönlich oder ihre Kirchengemeinden etwas bewegen können.
- Sie spüren, wissen oder erfahren, dass es auf sie und die Kirchengemeinden ankommt.
- Sie fühlen sich den Problemen gewachsen oder vertrauen darauf, an den Aufgaben wachsen zu können.

Die Sichtweisen des Möglichen unterscheiden sich auch innerhalb der Gemeindekirchenräte aufgrund der unterschiedlichen Prägungen, Erfahrungen und Situationen der Engagierten und ihrer Kirchengemeinden stark.

Typ 1: Die Skeptischen, Enttäuschten, Müden und Unsicheren

»... wir wissen doch, wie schwer wir es haben« oder *»... da kann doch eine arme Kirchengemeinde nicht viel tun.«*

Die Befragten, die zu diesem Typ gehören, haben selbst viel Negatives erfahren. Ihre Kräfte sind durch vielfältige Herausforderungen gebunden, ihre finanziellen Mittel gering und auch die Mittel ihrer Kirchengemeinden sind sehr begrenzt. Sie haben vielleicht gerade dadurch einen Blick dafür, wie umfassend und tiefgreifend die Problemlagen in der Region sind. Ihre Erfahrungen, ihre geringen Mittel, ihr Blick für die Herausforderungen machen sie kraft- und mutlos. Sie sind jedoch nicht gleichgültig geworden, sondern sind noch immer energisch. Sie sehen sich persönlich nicht in der Lage, etwas bewegen zu können, aber sie weisen konsequent auf die Missstände hin und fordern politisches Handeln ein. Sie wissen darum, welches Handeln notwendig oder sinnvoll ist, sehen sich angesichts dieser Aufgabe aber persönlich oder auch als Kirchengemeinde überfordert. Einige von ihnen gehören zu denen, die anmahnen, dass im Großen etwas passieren muss.

Folgende Äußerungen veranschaulichen die Position, dass die eigenen Kirchengemeinden kaum Möglichkeiten haben, an der umfassend herausfordernden Situation etwas zu verbessern. Einerseits fehlen die Mittel, und andererseits könne auf der kleinen Basis der Kirchengemeinde überhaupt nichts bewegt werden. Um Armut ursächlich zu bekämpfen, müssten andere gesellschaftliche Akteure in die Pflicht genommen werden.

»Das ist doch bekannt seit Jahren, dass die Uckermark das Schlusslicht in der Arbeitslosenstatistik ist (...) und damit auch die Wirtschaftlichkeit der ganzen Betriebe beziehungsweise der Familien an der Grenze liegt. Und da kann doch eine arme Kirchengemeinde nicht viel tun, um da jetzt die Situation zu verbessern. (...) Moralisch kann man da nicht mehr viel machen. Das steht und fällt alles mit dem Geld, das nicht da ist. (...) Im Großen muss irgendwas passieren, was entschieden werden. Auf kleiner Basis können wir überhaupt nichts bewegen.« (GKR)

»Und wenn man von einer Landesregierung ausgeht, die selbst jetzt schon plant, bestimmte Orte, wo nur noch wenige Alte wohnen, (...) gar nicht mehr anzufahren, Straßen zu pflegen, (...) dann wissen wir schon einmal, wie schwer wir das haben, (...) dann generell auch noch Kirche vorzuleben oder Kirche zu aktivieren hier.« (GKR)

Auch die eigene Unsicherheit und die daraus folgende Notwendigkeit professioneller und umfassender Bewältigung der Armutsproblematik werden angesprochen. Auf einem Fragebogen war als Kommentar zu einer Diskussion notiert:

»Ich bin der Meinung, dass gegen Armut Behörden und dergleichen dringend eingreifen müssen. Ich traue mir persönlich nicht zu, gegen dieses sensible Thema vorzugehen.« (GKR)

In manchen Gemeindekirchenräten wird der Vorschlag der Interviewer, einen Sozialbeauftragten oder einen Sozialausschuss anzustreben, aufgrund knapper Ressourcen kritisch gesehen.

»Na, ein Ausschuss, das ist viel zu groß. Diese Leute, die man dann wieder irgendwo zusammenkriegen muss, ist vom Prinzip her wieder so anstrengend, dann muss man so viel wieder machen, dass es überhaupt nicht funktioniert. Ein paar Leute irgendwo, aber ein Ausschuss funktioniert schon nicht mehr, irgendwo ist die Zeit zu knapp.« (GKR)

Die Befragten dieses Typs konnten bisher armutsbezogenes Engagement kaum persönlich kennenlernen und auch keine positiven Erfahrungen damit sammeln. Sie sehen die Wucht der Probleme, aber kaum Möglichkeiten, durch die Kirchengemeinden etwas dagegen bewegen zu können.

Typ 2: Die Engagierten mit Grenzerfahrungen

»... wenn ich sehe, was da alles zu tun ist, bekomme ich Angst und Panik.«

Auch die Befragten dieses Typs sehen in besonderer Schärfe die Probleme. Sie sind jedoch im Unterschied zu Typ 1 im armutsbezogenen Engagement bereits sehr aktiv. Deshalb wissen sie, was getan werden kann und getan werden muss. Ihnen fehlen jedoch ausreichend Mittel und Unterstützer, um den Aufgaben so gerecht zu werden, wie sie es wünschen und es als notwendig erachten. Sie haben mit ihrem Engagement durchaus positive Erfahrungen gemacht, erfahren jedoch mit jeder neuen Aktivität von weiteren Problemen, die zum Handeln drängen. Sie erleben zudem, wie Projekte, die auf Zusammenarbeit mit Partnern beruhen, unsicher werden können. Deshalb fühlen sie sich überfordert, sind unruhig und ratlos. Sie wissen genau, dass es auf sie ankommt und was notwendig ist. Da ihnen jedoch nur geringe Mittel zur Verfügung stehen, sind sie gezwungen, sich für kleine Aufgaben zu entscheiden. So erfahren sie die Grenzen ihrer Möglichkeiten sehr direkt. Dieser Typ findet sich vor allem bei Mitarbeitenden im Pfarrdienst. Zwei Beispiele sollen diesen Typ illustrieren. Zunächst eines aus dem Handlungsfeld »Jugend – Asylbewerber – Rechtsextremismus«:

»In unserem Ort gibt es ein Bündnis. (...) Von anderen Vereinen haben wir gehört, wie groß zum Beispiel die Übergriffe auf Asylbewerber sind. Und als die Frau erzählte, brodelte in mir so ein ganz ungutes Gefühl. Da ist so die Angst vor Überforderung. (...) Ich habe zum Thema Asyl ja bereits gearbeitet, und das hat mich sehr gefordert. Und die Probleme, die es da gibt, und die Wünsche, da Kontakte herzustellen oder da ein Internet-Café zu betreiben, sich mit dem ganzen Träger auseinanderzusetzen, wenn ich das alles höre, was da eigentlich wichtig ist, kriege ich einfach Angst, Panik. Wenn ich da erst einmal anfange, weiß ich, das ist ein Fass ohne Boden. Und was ich da brauche, ist die Vergewisserung: Ich tu erst mal das, was ich kann. Und mit den vielen Leuten darüber ins Gespräch zu kommen, was es da für Sorgen gibt, ist schon wenigstens erst mal ein Anfang. Und was mir dann noch mehr Auftrieb gibt, so wie das passiert

ist, dass einer aus der Gruppe hinterher noch gesagt hat, er kann sich vorstellen, zum Beispiel das Internet-Café ehrenamtlich zu betreiben. Das ist gut, da bin ich echt ein Stück weiter. Also mein Problem ist, na klar will ich da gerne helfen und so viel ich kann. Und dieses Bündnis zu leiten, dem Raum zu geben, vielleicht ist das genau das, was ich tun kann.« (MA im Pfarrdienst)

Im zweiten Beispiel geht es um niedrigschwellige Beratungs- und Selbsthilfeangebote. Eine Mitarbeiterin im Pfarrdienst drückt ihre Sorgen und ihre Unzufriedenheit aus, weil Projekte wegbrechen oder gefährdet sind. Die Kirchengemeinde hat in der Vergangenheit durch vorübergehende finanzielle Unterstützung zur Kontinuität der Angebote beigetragen, kann eine dauerhafte Finanzierung von Personalstellen unter den gegenwärtigen Bedingungen jedoch nicht leisten.

»Also, ich würde gerne einmal das Dilemma ansprechen, in dem jetzt wir speziell als Kirchengemeinde an der Stelle stecken. (...) Da ist zum Beispiel die Suchtbetreuung bei uns am Gemeindezentrum, die vom neuen Träger jetzt aufgekündigt worden ist zu diesem Jahr. Wird nicht mehr durchgeführt, dieses niederschwellige Angebot. Wo aber natürlich die Leute trotzdem vor der Tür stehen und sagen: ›Wir brauchen euch doch, wir brauchen diese Selbsthilfegruppe. Wir brauchen dieses Betreuungsangebot‹ und wir als Kirchengemeinde natürlich finanziell nicht in der Lage sind, das aufzufangen. (...) Also, rein theoretisch können wir als Kirchengemeinde immer gut dafür sein, dass wir uns um die Armen kümmern, aber wenn es praktisch wird, ist es ganz schwierig.« (MA im Pfarrdienst)

Typ 3: Die Visionäre

»... es gibt ja Möglichkeiten ohne Ende« oder »... wir haben alle Gaben, und wer Gaben hat, kann geben.«

Die Visionäre haben hohe Ideale des Zusammenlebens in christlichen Gemeinschaften oder des flächendeckenden, arbeitsteiligen und strukturell stabilisierten sozialen Engagements. Sie möchten sich als Partner einbringen und fordern deshalb auch von ihrer Umwelt ein besonders hohes Engagement. Sie haben Visionen des gemeinsamen Lebens, die zum Teil über die Möglichkeiten der Engagierten oder der Kirchengemeinden hinausgehen, und rufen damit auch Spannungen hervor. Gleichzeitig halten sie aber in sehr energischer und ausdauernder Weise Wünsche, Ideale und Fragen für armutsbezogenes Engagement wach. Sie betonen, wie notwendig es ist, etwas zu tun, und dass es dabei auf alle ankommt.

»Ich denke wirklich, (...) wir sollten auch unsere christliche Verantwortung diskutieren. Wie wir das machen können. Es muss ja etwas gemacht werden. (...) Es gibt ja Möglichkeiten ohne Ende. (...) Kirche muss in die Dörfer gehen und die Menschen abholen (...) und Projekte entwickeln, um gegen diese Armut anzukommen.« (GKR)

Typ 4: Die Motivierenden und Motivierten

»... wenn man es richtig anpackt, können Dinge passieren, die man nicht erwartet hat.«

Die motivierten Motivierenden berichten zum Teil mit Begeisterung von positiven Erfahrungen im Engagement. Sie konnten Erfolge erleben bei sozialen Projekten oder bei Aktivitäten der Kirchengemeinde, die auch auf die Verbesserung der Lebensqualität der im Ort wohnenden Bevölkerung zielten. Sie sind überzeugt, dass vieles gelingen kann, wenn man es richtig anpackt und man den Mut zu einem überlegten Anfang wagt. Sie vertrauen, an Aufgaben wachsen zu können. Gezielt gehen sie auf Menschen zu, um sie für ihre Anliegen zu gewinnen, konnten damit positive Erfahrungen sammeln und sehen darin eine besondere Chance. Darüber hinaus sind sie wachsam, um auch externe Mittel (z. B. Fördergelder) zu erschließen. Größere Aufgaben scheuen sie nicht und wissen oder spüren sehr genau, dass es auf ihr Handeln ankommt.

Als einige Beteiligte in einer Gruppendiskussion in einem Kirchengemeinderat ihre Zweifel äußerten, ob zum Beispiel Unternehmer für den Aufbau eines Sozialfonds oder ein soziales Projekt gewonnen werden können, berichtet eine Befragte von dem unerwartet positiven Engagement für die Kirch- und Friedhofsrestaurierung ihrer Gemeinde. Sie hat erfahren, wie wichtig und gut es ist, sich als Einheimische ehrenamtlich und freiwillig für ihren Ort zu engagieren. Sie konnte erleben, was möglich ist, wenn Menschen im Ort um Unterstützung gebeten und beteiligt werden. Sie weiß zudem um die Abhängigkeit von beratenden Institutionen, aber auch um die Möglichkeiten, externe finanzielle Mittel (Fördergelder) gezielt zu erschließen. Es ist nicht ausgeschlossen, dass auch soziale Projekte mit vergleichbar positiven Erfahrungen verbunden sein können, wenn Engagierte wie diese Befragte dazu angeregt und dabei unterstützt werden. Dies gilt insbesondere dann, wenn – wie im vorliegenden Fall – ein Netzwerk gemeinschaftlichen Handelns im Ort bereits besteht. Denkbar ist zum Beispiel ein ortsnahes, kooperierendes Engagement mit einer Sozialstation.

»Also, ich habe die Erfahrung gemacht, dass bei großen baulichen Maßnahmen, sagen wir einmal Glocken, wo etwas mehr Geld benötigt wird, dass wir dann im Ort einen Spendenaufruf gemacht haben. In die Briefkästen, auch mit Überweisungsträger – und fast jeder im Ort, der hat dann gegeben. Hat gespendet, wunderbar. Und so konnten wir schon viele Sachen bauen. Und wir haben eine Urnengemeinschaftsanlage bei uns auf dem Friedhof errichtet. (...) Einige Leute angesprochen, die schon im Rentenalter sind, die kamen, haben alle mit angefasst am Samstag, und ruckzuck war alles erledigt. (...) Also, wir haben das schon des Öfteren praktiziert mit den Spendenaufrufen für größere Sachen. Hat immer funktioniert. Muss man so sagen, muss man ehrlich sein. (...) Aber erst muss man immer genau wissen, Denkmalschutz, wie viele Institutionen sind mit beteiligt, und die müssen dann sagen: ›Das können wir machen, was ist da notwendig, wie viel brauchen wir und so weiter.‹ (...) Haben auch Fördermittel bekommen, das muss man auch einmal fairerweise sagen. Oder zum Beispiel, wir mussten Bäume fällen, und da hieß es vom Grünamt: ›Ja, so viele Bäume sind weg, ihr müsst aber dafür wieder neue pflanzen.‹ Da hat der Dorfverein gespendet und die Kirche hat etwas dazugegeben, und dann konnten wir wieder neue Bäume kaufen, und die wurden gepflanzt. Und ehrenamtlich Leute gefragt, die kamen dann natürlich, unsere eigenen auch, unsere Mitglieder vom Rat. Und dann wurden neue Bäume gepflanzt.« (GKR)

Vergleichbar sind die Aussagen eines Mitarbeiters im Pfarrdienst bei einer Diskussion im Konvent der Mitarbeitenden des Kirchenkreises. Er motiviert zum »Mut zum Anfang« und spricht an, wo und wie er ungenutzte Chancen sieht, Menschen zu beteiligen.

»Es sind oft schon Erfahrungswerte, wenn in bestimmten Problemstellungen, die man versucht aufzugreifen, der Anfangsgedanke stimmt. Was man manchmal nicht gleich weiß, und wenn sich Mitstreiter finden, dann passieren Sachen, die reichen weit über das hinaus, was man je hätte anfänglich denken können. Insofern bin ich immer ein Fürsprecher des Mutes zum Anfang, um es einfach auch zu machen und zu wagen, und das Weitere findet sich in der Regel. Das kommt, das ist so. (...) Uns ist klar, dass es hier [im sozialen Engagement] auch eine große Chance ist, Ehrenamtliche zu gewinnen. Wenn man sieht, wer jetzt so das Rentenalter erreicht, da ist eine andere Mobilität und Flexibilität vorhanden

als noch vor zehn Jahren etwa. Und es kommt sehr darauf an, wenn man sie
gewinnen will, dass man, so genau es geht, die Aufgabe beschreibt und ihnen
das schmackhaft macht. Das ist die Chance, und da kommen wir nicht dran
vorbei. Sondern wir müssen versuchen, die zu erreichen – bei all den bekannten
Schwierigkeiten.« (MA Pfarrdienst)

Dieser Mitarbeiter im Pfarrdienst mahnt Bedingungen an, die Menschen das
Engagement ermöglichen und erleichtern. Die Engagierte, die zuvor von den
erfolgreichen Baumaßnahmen berichtete, hat dargestellt, dass für ihr Handeln genau diese Bedingungen gegeben waren. Es ist zu spüren, wie die Erfolge, die dadurch möglich wurden, sie geradezu begeistern.

Typ 5: Die Unsicheren und Vorsichtigen, aber Motivierten

»... vielleicht könnte man da mehr machen.«

Die Befragten dieses Typs sehen mit der Diskussion um soziale Probleme und
Armut ein Thema angesprochen, das ihnen wichtig ist. Zum Teil haben sie
bei einzelnen Aktivitäten positive Erfahrungen gesammelt und werben dafür,
an diesen weiterhin festzuhalten. Sie sehen, wie notwendig es ist, etwas zu
tun. Sie sind zum Teil aber auch ratlos, überfordert oder unsicher, wenn sie
überlegen, was ihre Kirchengemeinden an neuen Vorhaben wirklich leisten
können. Sie haben manche Idee, aber noch keine Wege und Mitstreitenden
gefunden, um diese (nicht nur punktuell) umzusetzen.

Ein Mitarbeiter im Pfarrdienst erwägt, dass die Kirchengemeinde für
soziale Projekte stärker auf Menschen zugehen sollte, die diese finanziell
unterstützen können. Er ist sich unsicher, sieht es aber auch nicht als ausgeschlossen an, mehr in diese Richtung zu versuchen:

»Wir haben ein Problem damit, dass die wirklich einflussreichen Leute, die Geld
haben, eigentlich in den Gemeinden nicht mehr vorhanden sind. Das heißt, wir
können deren Hilfe nur in Anspruch nehmen, wenn wir gute Kontakte zu ihnen ha
ben, so dass sie auch als Nichtchristen sich mal bereiterklären, irgendetwas für die
Allgemeinheit zu tun oder für Leute, die Hilfe brauchen (...). Beim Kirchenbau ist
das manchmal möglich, sonst ist es selten. Mal ein einzelner Unternehmer, der was
spendet für die Kinder. (...) Vielleicht könnten wir da mehr machen, indem wir sel
ber, nicht nur der Pfarrer, auf diese Leute mal zugehen, ihnen Problemfälle deutlich

machen. Und sie erweichen, vielleicht nicht nur für einen Kirchturm etwas zu spenden, sondern auch mal für eine Hartz-IV-Familie oder so. Aber das ist schwierig.«

Ein Engagierter eines Gemeindekirchenrates ist davon überzeugt, dass es wichtig ist, stärker auf Menschen zuzugehen und mit ihnen das Gespräch zu suchen. In Nachmittagsgottesdiensten mit Kirchenkaffee sieht er eine gute Gelegenheit dazu. Er ist allerdings unsicher, wie viele Menschen man damit erreichen und gewinnen kann, das Anliegen mitzutragen.

»Ich denke, man muss, wenn man es kann, irgendwie auch Gesprächsangebote anbieten. Es muss nicht immer eine materielle Hilfe sein, aber dass man sich einfach mal die Probleme anhört. Dass man auf Menschen zugeht und sich ihre Probleme anhört. (...) Wenn man nach dem Gottesdienst mal zusammensitzen könnte, mal eine Tasse Kaffee trinken oder so. Manchmal machen wir es ja. Dann wird Tischgottesdienst hier gemacht, um 14 Uhr dann, dass man hinterher noch ein kleines Gespräch führt. (...) Aber das muss man eben machen so was. (...) Alle wird man nicht erreichen, aber auf dem Dorf ist das doch einfacher als in der Stadt, denke ich mal.«

Typ 6: Die Offenen

»... man kann es ja einfach einmal ausprobieren.«

Manche der Befragten haben sich mit den Gedanken, wie sie bei ihrem Engagement die schwierigen Lebenslagen anderer Menschen gezielter berücksichtigen können, noch nicht oder kaum auseinandergesetzt. In der Diskussion zeigen sie sich aber offen, in Zukunft mehr darauf zu achten. Sie fühlen sich durch das Thema angesprochen und zeigen sich bereit, Anregungen aufzunehmen und Neues zu versuchen.

Neben wiederholten Zweifeln, dass Engagierte zu finden sind, die der Aufgabe eines Sozialbeauftragten in ihrer Kirchengemeinde gewachsen sein könnten, gab es auf diesen Vorschlag auch einige zustimmende Reaktionen.

»Wenn ich das höre, ich finde das erst mal gut [Sozialbeauftragte oder Sozialausschüsse in den Gemeindekirchenräten]. (...) Es wäre bestimmt auch einmal gut, diese Frage zu stellen, zumindest zur Diskussion. Ich weiß nicht, wie sie bei uns darauf reagieren würden. Aber weil wir ja auch eine Verantwortung dafür

haben, durch die Bibel, durch die Grundordnung, ist das eine tolle Sache, das einfach einmal auszuprobieren.« (MA im Pfarrdienst)

Typ 7: Die Vermittelnden

»Man guckt, welche Möglichkeiten sind da.«

Bei diesem Typ findet sich von allen bisherigen Typen etwas. Sie wissen um Grenzen und sehen, wie notwendig es ist, dass auch durch politisches Handeln »im Großen« bessere Rahmenbedingungen geschaffen werden. Sie schauen auf Gelungenes, auf Gescheitertes und auf Grenzerfahrungen. Sie sehen sich und die Kirche in der Verantwortung und haben auch Visionen. An einigen Punkten sind sie hoch motiviert und sie können motivieren. An manchen Stellen sind sie unsicher. Sie sind aber immer offen für Neues.

Sie nehmen vor allem eine vermittelnde und moderierende Position ein – und sind darüber hinaus bereit, Aufgaben zu übernehmen, die ihren Erfahrungen und Fähigkeiten entsprechen. Insbesondere bei ehrenamtlichen GKR-Vorsitzenden ist diese Haltung aufgefallen. Sie nehmen alle Positionen wahr und sind bemüht, die Anliegen aller anzuerkennen. Ihnen fehlen jedoch Mittel und Möglichkeiten, alle Ideen und Anliegen auch konzeptionell zusammenzuführen und umfassende Projekte anzuregen und zu begleiten. Externe Hilfe durch professionalisiertes Personal wird unabdingbar sein, um diese Gaben der Kirchengemeinden entfalten zu können (vgl. Kapitel 10).

Da die Befragten dieses Typs sich häufig auch in ihrer moderierenden Funktion zu Wort melden, ist es schwierig, ein kurzes aussagekräftiges Zitat vorzustellen. Ihre vermittelnde Haltung ist bereits in Abschnitt 7.4 vorgestellt worden.

Sieben Sichtweisen der Engagierten über die Möglichkeiten für armutsbezogenes Engagement in den Kirchengemeinden:

Typ 1: Die **Skeptischen, Enttäuschten und Müden**: »*... da kann doch eine arme Kirchengemeinde nicht viel tun.*«

Typ 2: Die **Engagierten mit Grenzerfahrungen**: »*... wenn ich sehe, was da alles zu tun ist, bekomme ich Angst und Panik.*«

Typ 3: Die **Visionäre**: »*... es gibt ja Möglichkeiten ohne Ende.*«

Typ 4: Die **Motivierenden und Motivierten**: »*... wenn man es richtig anpackt, können Dinge passieren, die man nicht erwartet hat.*«

Typ 5: Die **Unsicheren und Vorsichtigen, aber bereits Motivierten**: »... *vielleicht könnte man da mehr machen.*«

Typ 6: Die **Offenen**: »... *man kann es ja einfach einmal ausprobieren.*«

Typ 7: Die **Vermittelnden**: »*Man guckt, welche Möglichkeiten sind da.*«

Die Sichtweisen des Möglichen und Unmöglichen unter den beruflich Mitarbeitenden und Gemeindekirchenratsmitgliedern sind sehr verschieden. In einem Pfarrsprengel können Gemeinden mit ganz verschiedener Ausstattung und Menschen mit sehr unterschiedlichen Sichtweisen zusammentreffen. Beides kann mit Spannungen verbunden sein. Doch auch hier gibt es vermittelnde Sichtweisen. Jedoch sind nur in wenigen Gemeindekirchenräten ausreichend Ressourcen und Sichtweisen des Möglichen für ein langfristiges, kollektives und konzeptionell entfaltetes Engagement vorhanden. Dass Menschen davon überzeugt sind, dass sie mit ihrem Handeln etwas erreichen können, ist eine entscheidende Bedingung für gemeinschaftliches Engagement.

7.6 DIE FINANZIELLEN MITTEL DER KIRCHENGEMEINDEN

»... wenn da nicht die Pachteinnahmen durch die Windenergie wären.«

Es ist die Ausnahme im Kirchenkreis Uckermark, dass ein Pfarrsprengel ein größeres sozial orientiertes Projekt neu in Angriff nimmt. Ausschlaggebend dafür ist, dass die Kirchengemeinden dieses Pfarrsprengels hohe Einnahmen erwarten können, zum Beispiel aus Pachten für Kirchenland, das für die Erzeugung von Windenergie genutzt wird. Andererseits waren diese Kirchengemeinden findig, um für eigene Projekte Spender nicht nur in den eigenen Gemeinden, sondern auch deutlich darüber hinaus zu gewinnen. Dies ist geschehen durch die Gründung von Stiftungen, Fonds und kreativen Spendenaufrufen. Schließlich gelingt ihnen regelmäßig der Zugang zu Fördergeldern.

Anderen Pfarrsprengeln stehen diese Mittel nur zum Teil oder in geringerem Umfang zur Verfügung. Sie ermöglichen soziale Initiativen, wie zum Beispiel einen Tafelgarten oder begleitete Selbsthilfe- und Beratungsangebote. Dies geschieht oft in Kooperation mit anderen Trägern. Es gelingt ihnen in unterschiedlichem Umfang, Fonds für soziale Aktivitäten aufzubauen und durch Spenden zu füllen. Manche sind deshalb um den Erhalt des bisherigen Engagements besorgt, andere können kleinere neue Projekte in Angriff nehmen.

Schließlich gibt es jene Pfarrsprengel, in denen die Kirchengemeinden relativ wenig und einige besonders wenig Mittel zur Verfügung haben. Aufgrund ihrer Geschichte und ihrer Nähe zu Naturschutzgebieten können sie kaum von unternehmerischen Initiativen in Landwirtschaft, Gewerbe oder Windenergie profitieren. Nicht wenige der Engagierten oder deren Familienangehörige leben selbst in Lebenslagen des Armutsrisikos, und die Kirchengemeinden haben nahezu keine eigenen Einnahmen wie sie anderen zum Beispiel aus der Verpachtung von Kirchenland zur Verfügung stehen. Hier wird auf die persönliche Spendenbereitschaft gesetzt. Die Gemeinden sind darauf angewiesen, nur so könne das »Gemeindeleben überhaupt funktionieren«. Für soziale Projekte gibt es folglich nur geringe Spielräume.

»Den Kopf zerbricht sich allgemein der berufene Wirtschaftler. Geldnot und die Geldsorgen sind permanent im Hinterkopf beziehungsweise präsent. Aber es ist unterschiedlich. Wir können es wirklich nicht verallgemeinern. In unserem Pfarrbereich gibt es wohlhabendere Gemeinden, und es gibt den Gemeindebereich, der sich auch zu einem Haushaltsbereich zusammengeschlossen hat, wo es hinten und vorne nicht reicht. Das sind Unterschiede. Und dann ist die Frage, wer nun aus welcher Gemeinde die Dinge wie sieht und erlebt. In einigen Orten ist es so, dass es einfach nicht reicht. (...) Das liegt aber jetzt gar nicht an der Gemeindemitgliedersituation allein. Die ist ja überall vergleichbar. Sondern es ist aus der Historie. Einige Gemeinden haben günstiges Kirchenland und Kirchenacker, der sich gut verpachten lässt. Es gibt Kirchengemeinden, die haben da fast nichts. Und da hängt ganz wesentlich was dran. Insgesamt sind wir ein Bereich, der hier durch Naturschutzbestimmungen auch freigehalten wird, weitestgehend, von Windrädern. Das kann man begrüßen. Rein wirtschaftlich ist es natürlich so, dass wir auch da keine besseren Zeiten in Aussicht haben im Gegensatz zu anderen Kirchengemeinden und Pfarrsprengeln, die da richtig wohlhabend geworden sind mit Pachten, die über Windräder kommen. (...) Und da müssen wir einfach sehen: Es gibt Situationen, wo wir seit Jahr und Tag sammeln und sparen und Förderanträge stellen, um die Kirche zu sanieren. (...) Das ist ein Projekt, wo wir fast mutlos werden könnten und trotzdem in der Verantwortung stehen. Es betrifft die elementarsten Dinge in der Gemeindarbeit, wo man fragt: ›Können wir uns das jetzt leisten? Können wir das bezahlen?‹ Wo es dann wirklich vielfach darum geht, wer greift ins Portemonnaie und in die Hosentasche und sponsert und spendiert? Also, es geht wirklich über persönliche, private Spendenopfer, dass teilweise das Gemeindeleben funktionieren kann.« (MA Pfarrdienst)

Die finanzielle Lage der Kirchengemeinden und Pfarrsprengel unterscheidet sich stark. Während einige wenige von höheren Pachteinnahmen (Windenergie) profitieren, stehen anderen nur sehr geringe eigene Einnahmen zur Verfügung.

7.7 MITBETROFFENHEIT ALS BELASTUNG UND CHANCE – EIN FAZIT

Die hohe Selbst- und Mitbetroffenheit, Armutsrisiken und Armutsnähe der Engagierten in den Kirchengemeinden stellen eine Chance und zugleich eine Belastung dar. Die Sensibilität für die prekären Verhältnisse ist hoch. Armut wird in vielfältigen Formen und Ausprägungen wahrgenommen. In den ausgewählten Gemeindekirchenräten äußerten nur wenige Befragte, dass sie die Problematik bisher nicht berührt hat. Auch die Meinung, dass schwierige Lebenssituationen vor allem durch die Betroffenen selbst zu verantworten sind, war kaum zu hören. Die Vorstellungen, sich für ein besseres Leben in der Region einzusetzen, sind eindeutig und zahlreich. Sie schließen den Umgang mit Armut ein. Wertgeschätzte Lebensweisen werden durch die hohe Armutsquote in der Region und gemeinsame Lebensräume durch den demographischen Wandel als gefährdet angesehen. Die Ansichten darüber, wie und welches Handeln möglich ist und ob die Kirchengemeinden etwas bewegen können, gehen unter den Engagierten jedoch weit auseinander.

Nur in wenigen Gemeindekirchenräten sind sowohl ausreichend Mittel als auch Sichtweisen des Möglichen für ein langfristiges, kollektives und konzeptionell entfaltetes Engagement für größere Projekte vorhanden. Individuelles, punktuelles oder reagierendes Engagement beziehungsweise Formen armutssensibler Praxis dominieren so das armutsbezogene Handeln in den Kirchengemeinden. Mitunter scheitert Engagement bereits im frühen Stadium, weil nur ein Teil der Engagierten ausreichend Möglichkeiten sieht, durch gemeinsames Handeln etwas an der Situation ändern zu können.

Die persönlichen Prägungen der Befragten, ihre Erfahrungen von Erfolg und Scheitern, ihre Herkunft und ihre Vorstellungen eines gelingenden Gemeindelebens und Gemeinwohls sind ebenso vielseitig wie ihre Ansichten darüber, was den Kirchengemeinden möglich ist. Die Vielfalt der Erfahrungen und Ansichten fordert heraus, birgt aber auch besondere Kräfte. Sie führt zu Spannungen, ermöglicht aber auch eine große Breite an Ideen für armutsbezogenes Engagement. Zudem sind die Engagierten durch gemeinsame Anliegen und Orientierungen verbunden. Diese können gestärkt werden, und zugleich ist es möglich, die vielfältigen Ansichten anzuerkennen. Einige Mitglieder der Gruppen haben ein feines Gespür für diese Kräfte und sind bereits bemüht, zwischen den Ansichten zu vermitteln. Da die Selbst- und Mitbetroffenheit in den Kirchengemeinden sowohl Chancen als auch Belastungen mit sich bringt, ist zu fragen, welche Institutionen und Strukturen bestehendes Engagement stärken können. Wie kann aus den vorhandenen Kräften neues, von den Befragten selbst als wünschenswert erachtetes Engagement entstehen? Wie können die regionalen und lokalen Akteure in ihrem gemeinschaftlichen Handeln und armutsbezogenen Engagement unterstützt werden?

Selbst- und Mitbetroffenheit: Belastung und Chance

Sie führt zu einer hohen Achtsamkeit mit der Armutsthematik. Sie bedingt jedoch ebenso, dass nur in wenigen Gemeindekirchenräten ausreichend Ressourcen und Sichtweisen des Möglichen für ein langfristiges, kollektives und konzeptionell entfaltetes Engagement vorhanden sind.

Individuelles, punktuelles oder reagierendes Engagement und Formen armutssensibler Praxis dominieren das armutsbezogene Handeln in den Kirchengemeinden.

Dass in Gemeindekirchenräten der Uckermark Menschen mit ganz verschiedenen Prägungen und Erfahrungen aufeinandertreffen, fordert heraus. Es ist aber auch eine Chance für gemeinschaftliches Handeln und armutsbezogenes Engagement.

---

8. ARMUTSBEZOGENES ENGAGEMENT DER KIRCHENGEMEINDEN

Fragt man in Kirchengemeinden, wie sie auf die verbreiteten Lebenslagen der relativen Armut und des Armutsrisikos reagieren, wird deutlich, dass eine armutssensible Praxis in vielen Kirchengemeinden ausgeprägt und oft selbstverständlich ist. Es gibt zahlreiche niedrigschwellige Angebote für Kinder, Jugendliche, Familien und Senioren. An der Mehrheit der kirchlichen Veranstaltungen können Menschen ohne jegliche finanzielle Hürde teilnehmen. Damit alle Kinder und Jugendlichen Freizeitangebote, Rüstzeiten und Feste des Lebenslaufes miterleben können, findet die Kinderfreizeit schon mal im Zelt im eigenen Pfarrgarten statt, oder eine Junge Gemeinde gestaltet für Jugendliche die Konfirmationsfeier anstelle der Familie. Für viele Veranstaltungen wird ein Rhythmus und Zeitpunkt gewählt, der die Teilnahme trotz eingeschränkter Mobilität erleichtert. Haben Familien oder Senioren kein Auto oder können sie die öffentlichen Verkehrsmittel nur eingeschränkt nutzen, werden sie in einigen Gemeinden zu Veranstaltungen abgeholt und gefahren. Auch Inhalte von Veranstaltungen werden abgestimmt.

Dass für den notwendigen Wandel der Kirchengemeinden, der sich einerseits in Zusammenschlüssen von Kirchengemeinden zu einem Pfarramt und andererseits in der Suche nach Schwerpunkten des Handelns zeigt, armutssensible Praxis und armutsbezogenes Engagement als eine wichtige Leitidee aufgegriffen wird, ist bisher jedoch die Ausnahme. Das Anliegen, derartige armutssensible Praxis zu erhalten und auszubauen, haben wiederholt und in besonderem Maße jene zum Ausdruck gebracht, die sich in der Arbeit mit Kindern und Jugendlichen engagieren. Auch wenn in diesem Bereich Möglichkeiten armutssensibler Praxis noch ungenutzt sind, zeigten einige beruflich Mitarbeitende ein hohes Bedürfnis danach und die Offenheit dafür. Sie dachten über Formen offener Arbeit mit Kindern, Jugendlichen und Familien und projektorientierte generationenübergreifende Veranstaltungen nach.

In den Kirchengemeinden der Uckermark ist neben den erwähnten Formen armutssensibler Praxis ebenso armutsbezogenes Engagement anzutreffen, das als Reaktion auf Anfragen entsteht oder gezielt in Angriff genommen und entwickelt wird. Es wird durch Einzelpersonen oder gemeinschaftlich gelebt. Das Engagement ist an der Hilfe für den Einzelnen orientiert oder mit dem Ziel verbunden, Gemeinschaften zu ermöglichen, zu stärken oder aber Solidarität innerhalb und mit diesen Gemeinschaften anzuregen. Armutsbezogenes Engagement leben die Kirchengemeinden eigenständig beziehungsweise auch in Zusammenarbeit mit anderen – öffentlichen oder diakonischen – Akteuren. Aufgrund eingeschränkter personeller und finanzieller Mittel ist armutsbezogenes Engagement oft jedoch unsicher und gefährdet. Einige Projekte sind gegenwärtig bedroht, andere mussten bereits aufgeben. Manche Ideen und Anliegen warten darauf, angepackt zu werden.

Beispiele für armutsbezogenes Engagement:
- Teestube
- Tafelausgabestelle
- Kleidersammlungen
- Fahrradwerkstätten
- Beratungs- und Selbsthilfeangebote
- Weihnachtsfeier.

Die Übergänge zwischen armutssensibler Praxis und armutsbezogenen Engagements sind fließend. Die Unterscheidung ist vor allem eine analytische, um den Blick für die Vielfalt armutsbezogenen Handelns zu schärfen. Mit dem Begriff der armutssensiblen Praxis soll verdeutlicht werden, dass in vielen Kirchengemeinden der Anspruch besteht, kirchliche Angebote möglichst umfassend für jeden zugänglich zu gestalten und dadurch gesellschaftliche Teilhabe zu ermöglichen. Als armutsbezogenes Engagement werden jene Initiativen gefasst, die gezielt auf die Bewältigung spezifischer Armutsbelastungen abzielen und dazu beitragen, dass Menschen den Zugang zu finanziellen und materiellen Mitteln sowie zu Erwerbstätigkeiten erhalten. Ihre Selbsthilfestrategien, ihr Lebenswille als auch ihre »Überlebensgemeinschaften« sollen gestärkt werden.

Armutssensible Praxis:
- Ganzheitliche niedrigschwellige Angebote
- Mobilitätsunterstützung
- Inhaltliche (auch theologische) Achtsamkeit
- Leitidee für »Gemeindeaufbau« in Zeiten des Wandels kirchgemeindlichen Handelns
- Leitidee für die Arbeit mit Kindern und Jugendlichen.

Armutsbezogenes Engagement:
- Gezielte Bewältigung spezifischer Armutsbelastungen
  (Zugang zu finanziellen Mitteln, Ermöglichung von Erwerbstätigkeit, Stärken von Selbsthilfestrategien, Fähigkeiten, Lebensmut und »Überlebensgemeinschaften«)
- Einzelfallhilfe und/oder Stärkung von Gemeinschaften und Solidarität.

8.1 Armutssensible Praxis der Kirchengemeinden

8.1.1 Beispiele aus der Arbeit mit Jugendlichen

Als armutssensible Praxis kann ein Konfirmandenunterricht gelten, der im Abstand von vierzehn Tagen für drei Stunden mit einer gemeinsamen Mahlzeit stattfindet. Dieser Konfirmandenunterricht ist verbunden mit den Zielen, Gemeinschaft zu stärken, Gaben zu teilen und Barrieren abzubauen. Besitzen Familien kein Auto oder können öffentliche Verkehrsmittel nur beschränkt nutzen, wird ihnen die Teilnahme durch den Veranstaltungsrhythmus erleichtert. Um den Jugendlichen auch die Teilhabe an regionalen Jugendtreffen zu ermöglichen, werden sie einmal monatlich von zu Hause abgeholt. Schließlich gestaltete die Junge Gemeinde eine Konfirmationsfeier für eine Jugendliche, deren Familie die Feier selber nicht ausgestalten konnte.

»Das heißt, wenn wir zur regionalen Jungen Gemeinde fahren, fahre ich über die Dörfer und hole sie ab. Dass die wenigstens einmal im Monat dann mit anderen Jugendlichen zusammenkommen können. Auf der anderen Seite ist das auch im Konfirmandenunterricht schon sehr deutlich. Es kommen jetzt im Moment viele aus ärmeren Familien, die sich hier treffen, gemeinsam Zeit verbringen. (...) Ist auch so konzipiert. (...) Wir fahren ein Modell, das über drei Stunden geht, alle zwei Wochen, in der Mitte gibt es Essen. Die freuen sich immer schon.« (MA Pfarrdienst)

Ganz bewusst werden erschwingliche Ferienveranstaltungen angeboten. Durch die gezielte Ansprache von Sponsoren soll die Teilnahme für jeden möglich sein.

»Ich mache immer im Sommer so ein ›stilles Kanu-Camp‹. Ohne alle Technik, im Ausland, mit Jugendlichen eine Woche in der Natur. Und das sind dann so 190 Euro. Da habe ich gemerkt, zunehmend in den letzten Jahren, dass manche sagen: ›Das können wir nicht.‹ Auch da ist es so, dass wir immer einen Weg finden. Ich habe einen guten Partner gefunden mit der Sparkasse. Wo ich dann

vorspreche und die eigentlich immer auch entsprechend Teilnehmerbeiträge übernehmen. Weil gerade diese Jugendlichen oft nichts anderes haben in den Ferien, sollen sie eben nicht zu Hause bleiben. Ich finde, dass wir da auch eine Verantwortung haben.« (MA Pfarrdienst)

Auch Projekte, die in die Öffentlichkeit hineinwirken und durch die mehrere Generationen angesprochen werden, können als Beispiel armutssensibler Praxis gelten. Sie stärken die sozialen Beziehungen zwischen den Generationen im ländlichen Raum.

»Wir haben ein Projekt, was sehr gut lief. Das war in einem Ort, in dem vielleicht 3.000 Leuten leben. Da haben wir vor zwei Jahren ein Kirchen-Café gemacht mit Jugendlichen. Die Junge Gemeinde hat das immer organisiert für das ganze Dorf. Und da kamen dann so viele Senioren hin. Und die waren sehr angetan, wie freundlich die Jugendlichen sein können. Und die so zu bedienen und nach ihren Wünschen zu fragen. (...) Und auch mit einem Thema, kulturell irgendwas, so ein Einstieg. Und dann gab es eben offenen Cafébetrieb bis zum Abend. Einmal im Monat. Das war so ein Projekt über ein halbes Jahr. Und das freut mich dann auch immer, wenn ich sehe, dass die Kirche, die Kinder- und Jugendgruppen Ausstrahlungskraft haben und das Dorf so ansprechen. Und dass da Leute sich vermischen, wie sie immer sagt ›Heiden und Christen, fröhlich zusammen‹.« (MA Arbeit mit Kindern und Jugendlichen)

8.1.2 BEISPIELE AUS DER ARBEIT MIT KINDERN

Einige beruflich Mitarbeitende suchen Kontakte zu Schulen und Kindertagesstätten, um dort Veranstaltungen anzubieten. Sie suchen die Kinder in diesen Räumen auf, damit die Familien von zusätzlichen Wegen entlastet sind. Auch Ferienangebote werden häufig ortsnah gestaltet, so dass kaum Kosten anfallen und ausreichend Fahrdienste organisiert werden können, um die Teilnahme zu erleichtern. Oder es werden Sponsoren gesucht, um auch Reisen zu ermöglichen. Bei vielen besonderen Festveranstaltungen (Dorffeste, Kirchenfeste, Martinstag) wird bewusst darauf geachtet, dass für Familien oder Kinder keine Kosten anfallen.

Die Kooperation mit Schulen und Kindertagesstätten erleichtert zum einen die Teilnahme für die Kinder und deren Familien. Durch diese Arbeit kann Kirche auch in die Öffentlichkeit wirken und Kinder mit Kirche und kirchlich Mitarbeitenden vertraut machen. Ein wichtiges Anliegen ist zudem, gleiche Chancen der Entwicklung und Bildung für alle Kinder in der Region zu ermöglichen.

*»Also, ich bin jetzt in einer Schule mit einem kirchlichen Angebot im Hortbe-
reich. Das heißt ›Kirche kreativ‹. Da haben die Eltern nicht die Belastung, dass
sie die Kinder da hinfahren müssen, und auch keine Materialbeiträge. Der
Hort stellt Material, und die Kirche stellt auch Material, und wir können da
nach einer kurzen Andacht oder Einstimmung basteln mit den Kindern. Und
die Räume sind da, die sind beheizt, das ist ganz wunderbar. Also diese Öffentlichkeit mehr zu nutzen, was Gemeinden, Schulen und Hort und so bietet, das
finde ich auch schon immer sehr sinnvoll für uns.«* (MA Arbeit mit Kindern und
Jugendlichen)

Ferienangebote, Fahrten und Feste werden bewusst so gestaltet, dass jeder-
mann teilnehmen kann:

*»Bei Fahrten steht bei uns immer drauf, gleich auf der Anmeldung: Aus finanzi-
ellen Gründen muss bei uns kein Kind zu Hause bleiben. (...) Alleinerziehende
Mütter haben dann oft kein Fahrzeug, das liegt dann auch an uns, das mit zu
organisieren.«* (MA Arbeit mit Kindern)

*»Und da wird Kirche gern angenommen, wenn wir einladen und nichts verlan-
gen. Also Martinstag, da kommen dann die jungen Mütter, die Hartz-IV-Empfänger mit ihren Kindern hin. Sie wissen genau, sie kriegen ihre Bockwurst hier
umsonst und was zu trinken für die Kinder, und dann machen sie auch mit.«*
(MA Pfarrdienst)

*»Und ich finde eine schöne Sache, oft bei Dorfveranstaltungen, dass da zum
Beispiel, wenn irgendwo Eintritt genommen wird, dass der ab 16 Jahren genommen wird. Sozusagen Familien mit Kindern, die eine viel niedrigere Schwelle
haben, da hinzukommen. Das finde ich eine wirklich faire Sache. Schöne, gute
Regelung.«* (MA Pfarrdienst)

Ausgehend von ihren Zielen und Motivationen sehen die Mitarbeitenden einen großen Bedarf, die Arbeit in den einzelnen Dörfern sowie die Zusammenarbeit mit Schulen und Kindertagesstätten zu erhalten und auszudeh-
nen. Manchmal sind sie jedoch noch unschlüssig, wie sie es anpacken sollen.
Wie können auch Eltern und Familien erreicht werden? Wie bewirkt man
eine Achtsamkeit für das Thema Armut bei den Lehrern und Erziehern? Wie
flexibel müssen Veranstaltungen angeboten werden, damit Kinder aus allen
Dörfern die Möglichkeit haben, teilzunehmen? Über die Arbeit mit jungen
Erwachsenen und Familien heißt es:

»Also wir haben schon lange im Kopf, wieder mal für junge Erwachsene was zu machen und Familien. Aber wir wissen halt nicht: Wie sollen wir es anpacken? Denn wir wollen ja auch die erreichen, die sonst nirgendwo sehr erwünscht sind.« (MA Arbeit mit Kindern)

Auch aufgrund der wahrgenommenen Überforderung der Lehrer und Erzieher mit dem Thema Armut wird Handlungsbedarf gesehen:

»Was mir noch einfällt, dass ich da, wo ich im Kindergarten oder in der Schule bin, dass es gegenüber dem Thema [Armut] eine große Hilflosigkeit der Kindergartenmitarbeiterinnen und der Lehrer gibt. Oder manchmal würde ich das gar nicht Hilflosigkeit nennen. Die Dinge sind klar für die: ›Wo der schon herkommt‹ oder ›Boah, der schon wieder‹. Ich höre die Gespräche im Lehrerzimmer. Der hat doch gar keine Chance eigentlich. Der ist abgestempelt schon. (...) Und dann denke ich immer: Hier müsste doch mal was passieren, in diesem Stamm der Mitarbeiter an so einer Schule.« (MA Pfarrdienst)

Der Befragte nahm den Hinweis gerne auf, dass auch Religionslehrer auf schulinterne Fortbildungen zum Thema drängen können: *»Es gibt in dem einen Dorf eine neue Direktorin. Vielleicht kann man das da mal ansprechen.«*

Schließlich wird über Veranstaltungsformen nachgedacht. Welche sind sinnvoll, damit Kinder aus allen Dörfern die Chance haben, an ihnen teilzunehmen?

»Das eine ist, ich erlebe Kinder, die sagen: ›Ich bin in meinem Dorf das einzige Kind.‹ Und das andere ist, eine Mutter sagte, eigentlich haben sie Interesse, aber es ist einfach zu teuer, die Kinder immer überall hinzufahren. So dass wir jetzt auch am Überlegen sind: Dann müssen wir die Arbeit umstellen. Dann können wir uns nicht mehr jede Woche treffen. Und jetzt ist also angeplant, dass also jeden Monat ein Kindernachmittag oder Kindertag richtig ist. Das ist einmal fahren und über eine längere Zeit. Da merke ich auch: Das muss man einfach ändern. (...) Und für mich hatte es zum einen die Konsequenz, wenn genug Kinder da sind, wirklich wieder die Christenlehre aufzusplitten, nicht mehr zentral, das geht einfach nicht. Oder wenn ich es zentral machen muss, weil nicht genug Kinder da sind, dann eben in einer anderen Form.« (MA Arbeit mit Kindern)

8.1.3 BEISPIELE AUS DER ARBEIT MIT SENIOREN

Von Begegnungs-, Klatsch-, Kaffee- und Spielnachmittagen, Seniorenfrühstück oder Handarbeitskreisen wurde in allen befragten Pfarrsprengeln berichtet. Sie werden durch Haupt- oder auch Ehrenamtliche begleitet oder durch die Diakonie angeboten bzw. durch Angebote der Diakonie ergänzt. In einem Gemeindekirchenrat wurde der Wunsch geäußert, diese Angebote stärker auch mit den Gottesdiensten zu verbinden.

»Ja, ich denke, man muss, wenn man es kann, auch Gesprächsangebote anbieten. Es muss nicht immer eine materielle Hilfe sein, aber dass man sich einfach mal die Probleme anhört. Bei den Gottesdiensten ist immer zu wenig Zeit. (...) Manchmal machen wir es, dann wird Tischgottesdienst hier gemacht, um 14 Uhr dann, dass wir dann mal alle dalassen, dass man noch ein kleines Gespräch führt.« (GKR)

8.1.4 KULTURELLE ANGEBOTE

Viele der kulturellen und kirchlichen Höhepunkte, Konzerte, Lesungen oder besondere Festveranstaltungen werden auf freiwilliger Spendenbasis organisiert. Sie finden in der Mehrzahl der Pfarrsprengel regelmäßig statt. In einer Kirchengemeinde im ländlichen Raum haben Ehrenamtliche sich über die rechtlichen Bedingungen informiert, so dass auch ein Familienkino angeboten werden kann.

8.1.5 FORMEN SOLIDARISCHER SELBSTORGANISATION

Nicht selten war bei Veranstaltungen zu beobachten, wie Teilnehmer darauf achten, ihr Auto gemeinsam mit anderen zu nutzen. Die alltägliche Hilfe untereinander geht sicher darüber hinaus. In einer Kirchengemeinde erleichtert ein Markt für gebrauchte Baby- und Kindersachen das Haushalten für Familien und stärkt Kontakte.

8.1.6 POLITISCHES ENGAGEMENT ALS ARMUTSSENSIBLE PRAXIS

Politisches Engagement als armutssensible Praxis besteht dort, wo ausgehend von kirchlicher und offener Jugendarbeit für politische Fragen sensibilisiert wird und Formen politischer Selbstvertretung angeregt werden. Teilhabe und Beteiligung, Entfaltung wie Verantwortung sollen ganzheitlich ermöglicht werden. Veranstaltungen wie die Friedensdekade[33] werden mit

---

[33] Vgl. www.friedensdekade.de.

Jugendlichen bewusst und gezielt öffentlich gestaltet und ihre Mitwirkung an Toleranzbündnissen angeregt. Ideen, die Meinung der Jugendlichen in die Öffentlichkeit zu tragen, Jugendparlamente zu erneuern und Jugendbeauftragte zu fordern, werden dabei ebenso bewegt.

Armutssensible Praxis der Kirchengemeinden:

- Konfirmandenunterricht, Kindertage und Gottesdienste mit Mahlzeiten (längere Dauer, dafür in größeren Abständen, um Anfahrtswege zu sparen).
- Kostenneutrale Angebote für Kinder, Jugendliche, Familien und Senioren; ganzheitlich und milieuübergreifend orientiert.
- Solidarische Formen der Selbstorganisation (Nachbarschaftshilfe, Tausch von Gütern, Fahrgemeinschaften, Secondhand-Märkte).
- Gemeinschaftlich gestaltete Feste: Junge Gemeinde gestaltet Konfirmationsfeier anstelle der Familie.
- Politisches Engagement: Forderung von Jugendparlamenten und Jugendbeauftragten, Unterstützung von Toleranzbündnissen.
- Kulturelle Veranstaltungen ohne finanzielle Hürden (Konzerte, Kinoabende, Lesungen).
- Theologische Inhalte: Fürbitten, Predigten, Bibelkreis, katechetische Arbeit, Wandel von Gottesdienst- und Veranstaltungsformen.

8.2 Armutsbezogenes Engagement der Kirchengemeinden

Das armutsbezogene Engagement der Kirchengemeinden zeigt sich einerseits im Handeln vieler Einzelner für einzelne Mitmenschen oder auch im Handeln kleiner Gruppen. In einigen Pfarrsprengeln wird es darüber hinausgehend von der Mehrheit der Verantwortlichen, von den beruflich Mitarbeitenden, den Mitgliedern des Gemeindekirchenrates sowie weiteren Engagierten gemeinschaftlich getragen. Auf diese Weise breit verankert, kann es stärker entfaltet werden.

8.2.1 Das persönliche, häufig verborgene Engagement Einzelner für einzelne Mitmenschen

Zum armutsbezogenen Engagement gehört zunächst das persönliche Engagement der Einzelnen. Menschen wenden sich oft im Verborgenen anderen Personen zu. Sie unterstützen diese finanziell, begegnen ihrer Einsamkeit und stärken sie, wenn sie unsicher werden und sich zurückziehen. Ihnen kommt es auf die kleinen Schritte jedes Einzelnen an. Sie haben einzelne

Mitmenschen, Nachbarn, Freunde, Bekannte, Kinder, Jugendliche oder Senioren im Blick. Dieses Handeln hat für einige der Engagierten einen hohen Stellenwert und sie ein Leben lang geprägt. Andere reagieren eher spontan, wenn ihnen die Not anderer plötzlich ›vor die Füße fällt‹. Für manche gehört es zum beruflichen Alltag, die Lasten anderer zu sehen und diese Menschen immer wieder auch persönlich zu unterstützen.

»Unter uns ist ein Lehrer. Wenn er weiß, da sind Schüler, die sind mit ganz leerem Magen unterwegs, dann tut er durchaus manchmal etwas auf eigene Kosten.« (GKR)

Das persönliche armutsbezogene Engagement leben Engagierte der Kirchengemeinden, aber auch Mitarbeitende der Diakonie im Bereich Pflege.

»Wo wir dann auch einfach gucken (...), wo wir denen irgendwo helfen können, (...) auch manchmal mit Essen. Dass wir den Leuten Abendbrot mit hinnehmen. Das nehmen die Schwestern von sich zu Hause dann halt mit.« (MA Diakonie)

Der Einsatz Einzelner für Einzelne wird zum Teil durch kirchlich Mitarbeitende gestärkt. Dies ist der Fall, wenn Sachspenden gezielt vermittelt oder erbeten werden (z. B. Sportsachen für Kinder). Oder wenn die Teilnehmer von Männer-, Frauen- oder Seniorenkreisen sich bei bestimmten Anlässen oder auch nur als Ausdruck des gegenseitigen Interesses besuchen.

Viele Kirchengemeinden profitieren von Mitarbeitenden in sogenannten Ein-Euro-Jobs. Einige beruflich und ehrenamtlich Mitarbeitende bemühen sich, diese oder auch geringfügig beschäftigte Arbeitnehmende gezielt zu begleiten und zu unterstützen. Immer wieder besteht das Anliegen, für Menschen ein geeignetes Ehrenamt zu finden, das auch ihre persönlichen Gaben stärkt.

»Also, was ich immer mal erlebt habe, aber was nicht jedes Mal gelingt, ist: Die Menschen brauchen eine Aufgabe. Und gelegentlich ist es gelungen, jemanden zu einer Aufgabe zu bringen, und der hat sich darin wiedergefunden und ist aufgeblüht. Ich hatte einige Zeit mal über so eine Arbeitsamtfinanzierung eine Frau in meinem Büro, was eine mit meiner schönsten Zeiten war. (...) Na ja, da kam auch nicht viel bei rum für sie, finanziell. Aber sie hat gemerkt: Mensch, hier werde ich gebraucht, und zu Hause war es nur stupide und ›ich habe mich nur über meinen Sohn geärgert und über den Mann, der weg war, und jetzt habe ich endlich wieder was zu tun‹. Und die ist aufgeblüht. Nach dieser Maßnahme hat sie auch eine richtige Arbeit wieder gefunden und ist wieder ins Berufsleben zu-

rückgekommen. Oder ich habe Leute für ›Offene Kirche‹ versucht so über diese MAE-Maßnahmen zu kriegen, dass wir die Kirchen für die Touristen in unserer Region betreut öffnen können. Und das war manchmal sehr unterschiedlich. Manchmal waren es einfach Leute, die konnten nur Wache halten. Aber ich habe sie immer auch ermutigt: ›Traut euch doch mal, ein paar Fragen den Touristen zu beantworten.‹ Und jetzt habe ich gerade wieder in einem kleinen Dorf einen, der inzwischen auch Führungen hält. Der ist so begeistert davon, dass die Menschen so dankbar sind und ihm zuhören, weil er was erklären kann aus der Region und ein bisschen sich Geschichte angelesen hat.« (MA Pfarrdienst)

8.2.2 DAS ENGAGEMENT KLEINER GRUPPEN IN PROJEKTEN GEMEINSCHAFTLICHEN HANDELNS

Einzelne beruflich oder nicht beruflich Mitarbeitende bemühen sich um längerfristige Projekte gemeinschaftlichen Handelns. Auch diese zielen auf Einzelfallhilfe, so zum Beispiel eine wöchentlich mehrfach geöffnete Teestube oder eine Tafelausgabestelle. Auch ein Haushaltsposten, mit dessen Hilfe Familien mit geringem Einkommen christliche Ferienangebote finanziert bekommen, ist Einzelfallhilfe. Das Engagement kleiner Gruppen ist zum Teil aber auch sehr bewusst daran ausgerichtet, Gemeinschaften zu ermöglichen, zu stärken und Solidarität mit und in diesen Gemeinschaften anzuregen.

Ein Gemeindekirchenratsmitglied sammelte durch sein Mitwirken bei einer Tafelausgabestelle Erfahrungen, die ihn auch ein wenig staunen lassen. Neben kritischen Fragen entdeckt er zunehmend Argumente, die ihn in seinem Engagement bestärken. Auch wenn die Tafelausgabestelle insbesondere auf Einzelfallhilfe zielt, so führt sie doch auch Nutzer zusammen und regt sie zur gemeinschaftlichen Selbstorganisation an.

»Wir sind vor einiger Zeit angesprochen worden. (...) Es ging darum, ob wir bereit wären, in einem Dorf die Verteilung der Lebensmittel einer Tafel zu übernehmen. (...) Wir haben zugesagt, machen das seither einmal in der Woche. Da kommen aus der ganzen Gegend hier, aus den umliegenden Dörfern, zirka dreißig Leute. Ja, manchmal hat man kritische Gedanken, sind das wirklich die Richtigen, die das kriegen? Andere melden sich vielleicht gar nicht aus Scham, die es vielleicht viel nötiger hätten. Aber was mich immer dabei noch motiviert, das ist: Wir verteilen Lebensmittel, die sonst in der Mülltonne landen würden, und so sagen wir: ›Gut, das hat einen guten Zweck.‹ (...) Wir machen das auch gern, und es wird auch gut angenommen. Ich staune immer, dass die wirklich von den Dörfern ringsum kommen und machen auch Fahrgemeinschaften für die, die kein Auto haben.« (GKR)

Das Anliegen, Gemeinschaften gezielt zu ermöglichen, zu stärken und zur Solidarität mit diesen und innerhalb dieser Gemeinschaften anzuregen, wurde insbesondere in einem Projekt der Jugendarbeit deutlich. Ein offener Jugendtreff wird bewusst mit Berührungspunkten zum Leben der Kirchengemeinde gestaltet, damit Gemeinschaften auch einander begegnen können. Die Jugendlichen werden durch einen Mitarbeitenden im Pfarramt begleitet und vom Gemeindekirchenrat finanziell und mit Räumlichkeiten unterstützt. Zum Teil betreuen Mitarbeitende in vom Jobcenter geförderten Maßnahmen das Angebot mit. Wesentlich gelingt die Arbeit aber auch durch das Engagement einiger Mitglieder der Jungen Gemeinde und dadurch, dass die Jugendlichen in hohem Maße zur Selbstorganisation angehalten werden (»Keller-Rat« etc.). Das Bemühen um eine stärkere – auch professionelle personelle – Unterstützung mit Hilfe besonderer Förderprogramme ist bisher leider gescheitert. Mit einer solchen Fachkraft wäre es unter anderem möglich, besser auf persönliche Probleme der einzelnen Jugendlichen einzugehen (Familien, Schule, Alkoholkonsum) und ergänzend gezielte Einzelfallhilfe anzubieten.

Engagement kleiner Gruppen entsteht auch spontan und reagierend für einzelne Anlässe. Dies ist zum Beispiel der Fall, wenn eine Kirchengemeinde von der Kommune angefragt wird, eine Weihnachtsfeier für von Armut bedrohte Menschen zu organisieren.

8.2.3 DAS ENGAGEMENT EINZELNER UND KLEINER GRUPPEN ENTHÄLT POTENZIALE FÜR EIN BREIT VERANKERTES GEMEINSCHAFTLICHES ENGAGEMENT

Für die Projekte gemeinschaftlichen Handelns kleiner Gruppen wird deutlich: Die Mitwirkenden zeigen häufig ein sehr hohes Engagement. Auch wenn sie gerne mehr erreichen würden, können sie sich jedoch nur auf einzelne Anliegen konzentrieren. Sie ermöglichen Einzelfallhilfe oder die Stärkung von Gemeinschaften und sind offen für reagierendes Engagement. Die Projekte sind abgesichert, solange einzelne prägende Personen ihr Engagement wahrnehmen können und der Gemeindekirchenrat das Bemühen durch Räumlichkeiten, finanzielle Mittel und Anerkennung unterstützt. Sie werden durch Mitarbeitende im Pfarrdienst angeregt, gestärkt oder begleitet. Sie stehen und fallen jedoch mit den ehrenamtlich Engagierten. Die Projekte gemeinschaftlichen Handelns kleiner Gruppen entfalten ihre Wirksamkeit vor allem lokal: in einzelnen Kirchengemeinden oder Orten eines Pfarrsprengels. Zum Teil waren Gemeindekirchenräte aus benachbarten Kirchengemeinden desselben Pfarrsprengels erstaunt, von den Aktivitäten in ihren Nachbargemeinden zu hören.

Ausgehend vom begonnenen Engagement wird häufig weiterer dringender Handlungsbedarf wahrgenommen. Zusammenarbeit mit anderen Akteuren, zum Beispiel der Diakonie, besteht punktuell.

Das Engagement von Einzelnen und kleinen Gruppen war besonders in den Pfarrsprengeln anzutreffen, in denen die Leitideen sozialen Engagements nur von einigen prägenden Personen – zum Beispiel des Gemeindekirchenrates – getragen werden, die Vorstellungen sozialen Engagements vielfältig sind, die Zusammenarbeit von Kirchengemeinden im Pfarrsprengel nicht ausgeprägt ist und die Mittel der Gemeinden begrenzt sind. Für diese Pfarrsprengel war zu beobachten, dass in ihnen alle Typen von Engagierten vertreten sein können: die Unsicheren wie die Offenen, die Vermittelnden wie die Motivierenden, die mit Grenzerfahrungen, die Visionäre als auch jene, die kaum ausreichend Möglichkeiten sehen, gezielter gemeinschaftlich zu handeln. Auch wenn ihre Sichtweisen sehr verschieden sind, diese Engagierten bringen vielseitige Ideen des kirchlichen, bürgerschaftlichen und sozialen Engagements mit. Diese verborgenen Kräfte können unter anderem durch eine stärkere Zusammenarbeit von Gemeindekirchenräten in Pfarrsprengeln als auch durch überregionale Unterstützungsstrukturen gestärkt werden.

8.2.4 Das breit verankerte gemeinschaftliche Engagement

Für das breit verankerte gemeinschaftliche und armutsbezogene Engagement in Pfarrsprengeln des Kirchenkreises Uckermark ist zunächst typisch, dass es von zentralen beziehungsweise allen Mitarbeitenden im Pfarrdienst eines Pfarrsprengels gestärkt und angestrebt wird. Sie setzen sich sowohl für eine armutssensible Praxis als auch für armutsbezogenes Engagement ein. Die Leitideen ihres Handelns sind auf armutsbezogenes Engagement jedoch nicht beschränkt. Sie sind umfassender, erlauben eine breite Identifikation und schließen dennoch armutsbezogenes Handeln ein. Die Anliegen sind: »Heilung schenken«, »Heimat und Zukunft ermöglichen« oder »das Leben mit anderen teilen, um gemeinschaftlich zu gewinnen«. Diese Leitideen zielen auf das Wohl aller, einerseits durch Zuwendung an jeden Einzelnen und andererseits durch gemeinschaftliche Begegnung. Neben ihnen bestehen konkrete Vorstellungen, wie Menschen Zuwendung zuteilwerden kann, die durch ganz verschiedene Lebenssituationen herausgefordert sind. Durch praktisches Handeln, das sensible Gespräch und klare sowie motivierende Orientierungen der hauptamtlich Mitarbeitenden ist in diesen Pfarrsprengeln gemeinschaftliches Engagement einschließlich armutssensibler Praxis und armutsbezogenen Engagements breit verankert. Es wird vom Gemeindekirchenrat wie weiteren Engagierten mitgetragen und entfaltet. Die Etablierung und Reetablierung von Kirche steht nicht im Mittelpunkt des Engagements dieser Kirchengemeinden, sondern die Zuwendung zum Menschen aus der Kraft des Glaubens. Dieses menschenzugewandte Engagement macht sie jedoch zu starken und anerkannten Akteuren in der Region.

In diesen Pfarrsprengeln werden finanzielle Mittel eingesetzt oder erschlossen, um auch professionalisiertes Personal für soziale Aufgaben einzustellen. Oder es werden Kooperationen gesucht, um gemeinsam mit professionellen Anbietern, zum Beispiel der Diakonie, handeln und Projekte aufbauen zu können. Den Pfarrsprengeln dieses Typs stehen (wenn auch in unterschiedlichem Umfang) eigene Einnahmen aus Pacht und Mieten zur Verfügung. Mitarbeitenden gelingt zudem, zum Teil in Zusammenarbeit mit der Diakonie, Fördergelder abzurufen und einzusetzen. Schließlich werden durch die Gründung von Stiftungen und Fonds als auch durch kreative Spendenaktionen Kirchengemeindemitglieder und Interessierte an Themen herangeführt. Das Handeln der Kirchengemeinden wirkt so zugleich in den öffentlichen Raum. Zum Teil werden bewusst und gezielt Interessengruppen oder Bewohner eines Dorfes oder ländlichen Raumes angesprochen, die Angebote mit wahrzunehmen oder sich einzubringen.

Diese Formen des Engagements ermöglichen (auch professionelle) Einzelfallhilfe, zielen darüber hinaus auf die Ermöglichung und Stärkung von Gemeinschaften. Menschen erhalten Raum für kleinere überschaubare »Überlebensgemeinschaften« (zum Beispiel Selbsthilfeaktivitäten). Gleichzeitig sollen diese kleinen Gemeinschaften auch Anerkennung erfahren in den größeren Gemeinschaften einer Kirchengemeinde oder eines Dorfes. Es ist Anliegen, dass Gemeinschaften füreinander offen werden und Männer und Frauen ihren Platz in verschiedenen Netzwerken finden können. Bewohner der Region mit ganz unterschiedlichen Prägungen sollen einander begegnen und durch diese Begegnungen reicher werden. Es ist zudem Ziel, dass Menschen ihren persönlichen Platz, ihre eigenen Aufgaben und ein ausreichendes Auskommen finden können. Um ihnen in schwierigen Lebenssituationen Zugehörigkeit und persönliche Entfaltung zu erleichtern, werden – soweit möglich – neben Ein-Euro-Jobs und geringfügigen Beschäftigungen auch ehrenamtliche Aufgaben angeboten, in denen sie begleitet werden und eine sozial anerkannte Rolle finden können.

Die Leitideen eines gelingenden gemeinschaftlichen Lebens als auch die hohe Achtsamkeit für armutssensible Praxis wie armutsbezogenes Engagement zeigen sich in diesen Pfarrsprengeln in vielen kleinen Aktivitäten und größeren Projekten. Neben den bereits vorgestellten Formen armutssensibler Praxis findet sich folgendes soziales, auch armutsbezogenes Engagement:

- Reagierende Einzelfallhilfe (Umzugsdarlehen, Sachspenden, finanzielle Hilfen).
- Kleidersammlung und Kleiderbörse (anonym, kostenneutral) im kirchlichen Gemeindezentrum.
- Internationale Austausch- und Partnerschaftsarbeit (z. T. mit Partnergemeinden aus den alten Bundesländern oder anderen öffentlichen Akteuren).
- Angebot eines »Allgemeinen sozialen Dienstes« in einem »offenen Gemeindezentrum« (Zusammenarbeit mit professionellen Anbietern von Beratungs- und Selbsthilfeaktivitäten).
- Trägerschaft für Kindertagesstätten mit einem hohen Anteil von Leistungsempfängern nach SGB II. Mitgliedschaft im Schulverein der evangelischen Grundschule.
- Gezielte Begleitung von Ein-Euro-Jobbern, geringfügig Beschäftigten und Ehrenamtlichen.
- Projekte in Kooperation mit Unternehmen der Diakonie/dem ehemaligen Diakonischen Werk des Kirchenkreises Uckermark/der Johanniter-Unfall-Hilfe und öffentlichen Partnern:
  a) Ein Seniorenzentrum, das ein kostengünstiges betreutes Wohnen im Alter bietet, als auch einen Begegnungsraum für offene und kirchliche Aktivitäten.
  b) Betreute Selbsthilfe- und Beratungsangebote für psychisch Kranke, Suchtbetroffene sowie Aussiedler und Migranten.
  c) Betreute Selbsthilfeangebote für Suchtbetroffene (Fahrradwerkstatt, Garteninitiative).
- Finanzierung über: Eigeneinnahmen, Diakoniekollekten, Aufbau von Fonds und Stiftungen, Sponsoren (Unternehmer, Sparkassen, Bürgerbeteiligung an Stiftungen), kreative Spendenaktionen, geförderte Arbeitsverhältnisse, Kooperation mit Diakonie, Kommune, Kirchenkreis.

Einige der benannten Aktivitäten sollen genauer charakterisiert werden. Für die **Austausch- und Partnerschaftsarbeit** können Projekte aus zwei Kirchengemeinden beispielhaft benannt werden. Es handelt sich zum einen um eine Partnerschaft mit Rumänien:

»Seit zirka 1995 hat sich die Kirchengemeinde mit ihren beiden westdeutschen Partnerkirchengemeinden die Unterstützung einer evangelisch-lutherischen Kirche Rumäniens zur gemeinsamen Aufgabe gemacht. Dazu wurde eine evangelische Stiftung gegründet. Seit 1997 wird durch die Stiftungsmitglieder gezielt

ein Waisenhaus unterstützt. In den ersten Jahren waren die Ziele der Aufbau und die Sicherung der Grundversorgung der zirka neunzig Waisenkinder. Diese Basisleistung wird inzwischen zu einem guten Teil von der (nach deutschem Vorbild) 2003 gegründeten rumänischen evangelischen Stiftung übernommen. Die deutsche Stiftung fördert gezielt die Schul-, Berufs- und Universitätsausbildung ehemaliger Heimkinder.« (aus einem Beobachtungsprotokoll)

Eine weitere Partnerschaft besteht mit Südafrika:

»Interkulturelles Austauschprojekt mit Südafrika. Nachdem ein Mitglied der Kirchengemeinde ein freiwilliges soziales Jahr in Südafrika wahrnehmen konnte, gab die Kirchengemeinde einem jungen Südafrikaner die Möglichkeit, in Deutschland eine völlig andere Kultur hautnah zu erleben. Als Gast der Kirchengemeinde arbeitete er in vielfältigen Betätigungsfeldern mit: in der Kirchengemeinde, bei einem Projekt von ›Brot für die Welt‹, in der evangelischen Jugendarbeit bei interkulturellen Lernveranstaltungen, in Zusammenarbeit mit der Kommune bei der Aufklärung gegen Aids und in Antirassismusprojekten an lokalen Schulen. Schirmherren des Projektes waren die Kirchengemeinde, das Bürgermeisterbüro sowie Landtags- und Bundestagsabgeordnete.« (aus einem Beobachtungsprotokoll)

Das Angebot des **Allgemeinen sozialen Dienstes** einer Kirchengemeinde ist verbunden mit einer Personalstelle. Ausgehend von Kontakten mit Behörden, werden Menschen Beratungs- und Selbsthilfeangebote vermittelt, die zum Teil in den Räumen der Kirchengemeinde gemeinsam mit der Diakonie beziehungsweise gegenwärtig dem Johanniter-Unfall-Hilfe e. V. angeboten werden. Dauerhafte Öffnungszeiten des Gemeindezentrums ermöglichen den Nutzern von Beratungs- und Selbsthilfeangeboten, ihre Gemeinschaften und soziale Kontakte auch über die konkreten Beratungszeiten hinaus zu pflegen. Über lange Zeit konnten Familien bei der Beantragung von Ferienbeihilfen unterstützt werden. Es wird Kleidung gesammelt und regelmäßig zur kostenfreien anonymen Mitnahme angeboten. Weitere Angebote sind: Gymnastik für Jung und Alt, Seniorenkaffee, Besuchskreis, Handarbeits- und Gesprächskreis. Bei all diesen Angeboten wird immer wieder gezielt der Austausch über neue Regelungen zu Leistungsbezügen (zum Beispiel Hartz IV, Sozialhilfe, Wohngeld) angeregt. Über den Handarbeitskreis ist zu lesen:

»Diesem Kreis gehören neunzehn Frauen an, die sich wöchentlich treffen und beim fröhlichen Kaffeetrinken wunderschöne Handarbeiten fertigen. Dabei werden Gespräche über alle Themen des täglichen Lebens geführt. Es werden Lieder

gesungen sowie heitere und besinnliche Geschichten vorgelesen. Auch werden oft Termine des Kirchenjahres, Geburts- oder Gedenktage bekannter Persönlichkeiten zum Anlass genommen, um sich darüber auszutauschen. Ein Teil der Handarbeiten wird zu den unterschiedlichsten Anlässen zum Verkauf angeboten, deren Erlös der Aktion ›Brot für die Welt‹ zugutekommt.« (Internetseite der Kirchengemeinde)

Ein recht umfassendes Projekt ist ein neu entstandenes **Seniorenzentrum** im ländlichen Raum. Es umfasst acht altersgerechte Wohnungen und eine offene Begegnungsstätte und wird kooperierend von einem Pfarrsprengel und einer diakonischen Einrichtung ermöglicht. Die Kirchengemeinde trägt mehr als die Hälfte der Gesamtkosten (Erwerb, Renovierung und Erhaltung) in Höhe von 1,8 Millionen Euro. Pachteinnahmen (Windenergie) ermöglichen diesen Einsatz. Weitere Unterstützer sind das Land Brandenburg, die Deutsche Fernsehlotterie, der Kirchenkreis Uckermark, Stiftungen der Kirchengemeinde und die Kommune.

In einer **Garteninitiative** und einer **Fahrradwerkstatt** werden in einem weiteren Pfarrsprengel in besonderer Weise Selbsthilfeaktivitäten unter anderem für Suchtbetroffene angeboten. Mit diesen Initiativen werden zudem kulturelle, soziale sowie gemeinschafts- als auch bildungsfördernde Anliegen für den Ort und die Region verfolgt.

Die Fahrradwerkstatt ist in Zusammenarbeit mit dem ehemaligen Diakonischen Werk des Kirchenkreises entstanden. Räume stellt die Kirchengemeinde, und Spendeneinnahmen finanzieren einen Teil der laufenden Kosten. Jeweils drei bis sechs Mitwirkende werden über die Suchtberatung des ehemaligen Diakonischen Werkes des Kirchenkreises (heute ein Angebot der Johanniter-Unfall-Hilfe) in das Projekt vermittelt. Zunächst konnten sie längerfristige Beschäftigungsverhältnisse in geförderten Arbeitsbeschaffungsmaßnahmen wahrnehmen, später sogenannte Ein-Euro-Jobs. Durch den Rückgang dieser Förderungen wird zunehmend auch um freiwilliges Engagement geworben, durch das die Mitwirkenden dennoch selber profitieren sollen. Wichtig ist der Kontakt zum Ort und zur Kirchengemeinde. In unregelmäßigen Abständen wird Tür um Tür nach alten und entbehrlichen Fahrrädern und Fahrradteilen gefragt. Fahrräder werden wieder instand gesetzt und Menschen mit wenig Geld kostenlos angeboten. Auf Wunsch werden Fahrräder auch repariert.

Auch die Garteninitiative ist ein Projekt, das auf zahlreichen Kooperationen basiert und mit vielfältigen Anliegen verbunden ist. Die Kirchengemeinde und das ehemalige Diakonische Werk des Kirchenkreises haben dieses

Projekt gemeinsam als Träger begonnen. Ein Großteil der Aktivitäten wird über Spenden finanziert. Bis zu sechs Mitarbeitende im Projekt erhalten Unterstützung vom Grundsicherungsamt. Unterstützung erfährt das Projekt zudem durch Gelder des Biosphärenreservates Schorfheide-Chorin und konzeptionelle Anregungen durch Studenten der Universitäten Stettin und Potsdam. In der Märkischen Oderzeitung ist darüber zu lesen:

»Für den Pfarrer ist es nicht das erste Mal, dass er im Dienst der guten Sache zum Auktionator wird. Schon 1996, als die heutige Pfarrscheune stark sanierungsbedürftig war, hatte eine Versteigerung einiges von dem nötigen Geld dafür eingebracht. (...) ›Der Samaritergarten braucht jede Art von Unterstützung, weil darin nicht nur Obst und Gemüse naturnah angebaut werden, sondern es auch ein sozialdiakonisches Projekt und vor allem ein Bildungsangebot ist‹, versucht Werdin das Projekt im Pfarrgarten in knappen Worten zu beschreiben. Was er sich wünscht, ist ein naturnaher Kreislauf des Wirtschaftens, den jeder von uns als Konsument mit am Laufen hält. Statt Bananen aus Kuba und Tomaten aus Spanien sollen die Lebensmittel vor Ort angepflanzt und geerntet werden, aber auch von Menschen in sozialen Einrichtungen wie Kindergärten oder Seniorenheimen gegessen werden. Außerdem ist die Arbeit im Samaritergarten nicht nur ein heilsames Angebot für suchtgefährdete oder perspektivlose Menschen, sondern auch ein gutes Beispiel für Kinder. ›Es gibt rund um Angermünde keine Schulgärten mehr, dabei wäre es so wichtig, die Kinder wieder mehr an die Nahrungsmittel, die wir essen, heranzuführen‹, sagt Werdin. Ein Projekttag mit der Gustav-Bruhn-Schule ist für den Herbst bereits geplant, dennoch hofft der Pfarrer, das Angebot langfristig ausbauen zu können. Das rund ein Hektar große Areal des Samaritergartens umfasst eine Streuobstwiese, Anbauflächen für Kartoffeln, Früchte und Gemüse, Weideflächen für Schafe, eine Imkerei soll hier demnächst in Betrieb gehen.« (Märkische Oderzeitung [MOZ], 27.04.2011)

8.2.6 GEFÄHRDUNG, WANDEL UND NEUBEGINN VON PROJEKTEN

Die Stärke der Leitideen, ihre gemeinschaftliche Verankerung, der Zugang zu Mitteln und übergemeindlicher Unterstützung (gegenwärtig z. B. Kommune, Kirchenkreis) entscheiden darüber, welche Formen des gemeinschaftlich getragenen sozialen Engagements in Pfarrsprengeln erhalten, stabilisiert oder neu angepackt werden können. Ein hohes Zutrauen in zukünftiges bürgerschaftliches Engagement ermöglicht, dass trotz erschwerender Bedingungen – Verlust von Fördergeldern und geförderten Arbeitsverhältnissen – Engagement und Selbsthilfe in gewandelter Form (zumindest zum Teil) erhalten werden kann. Positive Erfahrungen motivieren Engagierte, dranzubleiben und auch andere Menschen zu gewinnen. Nicht in jedem Fall gelingen jedoch derartige Entwicklungen des Wandels von Engagement. Nicht immer können durch bürgerschaftliches Engagement fehlende Mittel ausgeglichen werden. Insbesondere in einem Pfarrsprengel mit einem bisher sehr ausgeprägten Programm sozialen Engagements werden Projekte zunehmend unsicher. Die Breite des Angebotes war unter anderem getragen vom ehemaligen Diakonischen Werk des Kirchenkreises. Einige Angebote konnten nach der Auflösung des Diakonischen Werkes des Kirchenkreises nicht erhalten werden, und der Kirchengemeinde ist es nicht möglich, diese Veränderungen auszugleichen. Das Netzwerk des sozialen Handelns verliert in diesem Pfarrsprengel an Dichte. Es beginnt eine Struktur wegzubrechen, in der sich kleine Gemeinschaften des Überlebens (Selbsthilfegruppen) entfalten und Solidarität zwischen Gemeinschaften entstehen konnten. Hier sind Engagierte mit Grenzerfahrungen zu finden. Es stellt sich die Frage, wie Pfarrsprengel in einer solchen Lage unterstützt werden können.

Armutsbezogenes Engagement:

– Häufig verborgenes, persönliches Engagement Einzelner für einzelne Mitmenschen.
– Von kleinen Gruppen getragene Projekte gemeinschaftlichen Handelns, die von Gemeindekirchenräten anerkannt und unterstützt werden.
– In Pfarrsprengeln breit verankertes und gemeinschaftlich getragenes Engagement (hauptberuflich Mitarbeitende, GKR, weitere Engagierte, Partner). Je nach den zur Verfügung stehenden Mitteln unsicher, stabil oder expandierend.

8.3 Armutssensible Praxis und armutsbezogenes Engagement des Kirchenkreises

Auch durch den Kirchenkreis Uckermark wird armutssensible Praxis in den Kirchengemeinden mitgetragen. Insbesondere bei der Arbeit mit Kindern und Jugendlichen geschieht dies in Form von Unterstützung für Ferien- und Bildungsveranstaltungen. Der Kirchenkreis unterstützt zudem Kirchengemeinden bei Trägerschaften, zum Beispiel beim Neubau einer Kindertagesstätte oder eines Seniorenzentrums. Er fördert zudem die Etablierung einer evangelischen Schule, zuletzt durch Gründung einer Stiftung, und er beteiligt sich an der Finanzierung von zwei Stellen für Mitarbeitende der sozialen Arbeit. Auch die kreiskirchlichen Kollekten werden zu einem Teil in konkrete Projekte sozialen Engagements investiert.

Der Zusammenschluss des Diakonischen Werkes des Kirchenkreises ist bei der Fusion der Kirchenkreise Prenzlau und Angermünde zum Kirchenkreis Uckermark jedoch gescheitert. Das Diakonische Werk des Kirchenkreises Uckermark wurde 2013 aufgelöst. Die Arbeit wird unter der Trägerschaft der Johanniter-Unfall-Hilfe e.V. weitergeführt. Auch wenn die Angebote sozialer Leistungen bisher nahezu vollständig weiter bestehen, sind in einigen Pfarrsprengeln die veränderten Bedingungen für das Zusammenwirken von Kirchengemeinden und diakonischem Träger zu spüren. Die langfristigen Konsequenzen für das Zusammenwirken der Akteure sind noch nicht abzuschätzen. Ein Diakonie- oder Sozialausschuss besteht gegenwärtig nicht.

9. ARM, ABER ENGAGIERT

In diesem Kapitel kommen Befragte zu Wort, die in Lebenslagen der relativen Armut und des Armutsrisikos leben und sich zugleich in vielfältiger Weise engagieren. Es sind im Wesentlichen Frauen und Männer, die auf unterschiedliche Weise Kontakt zu Kirchengemeinden, christlichen Gemeinschaften und diakonischen Angeboten haben. Sie nutzen Beratungsangebote, Selbsthilfegruppen, Angebote der Lebensmittelversorgung (Tafel) und Formen des gemeinschaftlichen Wohnens. Sie konnten im Rahmen von Kirche und Diakonie geringfügige Beschäftigungen und sogenannte Ein-Euro-Jobs wahrnehmen. Anders als die Befragten in Kapitel 7 gehören sie nicht zur Gruppe der Engagierten, die in den Kirchengemeinden auch Leitungsaufgaben (zum Beispiel im Gemeindekirchenrat) wahrnehmen.

Die Befragten wurden bei kirchlich-diakonischen Angeboten angesprochen und nahmen an Gruppendiskussionen teil oder gaben Interviews. Ihre Aussagen ermöglichen einen Blick auf verborgene, wenig sichtbare beziehungsweise wenig wahrgenommene Formen des Engagements. Sie stellen eine wichtige Gruppe von Menschen in Lebenslagen der Armut und des Armutsrisikos dar. Wenn auch auf Basis der Diskussionen und Interviews keine Aussage über den Anteil dieser Menschen an der Gesamtheit aller derjenigen in Lebenslagen der Armut und des Armutsrisikos getroffen werden kann, so zeigen die Beispiele dennoch, dass es keine Einzelfälle sind. Dem Leser, der Leserin werden bei der Lektüre vielleicht ähnliche Fälle in den Sinn kommen.

Die Erhebungsmethoden der Gruppendiskussion und des biografischen Interviews sind anspruchsvolle Verfahren, die sogenannte natürliche Gruppen, wie hier die Selbsthilfegruppen, und eine hohe sprachliche Darstellungsfähigkeit bei den Befragten voraussetzen. Aufgrund des gewählten methodischen Vorgehens können keine Aussagen getroffen werden über diejenigen, die Gespräche mit uns ablehnten, denen das Erzählen und der sprachliche Austausch sehr schwerfiel oder deren Aussagen aufgrund psychischer und psychosomatischer Erkrankungen oder erheblicher Widersprüche schwer zu interpretieren sind. Auch die Sicht jener, zu denen uns die Kontaktaufnahme nicht gelungen ist, fehlt. Wiederholt nahmen Mitarbeitende in sozialen

Berufen davon Abstand, Kontakte zu vermitteln, da sie Sorge hatten, dadurch fragile und mühsam errungene Beziehungen zu gefährden. Teilnehmende Beobachtung als ergänzendes Verfahren war im Rahmen der Uckermark-Studie nicht realisierbar.

Aussagekraft der erhobenen Daten:

Die Daten erlauben Aussagen zu Menschen, die sich engagieren in:	Die Daten und die Analyse erlauben keine Aussagen zu Personen:
– Vereinen – Selbsthilfegruppen – Freiwilligenagenturen – im sozialen Nahraum.	– die durch die gewählten Methoden ihre Lebenswirklichkeit nicht zum Ausdruck bringen konnten. – deren Darstellungen zu widersprüchlich waren. – zu denen aufgrund der gewählten Methoden und starker sozialer Isolation kein Zugang gelungen ist. – die den Kontakt ablehnten.

Um die Wahrnehmung möglicher Formen des Engagements nicht vorschnell einzuengen, wurde für die Erhebung und Auswertung der Daten eine sehr offene Fragestellung gewählt. Sie erlaubte es, Motivationen und Strategien von Menschen in Lebenslagen relativer Armut und des Armutsrisikos genauer unter die Lupe zu nehmen. Definitionen von Engagement können Ausdruck einer bewährten und gesellschaftlich weit geteilten Verständigung sein, und sie können damit Anerkennung und Unterstützung von Engagement ermöglichen. Definitionen können jedoch auch dazu führen, dass das Engagement einiger Menschen aus der öffentlichen Wahrnehmung verschwindet und so nicht die ihm angemessene Achtung erfährt. Entsprechend ist für die vorliegende Analyse ein weites Verständnis von Engagement gewählt worden, das einen offenen analytischen Zugang erlaubte.

Corsten, Kauppert und Rosa[34] kommen der gesellschaftlichen Vielfalt an Engagement auf die Spur, indem sie nach den konkreten Gemeinsinnorientierungen und Gemeinwohlideen von Menschen ganz verschiedener kultureller, sozialer und biografischer Prägung fragen. In der Uckermark-Studie wurde diese Herangehensweise aufgegriffen und die Aufmerksamkeit gezielt

---

[34] Corsten/Kauppert/Rosa 2008. Zu den Konzepten besonders S. 32 ff.

auf Menschen in Lebenslagen der Armut und des Armutsrisikos gerichtet. Welche Vorstellungen und Ideen haben diese von einem guten und besseren Zusammenleben und wie setzen sie sich dafür ein? Diese Frage hat den Blick für die Lebenswirklichkeit der Befragten und ihre Formen des Engagements wesentlich geöffnet. Dabei wurde jedoch deutlich, dass einige Kriterien, die gemeinhin als typisch für zivilgesellschaftliches oder bürgerschaftliches Engagement genannt werden, nicht zu eng aufgefasst werden dürfen. Dies betrifft unter anderem den Anspruch der Nichtexklusivität. Demnach zeichnet sich bürgerschaftliches Engagement dadurch aus, dass es positive Auswirkungen zugunsten Dritter bedingt, die nicht der Familie oder dem Freundeskreis angehören.[35] Wird dieses Kriterium zu ausschließlich betrachtet, können die fließenden Übergänge zwischen privatem und bürgerschaftlichem Engagement aus dem Blick geraten. Klatt und Walter[36] weisen entsprechend darauf hin, dass für viele Menschen in prekären Lebenslagen »horizontale Netzwerke offenbar eine besondere Rolle [spielen]; Nachbarn, Verwandte, das Quartier sind von elementarer Bedeutung«. Hier übernehmen Menschen Verantwortung für Mitmenschen und Gemeinschaften, während andere Lebensräume kaum erschlossen werden können.

In der Uckermark-Studie galt die Aufmerksamkeit nicht allein den sichtbaren Handlungen und positiven Auswirkungen von Engagement. Sie galt in besonderer Weise auch den Motivationen und Orientierungsmustern der Befragten. Es erwies sich als sinnvoll, Handlungs- und Orientierungsmuster analytisch zu unterscheiden und systematisch aufeinander zu beziehen[37]. Auf diese Art lassen sich Differenzen zwischen den Handlungen und dem Reden über das Handeln erschließen. So wird es unter anderem möglich zu kontrollieren, ob mit Engagement vorwiegend individuell-extrinsische Ziele (zum Beispiel soziale Anerkennung, Statusgewinn oder Verbesserung beruflicher Chancen) oder stärker Orientierungen des Gemeinwohls verfolgt werden.

In besonderer Weise relevant für die Analyse war die Unterscheidung von Orientierungs- und Handlungsmustern jedoch für eine weitere Frage. Am Material wurde sichtbar, dass Orientierungsmuster und Handlungsrealität deutlich auseinanderfallen. Trotz einer ausgeprägten Bereitschaft, sich für ein gutes oder besseres Leben und Zusammenleben der Menschen zu engagieren, gelingt einigen Befragten die Organisation von Engagement nicht oder

---

[35] Vgl. Corsten u. a. 2008, 13.
[36] Klatt/Walter 2011, 31.
[37] Vgl. dazu Bohnsack (1999) zum Zusammenhang von Handlung und Orientierung oder Praxis und Semantik; Bohnsack (2001), 225–252.

nicht mehr. In der Folge können gemeinwohlförderliche Ziele zum Teil nur noch in Familie und Freundeskreis oder Selbsthilfegruppe verfolgt werden. Deutlich wird dies bei Jens (Ende 50), der sich unter anderem ausgehend von seiner beruflichen Tätigkeit und seiner Vereinsmitgliedschaft engagierte. Er ist nun arbeitslos und das Vereinsleben vor Ort lässt sich (demographischer Wandel) kaum noch erhalten. Es bleibt ihm aufgrund seiner materiell eingeschränkten Lebenssituation nur die Möglichkeit, sein Engagement im harten Kern der Kumpels, der Freunde und der Familie aufrechtzuerhalten. Wenn er einem Ein-Euro-Job in der Kommune nachgehen kann, tut er für seinen Ort so viel, wie es ihm möglich ist, auch deutlich über die vorgesehenen Tätigkeiten hinaus.[38]

Die Gründe, die Menschen davon abhalten, ihre Vorstellungen von Engagement für ein besseres und gutes Zusammenleben zu leben, sind zahlreich. Den Befragten fehlen die Mitstreiter und passende Organisationen, denen sie sich gerne anschließen möchten. Für einige Menschen in prekären Lebenslagen und peripheren Ortschaften sind die Strukturen, von denen ausgehend sie Engagement leben konnten, nicht mehr gegeben: Ihnen fehlt die Erwerbstätigkeit, sie sind in ihrer Mobilität und ihren Handlungsmöglichkeiten eingeschränkt, ihre Vereine sterben, die Ereignisse gemeinsamen Lebens im Dorf nehmen ab.[39]

Verständnis von bürgerschaftlichem Engagement in der Uckermark-Studie:

Als bürgerschaftliches Engagement sollen gelten: Handlungs- und Orientierungsmuster, die auf ein gutes oder besseres Leben und Zusammenleben der Menschen als lokale, regionale, überregionale oder universale Aufgabe zielen. Sie schließen Selbstvertretung als auch Handeln zugunsten anderer ein.

Wirksames Engagement entsteht dort, wo Orientierungen in Handlungen umgesetzt werden können.

Ob aus Orientierungen Handlungen werden, hängt von den individuellen Ressourcen wie den sozialen und gesellschaftlichen Rahmenbedingungen ab.

---

[38]   Weiteres zu Jens ab S. 124.

[39]   Vgl. Gensicke/Olk/Reim/Schmithals/Dienel (2009). Die Autoren fragen nach der Entwicklung der zivilgesellschaftlichen Infrastruktur in Ostdeutschland und den daraus hervorgehenden Teilhabemöglichkeiten für Engagement. Sie unterscheiden für ihre Analyse des freiwilligen Engagements die Möglichkeiten der Teilhabe an sozialen Gruppen und Gemeinschaften, das informelle und das formelle Engagement. Vgl. auch: Gensicke/Picot/ Geiss (2006).

Das Engagement kann in informellen und verborgenen Formen beginnen. Oft werden punktuelle Gelegenheitssituationen genutzt, um die eigenen Vorstellungen des Gemeinwohls zu leben.

Menschen engagieren sich einerseits informell, z. B. in Familien, im Freundeskreis, in der Nachbarschaft, im sozialen Nahraum, und andererseits in organisierten und institutionalisierten Formen.

Im Folgenden werden »Haltungen des Engagements« genauer charakterisiert. Darüber hinaus sollen die spezifischen Ideen der Befragten, ihre Ideen einer guten Gesellschaft und ihre Ziele für ein gutes gesellschaftliches Zusammenleben skizziert werden. Es werden Bedingungen der sichtbar gewordenen Formen des Engagements benannt, um schließlich ausgehend von zusammenfassenden Überlegungen auch Handlungsoptionen zu diskutieren.

9.1 DIE VIELFALT DES (HÄUFIG) VERBORGENEN ENGAGEMENTS

»Deswegen sage ich nicht offiziell: Ich habe ein Ehrenamt, sondern ich mache irgendwas. Ich mache das und fertig.«

Das Engagement der Befragten ist vielfältig und vielseitig motiviert. Nicht in jedem Fall ist es verborgen. Dennoch sollen gerade auch die Formen des verborgenen Engagements Beachtung finden. Auf die einzelnen Befragten können mehrere der im Folgenden dargestellten Haltungen zutreffen.

Haltung 1: **Kontinuität von Engagement**

In Selbsthilfegruppen, in Freiwilligenagenturen, in stabilen Netzwerken der Nachbarschaftshilfe und in Vereinen finden sich jene, die sich auch unter erschwerten Lebensbedingungen um den kontinuierlichen Erhalt ihres Engagements bemühen. Es sind Menschen, die traditionell engagiert sind. Sie waren bereits zu DDR-Zeiten in Vereinen oder Bürgerinitiativen aktiv. Zum Teil brachen diese Organisationen nach 1989 weg und lösten sich auf. Die Befragten haben aber ihre Haltung über die Zeit bewahrt und ringen darum, sich weiter durch Engagement einzubringen. Zum Teil können sie dieses nur noch in den nahen Beziehungen der Nachbarschaft leben, weil Initiativen scheiterten und Vereine aufgegeben wurden.

Ein Mitwirkender in einer Freiwilligeninitiative erklärt sein gegenwärtiges Engagement mit seinen Erfahrungen, die ihn vor 1990 geprägt haben.

»Das ist aber auch noch eine Erfahrung, die habe ich in der DDR gehabt als junger Student, wo wir eine Umweltinitiative aufgebaut und eine Initiative gegen Diskriminierung gegründet haben.« (Helmar, Mitte 60)

Auch bei Ernst (Anfang 60) wird eine politisch aktive Haltung – von seiner Jugend bis in die Gegenwart – deutlich. Da er jedoch keine passenden, erfolgversprechenden und beständigen Initiativen fand, verlagerte er sein Engagement in den sozialen Nahraum und leistet Nachbarschaftshilfe. Seinen Sinn für soziale Gerechtigkeit und seine politische Aufmerksamkeit hält er wach.

Helmar: *»Ich kann nicht mal sagen, dass er sich nicht engagiert in bestimmten kritischen Situationen. Ich habe ihn ja erlebt, als er noch (...) die Sozialgeschichte mit in den Griff haben wollte. Hast du ja auch die Finger irgendwann davon gelassen, weil du gemerkt hast, das bringt dir nichts. Nicht nur, das bringt dir nichts, sondern auch der Masse nichts, für die es gedacht war. (...) Das war eine Bürgerbewegung gegen sozialen Notstand. (...)«*
Interviewerin: *»Aber Sie würden sagen, wenn sich jetzt etwas ergibt, wo Sie das Gefühl haben, da lohnt es sich ...«*
Ernst: *»Nicht mehr. (...) Aber meine Ohren, die sind überall. Und (...) mitdenken tue ich auch! Und meine Gedanken mache ich mir auch, (...). Und ich bin auch für andere da. Immer. Da können sie kommen, wann sie wollen. Immer bin ich für andere da.«*

In einem Interview spricht ein Gast der Tafel von einer selbstverständlichen und dauerhaften Nachbarschaftshilfe, aber auch von den Schwierigkeiten, das Vereinsleben aufrechtzuhalten.

»Ich sage, bei uns war es früher schon immer so gewesen, also zu Ostzeiten schon. Wenn da einer was hatte, wir haben uns untereinander auch geholfen, ne? Da sind wir hingegangen. Wenn jetzt einer gebaut hat oder so, da sind wir hingegangen und haben gefragt: ›Braucht ihr noch ein paar?‹ und haben geholfen. Haben auch kein Geld genommen. Da wird dann hinterher gegrillt, ein Kasten Bier geholt, dann war es gut, ne. (...) Und so haben wir das beibehalten.«
(Jens, Ende 50)

»Aber nach der Wende, Kleintierverein ist eingegangen. Also, da macht keiner mehr was. Den Angelverein haben wir bis jetzt immer noch am Leben gehalten.«
(Jens, Ende 50)

Haltung 2: **Engagement als Renormalisierung des Alltages**

Engagement als Renormalisierung des Alltags ist dort zu finden, wo Menschen, die unter massiver sozialer Vereinzelung (z. B. aufgrund chronischer psychischer oder Suchtkrankheiten) leiden, in geschützten Formen des Engagements Selbstwirksamkeit, Sozialität und Anerkennung erfahren, und Tätigkeiten und soziale Rollen entfalten können. Bei Günther, Andreas und Ingo wird diese Haltung besonders deutlich.

Mitarbeiter Diakonie: *»Günther ist ein halbes Jahr nach ... [Ortsname] gefahren, hat dort in der Kirchengemeinde ehrenamtlich gearbeitet, ohne Entgelt. Hat er gemacht von sich aus. (...) Ist eigentlich auch so ein bisschen gewesen, einfach mal rauszukommen aus der Wohnung ...«*
Günther: *»Und zu arbeiten.«*
Mitarbeiter Diakonie: *»Und unter Leuten zu sein.«*
Günther: *»Unter Leuten zu sein, ja. (...) Nee, nur zu Hause sitzen, das möchte ich nicht.«*
(Günther, Mitte 40)

»Also, hier bin ich ehrenamtlich. Und ich habe einen Ein-Euro-Job. (...) Montags, mittwochs und freitags arbeite ich hier ehrenamtlich. (...) Das hilft mir ja auch. Das ist ja eine gewisse Tagesstruktur und Gemeinschaft. Die ist mir sehr wichtig, die Gemeinschaft.« *(Ingo, Mitte 20)*

Andreas engagiert sich in einer Selbsthilfegruppe und arbeitet in einem Minijob deutlich über die vereinbarte Stundenzahl hinaus. Sein Engagement bewertet er wie folgt:

»Und damit habe ich auch versucht, durch den gesellschaftlichen Kontakt und die sozialen Kontakte wieder in das reelle Leben zurückzufinden.«

Haltung 3: **Das selbstverständliche, häufig verborgene Engagement im sozialen Nahraum**

Das selbstverständliche, häufig verborgene Engagement im sozialen Nahraum ist weit verbreitet. Es geschieht, wo eine ausgeprägte Nachbarschaftshilfe eine Selbstverständlichkeit ist, wo ein Auge darauf geworfen wird, dass die Kinder und die Älteren sicher über die Straße kommen, wo man gern anfasst, wenn für den Ort etwas zu tun ist, wo man nach dem Nachbarn fragt, wenn etwas nicht in Ordnung zu sein scheint oder wo man im Angelverein den Jüngeren das Wissen weitergibt. Typisch für viele der Befragten ist, dass sie dieses Handeln nicht als Ehrenamt oder bürgerschaftliches Engagement verstehen oder verstehen wollen, sondern als Normalität. Es widerspricht ihrem selbstverständlichen Engagement für ein gutes Miteinander und ihrer ›Bodenständigkeit‹, über ihr Engagement zu reden. Erst nach wiederholter Nachfrage deutet Ernst an, dass er in der Nachbarschaft und der Selbsthilfegruppe vielfältig engagiert ist.

Ernst:»Ich mache eigentlich, was selbstverständlich ist, mehr nicht.«
Interviewerin:»Nachbarschaftshilfe?«
Mitarbeiter der Diakonie:»Zum Beispiel, natürlich. Das ist doch eine Menge!«
Ernst:»Was Normales.«

»Und ich bin auch für andere da. Immer. Da können sie kommen, wann sie wollen. Immer bin ich für andere da. Aber ich will das nicht ›ehrenamtlich‹ nennen. (...) Das gehört einfach zum Leben dazu. Das muss normal sein so was, was ich mache, ja? Wenn einer in Not ist, dem schnell mal zu helfen, das muss eigentlich zum Leben dazugehören.« (Ernst)

Die Befragten dieses Typs sind zum Teil vielseitig engagiert und gleichzeitig skeptisch gegenüber politischen Strategien der Förderung, Inszenierung und Bewertung von Engagement. Sie sehen die Gefahr, dass ihr Engagement für eine gerechte, solidarische und dem Mitmenschen zugewandte Gesellschaft in offiziellen Formen des Engagements auch entkräftet und bedroht werden kann. Sie nehmen wahr, dass Engagement gefördert wird, um andere gesellschaftliche Akteure aus der Verantwortung zu entlassen. Sie erleben, es wird inszeniert, um einen sozialen Zusammenhalt zu zelebrieren, der nicht gegeben ist. Deshalb charakterisieren sie den Umgang mit bürgerschaftlichem Engagement als eine »zweischneidige Sache« (Ernst und Helmar) und besprechen das Thema Ehrenamt und bürgerschaftliches Engagement mit Distanz und auch mit Ironie. Das geschieht gerade deshalb, weil die Diskutierenden engagiert sind, aufgrund ihrer Prägungen und Erfahrungen einen besonders hohen Sinn für soziale Gerechtigkeit und einen ausgesprochen starken Gemeinsinn haben.

Friedrich erzählt von künstlerischen Tätigkeiten für Stadt- und Volksfeste. Günther nahm ein halbes Jahr eine ehrenamtliche Tätigkeit in einer Kirchengemeinde wahr. Ernst engagiert sich gegenwärtig in der Nachbarschaft und berichtet von Phasen politischen Engagements. Helmar schaut auf eine mehrjährige Tätigkeit in einer Freiwilligeninitiative zurück. Auf alle trifft zudem die aktive Selbsthilfe innerhalb der Gruppe zu. Ernst und Helmar waren vor 1989 politisch aktiv, zum Teil mit einschneidenden negativen Konsequenzen für ihre berufliche Entwicklung. Ihr selbstverständliches Engagement und ihre Skepsis gegenüber dem gesellschaftlichen Umgang damit werden im folgenden Auszug aus einer Gruppendiskussion anschaulich.

Mitarbeiter Diakonie: »*Friedrich, du hast zum Beispiel im vorigen Jahr bei der Jahresfeier dich ehrenamtlich zur Verfügung gestellt, hast die Wagen dekoriert, (…) auch unentgeltlich.*«
Friedrich: »*Ja, für mich war es nur interessant, weil ich ja malen konnte. Ich bin Maler.*«
Mitarbeiter Diakonie: »*Du hast nicht nur gemalt, du hast auch den Wagen zusammengestellt.*«
Friedrich: »*Ja, das war ja nur den einen Nachmittag. Na, ich habe schon viel umsonst gemacht. Ich meine jetzt, ehrenamtlich ist immer so ein Ding. (…) Meine Freundin hat ein Puppentheater. Ich war drei Wochen unten, und ich habe der drei Kulissenbilder gemalt. Kann man auch als ehrenamtlich betrachten. (…) Sie hat damit auch noch keinen Pfennig Geld verdient. Und die spielen da immer so auf Volksfesten und so.*«
Helmar: »*Ja, das ist das sogenannte bürgerliche Engagement, was unser Staat so gerne fördert. Das tut er aber nur, damit er nicht viel bezahlt für seine eigentlichen Aufgaben. Denn vieles gehört davon in das Staatsgeschäft (…). Und dann kriegen die dann auch noch einen Orden (…). Das ist ein zweischneidiges Schwert diese ganze Ehrenamtlichen-Geschichte.*«
Ernst: »*Ja, und ich mache keine! (…)*«
Mitarbeiter Diakonie: »*Er sagt das so ganz klar – Ehrenamt mache ich nicht. (…)*«
Ernst: »*Ich mache, was selbstverständlich ist, mehr nicht.*«
Helmar: »*Nachbarschaftshilfe.*«
(…)

Friedrich: »Ach, ehrenamtlich hört sich immer so groß an! Jeder macht und hilft jemandem unentgeltlich.«

Schließlich endet der Austausch zwischen den Befragten einerseits humorvoll, aber dennoch mit ausgeprägter Ironie und einem kritischen Unterton. Engagement kann überbewertet werden, und die Inszenierung kann gesellschaftliche Fehlentwicklungen verdecken. Dabei sollte es vielmehr zur Normalität des Alltags gehören.

Ernst: »Ich trete auch gerne mal einem in den Arsch. (Lachen in der Runde)«
Helmar: »Ehrenamtlich! (Lachen)«

Weil die Befragten ein gewisses Engagement als selbstverständlich ansehen und einen Rückzug des Staates von Sozialleistungen wahrnehmen, problematisieren sie politische Forderungen und Inszenierungen bürgerschaftlichen Engagements.

In einer anderen Selbsthilfegruppe geht es um ein weiteres Beispiel verborgenen Engagements. Auch diese Gruppe sieht die Diskussion um die Förderung von Ehrenamt und Ehrenamtsstrukturen skeptisch. In organisierten Formen des Ehrenamtes – der Ehrenamtsvertrag[40] wird kritisch thematisiert – sehen die Befragten die Freiwilligkeit und Selbstbestimmtheit des eigenen Handelns gefährdet. Aufgrund des gesellschaftlich dominierenden Diskurses erleben sie ihr Engagement als eines zweiter Klasse, das bestimmten Kriterien nicht gerecht werde. Um die freiwillige Tätigkeit den eigenen Möglichkeiten entsprechend zu gestalten, die Kosten zu kontrollieren und nicht in eine Situation oder in den Verdacht der Ausbeutung zu geraten, wird das eigene Engagement verdeckt.

Detlef: »Das Prinzip des Ehrenamtes ist ja so ganz gut. Du kriegst keinen Lohn, aber du zahlst nachher auch noch drauf. Du kriegst ja nichts für deine Auslagen und Spesen und zwischendurch was. (...)
Was ist denn ein Ehrenamt? Das wird vom Staat, wird jetzt gesagt: Der arbeitet umsonst. Aber wenn einer jetzt privat umsonst arbeitet, das ist kein Ehrenamt.«

---

[40] Der Vertrag soll helfen, dass Ehrenamtliche auf der sicheren Seite sind, was Haftung, Versicherung, Kostenerstattung und Arbeitsaufwand angeht. Siehe auch: http://www.gemeindemenschen.de/vorlage-vereinbarung-fuer-eine-ehrenamtliche-zusammenarbeit.

Bernd: »Wenn einer dem anderen einen Gefallen tut (...).«
Detlef: »Das ist auch kein Ehrenamt.«
Anita: »Aber du bringst dich doch ein!? (...)«
Detlef: »Ja, das mache ich ja. Ich war jetzt am Montag wieder im Altersheim.[41]
Das ist kein Ehrenamt, nee. Aber das ist trotzdem was Freiwilliges. (...) Aber oft
genug, wenn ich unterm Strich zusammenrechne, dann bezahle ich womöglich
noch drauf. Ein ausgedrucktes Bild kostet Geld. (...) Deswegen sage ich auch,
unmöglich, sobald man draufzahlt. (...) Deswegen sage ich nicht offiziell: Ich
habe ein Ehrenamt, sondern ich mache irgendwas. Ich mache das und fertig.«
Detlef: Mitte 50, Bernd und Anita: Anfang 50.

Engagement wird verborgen, um möglichen Über- oder Eingriffen vorzubeugen.

Befürchtet wird, dass ein offiziell geregeltes Engagement nicht mehr freiwillig und
selbstbestimmt gestaltet werden kann oder dass die Belastungen die persönlichen
Möglichkeiten und gemeinschaftlichen Gewinne übersteigen.

Wie selbstverständliches Engagement im sozialen Nahraum aussieht, zeigen
Auszüge aus einem Interview mit Jens, einem Besucher der Tafel. Jens ist
beruflich qualifiziert im Bau- und Handwerkssektor und war in diesem lang-
jährig tätig. Mit Mitte fünfzig litt er stark unter gesundheitlichen Beschwer-
den und konnte folglich in den letzten Jahren keinen Zugang mehr finden
zu einer dauerhaften Vollerwerbstätigkeit. Er ist geschieden und hat zwei
Söhne, die überwiegend bei ihm – in seinem Geburtshaus – wohnten beziehungsweise noch wohnen. Der Befragte empfängt Leistungen nach Hartz IV.
Er musste sein reparaturbedürftiges Auto stilllegen, kann jedoch zeitweilig
das Auto des Sohnes mit nutzen. Ihn belastet, dass er sich als Anlieger an
der Finanzierung des Straßenbaus zu beteiligen hat. Es ist für ihn kaum vor-
stellbar, dafür einen Kredit aufzunehmen. Die wachsende Armut der Rentner
bereitet ihm Sorge, und er sieht deutlich, wie sein Alltag von finanziellen
Einschränkungen geprägt ist. Dennoch hält er am Ziel fest, eine »aktive Haltung« nicht zu verlieren. Sein zentraler Wunsch für die Zukunft ist, von weiteren gesundheitlichen Einschränkungen möglichst lange verschont zu bleiben, um finanzielle Einschränkungen durch Selbstversorgung, zum Beispiel
Gemüseanbau und Haustierhaltung, und kulturelle Einschränkungen durch
den Erhalt sozialer Kontakte ausgleichen zu können.

---

[41]   Detlef besucht ein Altersheim, um dort Porträtfotos zu machen und kleine Ausstellun-
gen für die Bewohner zu gestalten.

Der Befragte zeigt eine engagierte Haltung für Beruf, Familie und sozialen Nahraum. Er kennt Engagement bereits aus seiner Herkunftsfamilie. In Familien sieht Jens die Basis, die junge Menschen motiviert, ihr Leben in die Hand zu nehmen und etwas zum gesellschaftlichen Miteinander beizutragen. Sein hohes familiäres Engagement zielt somit auch auf ein gutes gesellschaftliches Zusammenleben. Die Haltung der Selbstsorge und der Sorge um andere lebt er mit Selbstverständlichkeit über die Familie hinaus im Beruf, in der Nachbarschaft, in Vereinen und im Dorf. Die folgenden Interviewauszüge veranschaulichen dies. Sie zeigen darüber hinaus, wie Jens bemüht ist, seine Lebenshaltung auch unter erschwerten Bedingungen aufrechtzuerhalten. Es deutet sich an, dass er sein selbstverständliches Bemühen um eine aktive Lebenshaltung und für ein gutes Zusammenleben aufgrund seiner Erwerbslosigkeit, seiner finanziellen Situation als auch aufgrund der negativen Folgen des demographischen Wandels zunehmend nur noch im Familien- und nahen Freundeskreis leben kann.

Für Jens' Bemühen um eine aktive Lebenshaltung und für den sozialen Nahraum können die folgenden Aussagen stehen:

»Man muss schon ein bisschen raus, sich bewegen, ein bisschen unter die Leute. (...) Man kann nicht bloß immer vor der Glotze sitzen. Also, für mich ist das nichts.«

»Wenn ich da was sehe, dann mache ich das mit. Ich bin ja im Dorf, als Ein-Euro-Jobber hier. Ja, dann machst du noch die Ecken mit.«

»An irgendwas muss man glauben, man kann nicht nur sinnlos durch die Gegend rennen. Ist so.«

Jens' Aktivitäten der Selbstsorge und Sorge füreinander zeigen sich in vielfältigen Formen der Selbstversorgung und wechselseitiger Nachbarschaftshilfe. In der Herkunftsfamilie konnte er Erfahrungen sammeln, durch die er Zutrauen und Fähigkeiten weitergeben kann.

Jens: »Ich war früher eben der einzige Sohn. Vater und Mutter, die haben den Tag über gearbeitet. Wenn ich von der Schule gekommen bin, habe ich dann mittags gekocht. Wenn die von der Arbeit kamen, stand es auf dem Tisch. So hab ich mir das angewöhnt. Die erste Zeit hat Mutter gesagt, ›hier hast du ein Kochbuch, da kannst du was aussuchen, was du selber dir zutraust‹. Und nun mache ich alles. Ja. Und der eine Kumpel hier, ihm ist die Frau gestorben, ist auch alleine zu Hause. Der kam dann bei mir immer an, dem hab ich Kochen beigebracht. Der brutzelt jetzt auch schon rum. (...) Habe ihm vieles aufgeschrieben, hat er probiert und es hat einwandfrei geklappt. Jetzt hat er sich schon ein paar Kochbücher angeschafft. (Lachen) (...) Tauschen wir auch mal ein Rezept aus, wenn es mal etwas Neues gibt oder so.«

Der Stellenwert der Nachbarschaftshilfe und die Rolle der Familie (des Elternhauses), die den Sinn für das gute gesellschaftliche Zusammenleben prägt, kommen auch im folgenden Gesprächsauszug zum Ausdruck:

Jens: »Bei uns war es früher schon immer so gewesen, also zu Ostzeiten schon, wenn da einer was hatte, wir haben uns untereinander auch geholfen, ne? (...) Und so haben wir das beibehalten. (...) Gehen wir halt helfen. Und dann wird etwas gegessen, etwas getrunken, dann ist gut. Geht nicht ums Geld. Geld hat keiner. (Lachen) (...) Die es gewöhnt sind, vom Elternhaus beigebracht kriegen, mit denen kommst du noch klar. Aber es gibt viele, die können noch nicht mal ›Guten Tag‹ sagen. (...) Die kümmern sich weniger umeinander. (...) So kommt mir das vor.«

Über Strategien der Selbstversorgung und den Sinn für das Dorf und die Nachbarschaft:

»Man muss sehen, wie man über die Runden kommt. Hat man ein bisschen Gemüse extra, hat man Kartoffeln, muss man nicht so viel kaufen. Mache ich ein bisschen Kleintierhaltung, halte mir ein paar Kaninchen, paar Enten, paar Hühner, habe ich meine Eier und öfter mal einen Braten, was man nicht kaufen muss. Man füllt sich das Leben aus. Man sucht sich was. (...) Jetzt rennt man so einen halben Tag im Dorf rum, halben Tag macht man zu Hause was. Und an den Wochenenden: ein paar Kumpels hat man auch noch und so. Dann hilft man mal denen, oder die helfen einem dann selber. (...) Oder gehst am Wochenende mal Pilze suchen oder Angeln (lachen).«

Zu den Aktivitäten der Nachbarschaftshilfe gehören der Tausch von Gartenerzeugnissen, Informationen über die Hartz-IV-Gesetzgebung sowie die Versorgung mit Brennholz:

»Wir tauschen auch Pflanzen aus, der eine macht Kohlrabi, der andere Tomaten. Und die Samen holen wir uns meistens in Polen. Legen von den Stangenbohnen auch gleich wieder einige zur Saat zur Seite.«

Interviewerin: »*Wie erleben Sie das, wie wird über Hartz IV, Armut geredet?*«
Jens: »*Wir reden ganz normal darüber untereinander. Na, da ist es ja auch verbreitet. Da sind etliche Hartz-IV-Empfänger bei uns (...). Und wenn da was Neues rauskommt, solche Dinger, na ja klar wird dann drüber gesprochen.*«

Jens: »*Die Kumpels, die haben ja nur Öl- und Gasheizung, da kriege ich dann öfter was. Wenn die eben um- oder ausbauen, da fällt öfter mal Holz an. Oder der eine hat den Schuppen abgerissen, habe ich mir die Bretter geholt. (Lachen) Na, die wissen eben, ich heize mit so was, da hole ich mir was ran, ne.*«

Schließlich ist Jens in Vereinen aktiv. Auch hier ist es ihm wichtig, Fähigkeiten weiterzugeben:

Jens: »*Angeln. Da bin ich schon immer im Verein drin. Schon seit dem zehnten Lebensjahr oder so. (...) Vater war auch Angler. Meine Söhne sind es auch. (...) Da ist noch eine Ortsgruppe bei uns, sind zwar nicht mehr viele, aber eben der alte Stamm, der hält noch durch. (Lachen) (...) Zu Ostzeiten habe ich damals im Angelverein die Jugendgruppe und alles geleitet. Heute haben wir ja keine Jugendlichen mehr, die haben auch keine Lust. (...) Kleintierverein haben wir auch gehabt, mit Rassegeflügelhaltung. Hatten wir damals extra verschiedene Hühnerrassen, weil die selten waren. Da hast du auch mal eine Zuteilung für Futter gekriegt. (...) Aber nach der Wende ist der Kleintierverein eingegangen. (...) Angelverein haben wir bis jetzt immer noch hochgehalten.*«

Seine Fürsorgehaltung in der eigenen Familie wird darin deutlich, dass nach der Scheidung zunächst ein Sohn, später beide Söhne dauerhaft bei Jens gelebt haben.

Jens: »*Meine geschiedene Frau hat sich so schlecht drum gekümmert [um den zweiten Sohn]. Hat gar nicht nachgekiekt, dann hat er morgens verpennt und so. Sie wollte ihn um zehn zur Schule schicken. Das wollte er aber nicht, und alles so ein Zirkus. Da stand es schon bisschen auf der Kippe wegen Fehltagen. Und dann habe ich gesagt: ›Komm zu mir.‹ Da hat er keinen Fehltag gehabt bis zum Ende des Jahres. Und das letzte Schuljahr hat er auch gut über die Runden gekriegt bei mir. Und jetzt habe ich ihn in der Lehre. (Lachen) (...) Habe ich auch hingekriegt.*«
Interviewerin: »*Haben Sie das auch organisiert?*«
Jens: »*Na ja – und habe ihm die Bewerbung gemacht. (...) Also lernt er jetzt drei Jahre.*«

Auch um seine zwei Monate alte Enkelin kümmert sich Jens.

»Wochenende und so, wenn der Sohn dann hier zu Hause ist und Schwiegertoch-
ter in spe. Wenn die die Woche über mit zu tun hat, dann ist sie am Wochenende
auch geschafft. Dann sag ich öfter, ach, lass sie [Enkelin] unten. Dann sorge ich
eben eine Nacht für sie. Wenn sie dann eben wach wird, dann gebe ich ihr eine
Flasche, dann lege ich sie trocken, alles. Und dann können die mal ausschlafen.
(Lachen) Ne?«

Die aktive Lebenshaltung spiegelt sich ebenso, wie bereits erwähnt, in Jens'
beruflichen Haltungen. Bevor der Befragte aus gesundheitlichen Gründen beruflich nicht mehr Fuß fassen konnte, hat er wiederholt einen hohen Einsatz
gezeigt, um Aufträge für das Unternehmen zu sichern und neue berufliche
Tätigkeiten aufnehmen zu können.

»Wir haben das Buch voll gehabt, (...) haben uns alleine die Aufträge geholt,
haben Dachrinnen saubergemacht, Schornsteine, so was alles. Also praktisch
selber die Arbeit besorgt. Ein halbes Jahr im Voraus habe ich das im Buch stehen
gehabt. So, und wegen Auftragsmangel entlassen. War so eine Sache. (...) Da
hab ich mir wieder etwas Neues gesucht.«

Sein Engagement im Beruf wird auch am Einsatz des privaten Autos sichtbar.

»Ich habe so einen Transporter gehabt, so eine Doppelkabine und hinten eine
Ladefläche. Wo ich da noch auf dem Bau gearbeitet habe, da war es das Beste.
Wenn du da irgendwo Baustellen hattest, hast du alles hintendrauf geschmis-
sen, bist mit losgedonnert. Denn die Firma, die hat nicht so viele Autos gehabt.
Und da habe ich damals einen [Transporter] günstig gekriegt. Aber vor ein paar
Jahren ist da mal die Einspritzpumpe kaputtgegangen und so. Die reparieren zu
lassen, das kostet schon 600 Glocken. Und ein bisschen überholt werden muss
er auch noch. Mein Sohn, der hat jetzt auch erst angefangen zu arbeiten, der
andere ist in der Lehre. Sie wollen das Ding mal wieder fertigmachen, wenn sie
ein paar Jahre gearbeitet haben.«

Für diesen Befragten wird deutlich, dass das Engagement durch mehrere
Haltungen geprägt ist. Er lebt das selbstverständliche Engagement im sozialen Nahraum (Haltung 3) und ist auch unter erschwerten Bedingungen um
die Kontinuität dieses Engagements (Haltung 1) bemüht.

Sich umeinander zu kümmern, sich einzubringen und aktiv zu sein, aus allem das Beste zu machen – das sind für Jens selbstverständliche Orientierungen, die alle Bereiche des Lebens durchdringen. Seine Lebenssituation schränkt die Möglichkeiten, diese Haltung zu leben, jedoch ein.

Haltung 4: **Das verhandelnde Engagement**

Zu den »Verhandelnden« gehören jene, die sich gern engagieren, aber auch ihre Lebenssituation und ihr Ringen um Lebensbewältigung anerkannt und unterstützt wissen möchten. Sie wünschen ein gesundes Verhältnis von Engagement und Wertschätzung. Diese Haltung soll durch Auszüge aus einem biografischen Interview und einer Gruppendiskussion dargestellt werden.

Bei Andreas (Mitte 50) wird das »verhandelnde Engagement« besonders deutlich. Letztendlich ist sein Engagement vielfältig motiviert. Er zeigt auch Haltungen der Renormalisierung, der Dankbarkeit und Rückverpflichtung. Sie werden im Verhältnis zum verhandelnden Engagement betrachtet. Andreas engagiert sich gern, möchte jedoch auch, dass die Belastungen seiner Lebenssituation beachtet werden und sein Ringen, diese zu bewältigen, unterstützt wird. Ihm steht nach einer über zwanzigjährigen, in seinen Augen hoch engagierten Erwerbstätigkeit[42] in seinem technischen Beruf aufgrund seiner Suchterkrankung ein offizielles Haushaltseinkommen von weniger als 700 Euro zur Verfügung. Dass er dies in einem der reichsten Länder der Welt erleben müsse, empfindet er als ungerecht und einschränkend. Andreas zeigt eine hohe Arbeits- und Leistungsorientierung. Gemeinwohl äußert sich für ihn in einem durch Leistung und Arbeit ermöglichten Zuwachs des gesellschaftlichen Wohlstandes und der gerechten Teilhabe daran.

Im außerberuflichen Leben orientiert sich Andreas an einer Form von Anerkennung und Verpflichtung, die er als »Tauschaktienwege-Geschäft« charakterisiert. Dieses Prinzip umfasst einerseits geschäftliches Verhandeln und zielt auf materielle Wertschöpfung. Andererseits sind mit ihm auch soziale Verpflichtungen verbunden. Es geht um informelle, gegenseitige Hilfe, die auf Vertrauen, Ehrlichkeit, Leistungsbereitschaft, Geselligkeit, Anerkennung und Fairness beruht. Andreas charakterisiert das Tauschaktienwege-Prinzip als »helfende« Haltung und als Form des sozialen Zusammenhalts.

---

[42] Er erzählt von selbstständiger Auftragsbeschaffung und -organisation, Bereitschaftsdienst, informeller Mitarbeit von Familienangehörigen, hoher Zuverlässigkeit und Kompetenz.

Andreas: »*Ich habe ja die Hilfsbereiten wirklich kennengelernt, wenn man zu DDR-Zeiten gebaut hatte. (...) Bei mir wurde das alles in der Kneipe erledigt: ›Morgen brauche ich elf Mann oder zwölf. Drei müssen an den Mischer, da, da, da‹, das ging alles über die Kneipe. Da wurde dann ein Kasten Bier hingestellt. Und dann haben die den ganzen Tag durchgezogen. Natürlich war das zum Frühstück schon alle, da wurde dann noch ein dritter Kasten Bier geholt. Also: Hilfsbereitschaft gegen eine gewisse Anerkennung. Oder: ›Der braucht eine Kupplung für seinen Trabant‹ oder so was. Das habe ich ja nun wieder alles auf anderen Wegen besorgt. (...) Tauschaktienwege-Geschäft.*«

Zur Absicherung seines bereits stark reduzierten Lebensstandards wünscht Andreas sich eine geringfügige Beschäftigung, in die er seine beruflichen Kompetenzen einbringen und bei der er zugleich selbstbestimmt handeln kann. Darüber hinaus möchte er sich in ein Netzwerk wechselseitiger Hilfe einbringen, in dem er das Prinzip der »Tauschaktienwege« leben kann. Für beide Anliegen sind Ziele materieller wie nichtmaterieller Wertschöpfung sowie Anerkennung von großer Bedeutung. Ein-Euro-Jobs und Arbeitsbeschaffungsmaßnahmen lehnt Andreas ab. Skeptisch ist er auch gegenüber den Forderungen nach bürgerschaftlichem und ehrenamtlichem Engagement. Dieses stellt in seinen Augen keinen Ersatz dar für eine ihm zustehende Erwerbstätigkeit. Beide Prinzipien widersprechen seinen Vorstellungen von individueller und gesellschaftlicher Wertschöpfung als auch seinen Vorstellungen angemessener Anerkennung beruflicher und nichtberuflicher Arbeit.

Andreas: »*Von dem Ehrenamtlichen kann ich nicht existieren, und ich bringe wirklich schon eine Menge Zeug ein. (...) Und eine Aufwandsentschädigung! Ich bin der Letzte, der da Nein sagen würde. Ein gewisses gesundes Verhältnis sollte dabei rauskommen. (...) Die Kirche macht auch nicht alles ehrenamtlich. Wie hat Oma immer gesagt, und die hat mit Gesangbuch jeden Abend gesessen: ›(...) Die trinken Wein und predigen Wasser.‹ Das hat eine Gläubige gesagt. Das ist dieses gesunde Misstrauen.*«

Dennoch hat Andreas während eines Minijobs im kirchlichen Bereich weit mehr als die vereinbarten Stunden gearbeitet. Er erklärt dies:

»*War doch ein bezahlter Dienst. Aber die Bezahlung stand zu den Stunden in keiner Relation. Da war gewiss eine Menge Ehrenamt bei. Aber die Arbeit konnte ich auf keinen abschieben, die war da und die hat mir nebenbei Freude gemacht. Ich sehe diese Minijobs als Aufwandsentschädigung.*«

Eine Tätigkeit mit Aufwandsentschädigung ist für Andreas eine geringfügige Beschäftigung, in die eine Professionalität einfließt, die nicht entlohnt werden kann und bei der die vereinbarte Stundenzahl deutlich überschritten wird. Eine berufliche Tätigkeit, in die eine Menge Ehrenamt einfließen kann, bereitet Andreas Freude. Formen des Ehrenamtes mit Aufwandsentschädigung begegnet er demgegenüber mit Skepsis. Sie passen nicht zu seinem Bild von einer gerechten Gesellschaft, wertgeschätzter Arbeit und selbstbestimmtem Handeln. Engagieren möchte er sich über berufliche Tätigkeiten und das informelle Engagement der Tauschaktienwege. Er orientiert sich an fair entlohnter Erwerbstätigkeit, nachbarschaftlicher Hilfe und Selbsthilfe. Dies kommt in der folgenden Sequenz aus einer Gruppendiskussion deutlich zum Ausdruck.

Andreas: »*Ja. Aber ich höre, das ist ja ehrenamtlich.*«
Mitarbeiterin Diakonie: »*Aber darum soll es ja auch gehen. Anders werden wir das nicht hinkriegen.*« (...)
Andreas: »*Sehen Sie die Kirche da nicht so ein bisschen als Ausbeuter?*« (...)
Mitarbeiter Diakonie: »*Also ich werde Ihnen ganz ehrlich sagen, es wird die Zukunft. Die sehe ich jedenfalls persönlich so. Die diakonische Arbeit (...) wird sich jetzt mehr auf die einzelnen Kirchengemeinden verlagern. Ehrenamtlich.*«
Andreas: »*Und die Menschen können sich davon ernähren?*«
Mitarbeiter Diakonie: »*Davon ernähren? Eine innerliche Ernährung ist auch was Gutes.*«
Andreas: »*Ich denke da an vorhin. Da hat keiner was zu gesagt. Genau so ist es. Mit meiner eigenen Hände Arbeit, egal, auf welchem Grund und Boden das jetzt hier passiert, mit welchen Grundmitteln, die ich dafür benötige, will ich mich ernähren können.*«
Anita: »*Die Zeiten sind vorbei.*«
Andreas: »*Nee also, ins Mittelalter will ich nicht mehr.*«
Mitarbeiter Diakonie: »*Wir versuchen, in diese Richtung zu gehen. Wir helfen uns gegenseitig.*«
Andreas: »*Das ist immer richtig. Tauschaktienwege. (...)*«
Mitarbeiter Diakonie: »*(...) Gehen Sie auf die Dörfer, in den Kirchengemeinden tut sich was. Da ist eine Bewegung drin. Hilfe zur Selbsthilfe.*«
Andreas: »*Das ist in Ordnung.*«

Neben der verhandelnden und auf gesellschaftlichen Fortschritt drängenden Haltung zeigt Andreas in seiner beruflichen Leistungsorientierung sowie im Tauschaktienwege-Prinzip auch eine verpflichtende Haltung. Zudem engagiert sich Andreas vielfältig innerhalb der Selbsthilfegruppe und darüber hinaus im Netzwerk anderer diakonischer Angebote und in der Kirchengemeinde. Ihm geht es um die Haltung der Rückverpflichtung und des Dankes. Innerhalb der Kirchengemeinde, in der er vielseitig Hilfen erfahren hat, bringt er sich immer wieder gerne ein und wirbt aktiv für die Anteilnahme und das Interesse am Engagement anderer. Die verhandelnde, die verpflichtende und die rückverpflichtende Haltung widersprechen sich weniger, als es auf den ersten Blick erscheinen mag. Andreas ist engagiert, um persönliche Belastungen zu bewältigen, aber auch weil er sich einbringen möchte und Dankbarkeit denen zeigen will, die ihn unterstützt haben.

»Und dann habe ich mich für die erste Selbsthilfegruppe entschieden, in der ich überhaupt war, die man mir empfohlen hat von der Suchtberatung. Ich sage: ›Was soll ich denn da? Beten? Könnt ihr vergessen.‹ Da ist nichts mit Beten, das ist nur der Austragungsort. Aber somit habe ich auch eine gewisse Annäherung an die Kirche gefunden, bin bei jedem Ständebauen, oder wenn mal was zu reparieren oder mit Strom zu versorgen ist, bin ich immer mit dabei. Immer vorneweg. Denn unterm Strich habe ich von dieser evangelischen Gemeinde mehr gehabt als von allen Behörden oder Ämtern.« (Andreas)

Haltung 5: **Das Engagement der Überlebensgemeinschaft**

Einige der Befragten sehen im bürgerschaftlichen Engagement und im Ehrenamt die Gefahr der Selbstausbeutung. Auch in ihren sozialen Beziehungen gilt ein solches Engagement als Selbstgefährdung. Bürgerschaftliches Engagement lehnen sie deshalb ab, und jede Form wechselseitiger Hilfe erwägen sie mit Misstrauen und Angst. Dennoch können sich Situationen ergeben, in denen sie sich dem Engagement anderer anschließen. Das kann der Fall sein, wenn sie Gemeinschaften des Überlebenskampfes (z. B. Selbsthilfegruppen) gefunden haben und diese Gemeinschaften zum Beispiel von Kirchengemeinden zum Engagement eingeladen werden, weil man sie anerkennen und ihnen Zutrauen schenken möchte. Im Folgenden wird gezeigt, wie groß Bernds Misstrauen ist, anderen Menschen Hilfe anzubieten. Eine Selbsthilfegruppe, die durch eine Kirchengemeinde und einen diakonischen Akteur ermöglicht wird, ist für ihn jedoch wichtiger Bestandteil seines alltäglichen Überlebenskampfes. Und obwohl bürgerschaftliches Engagement für ihn eigentlich ausgeschlossen ist, berichtet er davon, wie er sich mit dieser Selbsthilfegruppe an einer Aktion der Kirchengemeinde für »die Dritte Welt« beteiligt hat. Dies ist möglich, weil das Thema des Engagements auch zu seinem Leben passt, geht es doch um Gerechtigkeit. Sein Mitwirken wird zudem erleichtert, weil Bernd durch die Beteiligung der Selbsthilfegruppe am Engagement der Kirchengemeinde eine Aufwertung und Anerkennung der ihm wichtigen Überlebensgemeinschaft – als auch eine Stärkung seines moralischen Selbstbildes – erfährt.

Auf die Frage, ob es in Bernds Leben Menschen gibt, auf die er sich verlassen kann, antwortet er wiederholt resigniert. Von der Gesellschaft fühlt er sich ausgenommen, und auch jene, die wie er ums Überleben kämpfen, können zur Gefährdung werden. Jeder kämpfe für sich, und einmal stark belastet, müsse man einander mit Vorsicht begegnen. Hilfe ist in seinen Augen deshalb immer gut abzuwägen.

Bernd: *»Die Gesellschaft, die zockt einen ab. Die nehmen einem alles. Da Rechnung, dort Rechnung, Krankenhausrechnung und Rechnungen über Rechnungen. Ich zahle einfach nur. (...) Wie soll man das machen? (...) Die Leute schimpfen, schimpfen, schimpfen. (...) Sie kämpfen alle für sich.«*
Interviewerin: *»Unter denen, die Sie jetzt kennen, würden Sie sagen, da gibt es Leute, auf die Sie sich verlassen können, wenn es irgendwo Probleme gibt?«*
Bernd: *»Ein Teil. (...) Ist manchmal schwierig. Man hat Leute aus dem Kreis, die auch Alkoholiker – aber trocken – sind. Wo es auch Rückfälle gibt, und dann kann man schnell mit runtergezogen werden. Man muss da sehr aufpassen. (...) Vor allem wenn man Hilfe anbietet, dass man nicht mit reinrutscht. (...) Man bietet ja Hilfe an, man will ja auch, (...) aber nur begrenzt.«*

Bernd sieht weitere Gründe, die es erschweren, einander zu helfen.

»Ja, ich kenne nun viele, denen geht es fast genauso wie mir. Mit denen kann man gar nicht in den Tausch kommen. Die haben dann Angst, dass da was kaputtgeht oder weg ist. Geht nicht. Die trauen sich genauso wenig, wie es bei mir ist.«

Bernds Ängste und sein Misstrauen spiegeln sich erst recht gegenüber Formen bürgerschaftlichen Engagements.

»Das Problem ist, du zahlst drauf, du zahlst drauf. (...) Irgendeiner muss davon profitieren.«

»Ehrenamtliche Tätigkeiten würde es geben in der ... [soziale Initiative]. (...) Aber da bin ich der Meinung, weil ich schon eine ganze Weile da hingegangen bin, ich distanziere mich, weil da sozial Schwache ausgebeutet werden. Die (an-

deren) verdienen daran. Die bekommen die Lebensmittel aus den Läden und verkaufen die für Geld. Und gar nicht mal so billig. Da bin ich der Meinung, die stecken sich das Geld ein. Von den sozial Schwachen. Und die wollen immer mehr ehrenamtliche Leute haben, am besten umsonst arbeiten – und die verdienen daran. Das sehe ich nicht ein.«

Auch gegenüber Formen kirchlichen Engagements ist Bernd skeptisch. Dennoch ist seine Haltung gegenüber der Kirche nicht nur negativ. So schätzt er aufgrund positiver Erfahrungen die Angebote christlicher Krankenhäuser und ebenso, dass die Kirchengemeinde gemeinsam mit einem diakonischen Akteur die ihm wichtige Selbsthilfegruppe unterstützt.

»Sicher, es gibt auch was Positives, Kirchen haben zum Beispiel Entgiftungskliniken, Gesundheitszentren, Entwöhnungsbehandlungskliniken, wo ich in einer war. Ist nicht alles schlecht. Gibt auch gute Sachen, wo sie viel helfen. (...) Kirche natürlich ist ein großes Unternehmen, die machen viel. Ich helfe ab und zu auch mal mit in der Kirche. Dann machen wir was für die Dritte Welt [die Selbsthilfegruppe beteiligt sich an einer Aktion der Kirchengemeinde]. (...) Ich finde es auch schön, dass die Kirche so was macht. Finde ich dufte. Es gibt positive Sachen dabei. (...) Ist auch schön, dass wir uns als Selbsthilfegruppe hier treffen können, nicht nur eine Stunde, sondern den ganzen Nachmittag. Und sie stellen auch die Räumlichkeiten, wo wir uns selbst finanziell nicht beteiligen müssen. (...) Ist bei der Kirche jetzt wieder der Vorteil. Ist auch gut. Ja, einen schönen Raum, mit Küche, alles, was wir voll nutzen können. Finde ich super.«

Da Bernd neben negativen auch positive Erfahrungen mit kirchlichen Einrichtungen verbindet, formuliert er seinen Wunsch: Kirche solle eine staatliche Unterstützung erfahren, damit solche Angebote erhalten und gestärkt werden können.

»Ich war ja auf einer katholischen Entwöhnungsbehandlung. Habe auch mit dem Pfarrer da geredet, mit dem Direktor von der Klinik, der ist auch in der Kirche Mitglied und so, ne. War sehr angenehm, hat mir auch gefallen. Aber der Staat muss auch seinen Anteil tun. Der zieht sich zurück, wo die Kirchen wieder nach vorne treten. Die Kirchen machen immer den ersten Schritt, aber der Staat, der verdrückt sich. Das finde ich nicht schön. (...) Ja. Wenn die sich so arrangieren, die Kirchen, dann muss der Staat denen mal sagen: Ja, hier habt ihr auch mal was. Da muss der Staat dann mal unterstützen.«

Haltung 6: **Engagement aus Rückverpflichtung und Dank**

Mit allen bisher benannten Typen des Engagements können auch variie-rende Haltungen der Rückverpflichtung und des Dankes für erhaltene Un-terstützung verbunden sein. Anita nimmt die hohen Belastungen vieler vollerwerbstätiger Geringverdiener wahr, sie weiß um ihre eingeschränkte Erwerbsfähigkeit und vertritt Ideale der Bescheidenheit und Leistungsbereit-schaft. Aufgrund dessen sieht sie im bürgerschaftlichen Engagement eine Möglichkeit zur Teilhabe.

»Ich krieg doch einen Bezug [Leistungen nach Hartz IV], dann kann ich mich doch ein bisschen einbringen. Und es kann reichen, dann sind eben Einschrän-kungen hinzunehmen. (...) Manch einer geht arbeiten, und der muss jeden Tag fahren, der muss das Auto finanzieren, Sprit finanzieren – der hat weniger wie ich! Da kann ich doch sagen: Mir geht es gut.« (Anita)

Andreas hingegen empfindet es als ungerecht, dass der Reichtum in Deutsch-land immer ungleicher verteilt ist und Menschen nicht angemessen für ihre Arbeit entlohnt werden. Zudem sieht er Behörden und Ämter in der Gefahr, die Rechte der Bürger nicht ausreichend zu vertreten. Hilfe hat er vor allem durch persönliche Beziehungen als auch im Rahmen von diakonischen und kirchgemeindlichen Angeboten erhalten. Entsprechend engagiert er sich aus Dank für die erfahrene Unterstützung.

»Denn unterm Strich habe ich von dieser evangelischen Gemeinde mehr gehabt als von allen Behörden oder Ämtern. So habe ich das immer geäußert. Ich sage: ›Nee, ich gehöre keiner Konfession an und so weiter, aber ich will einfach (...) wiedergeben, was ich bekommen habe.‹« (Andreas)

Die Haltungen der befragten Engagierten:

1. Engagement erhalten/Kontinuität von Engagement
2. Engagement zur Renormalisierung des Alltags
3. Selbstverständliches, häufig verborgenes Engagement im sozialen Nahraum
4. Verhandelndes Engagement
5. Engagement der Überlebensgemeinschaft
6. Engagement aus Rückverpflichtung und Dank.

Auf die Befragten treffen zum Teil mehrere dieser Haltungen zu.

9.2 Der Sinn der Befragten für das Gemeinwohl

»... wieder einen neuen Zusammenhalt bringen.«

In den vorangegangenen Darstellungen wurden Haltungen des Engagements dargestellt. Deutlich wurde, dass diese weitgehend auch mit Vorstellungen von einem guten Zusammenleben verbunden sind. Die folgende Darstellung zeigt die Vorstellungen der Befragten für das Gemeinwohl.

Andreas

Wohlstand und Lebensqualität durch:
– Leistungsbereitschaft und gerechte Anerkennung.
– Misstrauen gegen Ungerechtigkeiten und Pflichtverletzungen.
– Tauschaktienwege als ein Prinzip gesellschaftlicher Wertschöpfung.
– Die Selbsthilfegruppe als gesellschaftliche Normalität der Lebensbewältigung, Lebensgestaltung und Interessenvertretung.
– Geselligkeit, Verlässlichkeit, Ehrlichkeit, Höflichkeit und Verpflichtung anstatt Anonymität.

Ernst

Engagement als zentraler Lebensinhalt:
– Gerechtigkeit und gesellschaftlicher Zusammenhalt.
– »Verkrustete« Strukturen aufbrechen.
– Mitmenschlichkeit und Hilfe als Selbstverständlichkeit.
– Informiert und für andere da sein.

Detlef

Wohlstand und Lebensqualität durch Arbeit und faire Entlohnung.

Anita

Die Leistung jedes Einzelnen zählt:
– Bescheidenheit, Dankbarkeit, Leistungsbereitschaft, Bereitschaft, sich einzubringen und sich in Situationen zu fügen.
– Selbst verschuldete Situationen erkennen: z. B. materielle Notlagen durch selbst verursachte Verschuldung.
– Der Staat ist nicht für alles verantwortlich.
– Die wirkliche Armut ist die Einsamkeit. Sie wird durch den Egoismus der einzelnen Menschen verursacht.

Helmar

Engagement als zentraler Lebensinhalt:
– Staats- und Bürgerpflichten.
– Gerechtigkeit und gesellschaftlicher Zusammenhalt.

- Aktive alternative Lebensweisen zum (korrupten und unehrlichen) Establishment.
- Aufbegehren gegen Widersprüche, Halbherzigkeiten und Bestechlichkeit in Politik und Institutionen. Ursachenbehebung für soziale Probleme anmahnen.
- Sich nicht abfinden, sich für die eigenen Probleme (für Bürgerprobleme) interessieren.
- Kämpfen, sich nicht aufgeben, Interessen haben. Wachsam sein, sich und andere informieren. Zweifel und kritisches Denken als Bürgerpflicht (Prägung durch kirchliche Jugendarbeit zu DDR-Zeiten).
- Zusammenhalt durch Bürgernähe von Institutionen, bürgerschaftliches Engagement und Vernetzung.

Über die Haltungen des Engagements von Jens und Andreas und ihren Sinn für das Gemeinwohl wurde bereits berichtet. Im Folgenden sollen Anita, Ernst, Helmar und Detlef zu Wort kommen.

9.2.1 WOHLSTAND UND LEBENSQUALITÄT DURCH ARBEIT UND FAIRE ENTLOHNUNG (DETLEF)

Da Andreas und Detlef im Diskussionsverlauf wiederholt bestätigend aufeinander Bezug nehmen, kann eine Nähe zwischen den Ansichten von Detlef und Andreas vermutet werden, die sich im folgenden Zitat nur andeutet. Beide empören sich mehrfach über Ungerechtigkeiten und möchten am Ziel festhalten, ihr Leben selbst gestalten zu können.

Detlef: »*Ja. Ich will mich doch aus eigener Kraft versorgen. Ich gehe doch arbeiten, damit ich davon leben kann. Aber es ist ja heutzutage zum Teil gar nicht mehr möglich.*«

9.2.2 LEISTUNG, BESCHEIDENHEIT UND DANKBARKEIT (ANITA)

Anita grenzt sich gegen die Äußerungen von Andreas und Detlef ab. Sie sieht eine Aufgabe darin, das Leben als Überlebenskampf zu akzeptieren. Sie betont, dass die Zeiten nicht besser werden und die Belastungen für alle steigen. In ihren Augen sind Leistungsbereitschaft und Bescheidenheit gefragt, sind eigene Ansprüche zu korrigieren, und für soziale Leistungen könne man dankbar sein.

Anita: »*Ich sage immer wieder:* ›*Wir können doch zufrieden sein, dass wir überhaupt Hartz IV kriegen.*‹ *(...) Mit dem Geld, was ich vom Grundsicherungsamt habe, kann man keine großen Sprünge machen. (...) Es sind eben Einschränkungen hinzunehmen. Aber wie viel wollen Sie denn einem geben, der wirklich sagt:* ›*Ich bin gar nicht gewillt zu arbeiten.*‹*? Wie viel kann ich denn vom Staat* *verlangen, dass er mich unterstützt? (...) Ich habe meine Kinder geboren, und wenn ich für meine Kinder irgendwo Geschenke kaufen will, dann muss ich mich einschränken. Aber dafür kann ich doch den Staat nicht verantwortlich machen. (...) Ich muss überlegen, was ich kaufe, (...) ich muss mich einschränken. Manch einer geht aber arbeiten, und der muss jeden Tag fahren, der muss das Auto finanzieren – der hat weniger wie ich! Da kann ich das doch sagen: Mir geht es gut. Und wenn mir einer erzählt, dass er arbeiten geht, klopfe ich ihm auf die Schulter und sage: ›Danke, dass du für mich arbeiten gehst.‹«*

9.2.3 GERECHTIGKEIT UND SOZIALER ZUSAMMENHALT (ERNST)

Ernst zeigt ein ausgeprägtes politisches Interesse. Er berichtet über seine Haltung und Ideale vor 1989:

Ernst: *»Sie hätten mich mal erleben sollen, als ich 25 war. Da habe ich ja den Marxismus mit Löffeln gefressen. Und wenn da ein grünes Brett gewesen wäre und Sie hätten gesagt: ›Es ist grün.‹ Dann hätte ich gesagt, ob Sie nicht ganz rund sind, es ist rot! Und ich habe gegen den Staat rebelliert, obwohl ich das Brett als rot angesehen habe, ja? Aber das war für mich nicht das richtige Rot. Ich wäre bald im Knast gelandet deswegen. Ach, vergiss es! Ich bin im Kuhstall gelandet deswegen [durch berufliche Versetzung]. (...) Mit 25 habe ich noch die Massen in die Gänge gebracht. (...) Wenn mir etwas gegen den Strich ging, wenn da Ungerechtigkeiten waren, oh oh!«*

Ein Versuch vor wenigen Jahren, diese Ideale durch Beteiligung an einer Bürgerbewegung gegen sozialen Notstand wieder aufzugreifen, erschien ihm letztendlich wenig sinnvoll und aussichtsreich. Aus dem Feld des politischen Handelns hat sich Ernst schließlich zurückgezogen. Dennoch ist sein Sinn für eine gerechte Gesellschaft nach wie vor sehr ausgeprägt.

»Wenn ich Ihnen sagen würde, was ich für notwendig halten würde! [Lacht] Ja? Denn müssten wir erst mal die ganzen Strukturen dieser Gesellschaft ändern! [Helmar: Jetzt kommt die Revolution!] Nicht die Revolution, aber bestimmte Strukturen, die alten, verkrusteten Apparate erst mal beiseiteschieben. In den Köpfen stimmt da was nicht! Da oben, (...) das ist ja schlimmer wie die Mafia da! Die Politiker! Da ist eine Korruption, wie die sich persönlich da bereichern. Und da macht kein Staatsanwalt was dagegen! Das ist alles legal. (...) Die Großen, die können alles machen, was sie wollen. Und wenn der Kleine fünf Euro mehr haben will, dann wird so ein Stapel Papier dafür gebraucht, ja? Die Kontenauszüge, die müssen stapelweise abgelichtet und dahin geschickt werden. Na, hören Sie auf!« (Ernst)

Gegenwärtig konzentriert sich Ernst auf eine politisch wachsame und dem sozialen Nahraum zugewandte Haltung des Helfens und Füreinanderdaseins. Diese Haltung wird auch innerhalb der Selbsthilfegruppe positiv erfahren.

Helmar: *»Und freue mich jedes Mal auf den Donnerstag, wenn mich Ernst abholt von zu Hause, und vor der Tür geht das Gespräch los.«*

9.2.4 STAATS- UND BÜRGERPFLICHTEN (HELMAR)

Eine wesentliche Prägung, die Helmar bis heute antreibt, sind seine Erfahrungen innerhalb der kirchlichen Jugendarbeit bis 1989.

»Also für mich war die evangelische Kirche ein richtiggehender Lehrmeister in meiner Jugendzeit. Ich war in der Jungen Gemeinde drin. Ich habe Rüstzeiten [Kurse, die dazu dienen, den Glauben zu vertiefen] mitgemacht, dramatisches Spiel, Gesangsunterricht, Klavierunterricht, die positiven Elemente einer kirchlichen Freizeitbeschäftigung konnte ich mitnehmen. Die haben mich sehr geprägt. Auch dieses ständige Nachfragen, dieses ›ich bin mir nicht sicher‹ oder ›ich zweifele‹ kommt daher, dass wir einen Jugendpfarrer gehabt haben oder einen Jugenddiakon, der an allem zweifelte. Das war sein Grundprinzip. ›Denkt nicht, sondern zweifelt und guckt, ob es irgendwas Wahres daran gibt.‹ Das ist für mich bis heute geblieben. Und das war schon eine sehr intensiv gute Zeit mit der Kirche zusammen.« (Helmar)

Wie Ernst hat Helmar sich bereits vor 1990 politisch mit dem Staat auseinandergesetzt, war in Initiativen für Umweltschutz und gegen Diskriminierung aktiv und erwähnt Demonstrationen gegen die Staatssicherheit.

Seit einiger Zeit versucht Helmar seine Orientierungen neu aufzugreifen und engagiert sich in einer Freiwilligeninitiative. Wesentliche Ziele sind: Hilfen zu vermitteln, Engagement anzuregen, zu informieren und zu vernetzen. Die Initiative bot Hilfen bei der Versorgung im Haus, Begleitung zum Einkaufen, Kinderbetreuung, Vorlesen oder Vermittlung von Ersatzmüttern. Darüber hinaus war vorgesehen, Vereine über eine Internetplattform zu vernetzen, um Kontakte zu erleichtern und Veranstaltungspläne koordinieren zu können. Ob diese Initiative fortbestehen kann, ist aufgrund fehlender Nachfrage und dem Verlust einer geförderten Personalstelle jedoch fraglich. Helmar leidet unter dieser Entwicklung. Das Engagement der Bürger untereinander ist ihm ein wichtiges Anliegen. Zugleich fordert er die Bürgernähe (sozial-)staatlicher Institutionen. Dass die Ursachen sozialer Missstände nicht ernsthaft angegangen werden, erlebt er als Widerspruch und Halbherzigkeit und – ähnlich wie Ernst – auch als Trägheit und Bestechlichkeit politischer Verantwortungsträger (»die Parteien sind zu korrupt«).

»Das ist eigentlich ein interessanter Widerspruch, ne? Der Staat fördert die Suchtprävention. Die Wurzel des Alkoholismus wird aber nicht bekämpft. Das wäre hier diese Situation: Angst, Existenzangst. Daran wird nichts gemacht. Und das ist genauso ein Widerspruch, wie wir ihn vorhin gerade hatten: Sozialhilfe sollte bürgernah sein. Je näher das Amt am Bürger dran ist, umso schneller und problemloser kann er das Amt kontaktieren. Was passiert aber? Zentralisierung.«

»Ich wünschte mir in jeder Stadt, dass ein Vertreter der Sozialhilfe vor Ort ist: Wohngeldstelle, also alles, was der Bürger braucht. Ein bisschen wie Meldestelle und so etwas. Dass man wirklich nicht erst daran denken muss: ›Oh Gott, wie komme ich denn da überhaupt hin?‹ oder ›Muss ich vorher mich anmelden und telefonieren?‹. Das ist ja alles so mit Blockaden verbunden für den Bürger, der in Bedrängnis ist, ne? (...) So, der normale Bürger hat vor Behörden Schiss, Angst – was auch immer –, wie wir das definieren wollen, Obrigkeitsgefühl am Ende noch. Und wenn wir das ein bisschen weiter runterrücken, anstatt dass die sich zentralisieren. (...) So denke ich mir, eine Sozialstation, wo man weiß, also, hier bekomme ich kompetente Information über meinen Rentenzustand, über Schuldnerberatungsstellen und so, alles das gebündelt an einer Sozialberatungsstelle. Das muss in jedem Ort vorhanden sein. Und darüber muss der Bürger informiert werden, dass es das gibt.«

Engagement und Verletzlichkeit
Engagement nimmt in Helmars Leben einen hohen Stellenwert ein. Damit einher geht eine Verletzlichkeit, wenn Engagement scheitert, wie zum Beispiel im Fall der Freiwilligeninitiative.

»Mein Sohn (...), der kriegt ja meine Stimmungslagen immer mit, auch selbst noch per Telefon. ›Du bist mal wieder auf dem aufsteigenden Ast, dir geht es gut, du bist ausgelastet.‹ (...) Und sobald er merkt, ich habe Langeweile oder ich kann mit mir nichts anfangen, dann kriegt er diese Stimmungsschwankungen mit und sagt: ›Du bist wieder kurz vor dem Saufen, ne?‹ Der kennt das Spiel hervorragend. So ist das auch. So lange, wie du aktiv bist, empfindest du eine Zufriedenheit, und sobald du spürst, dass dir das wegbricht, bist du erst traurig und dann kommt der Frust (...): ›Jetzt aber nicht mehr. Jetzt könnt ihr mich alle mal.‹«

»Das ist ja das Ziel dieser Gesellschaft. Diese Gesellschaft geht ja dahin, dass sich der Bürger nicht mehr für seine Probleme interessiert, sondern vor der Glotze sitzt und in die Bierflasche guckt – und das war es dann.«

Während Helmar diese Erfahrungen deutlich zusetzen, hat Ernst demgegenüber eine stärkere Gelassenheit entwickelt. Er hat sein Engagement in die nachbarschaftlichen Beziehungen und die Selbsthilfegruppe verlagert. Wie viel Verletzlichkeit will man zulassen? Welches Handeln macht für sich und andere Sinn? Wie kann man Interessen nachgehen und wachsam bleiben, ohne zu verzweifeln und zu resignieren? Diese Fragen werden in der Selbsthilfegruppe diskutiert.

9.2.5 Kirche als Partner im Engagement

In den Augen von Ernst und Helmar stellt die Kirche einen möglichen Partner im Engagement dar. Im Rahmen der unter dem Dach von Kirche und Diakonie organisierten Selbsthilfegruppe können beide ihre persönlichen Vorstellungen für ein gelingendes Gemeinwohl bewegen. Der Austausch über religiöse Themen ist dafür gewinnbringend und anregend und wird von den Befragten geschätzt. Fragen des Glaubens, der Teilhabe am kirchlichen Leben und des bürgerschaftlichen Engagements werden vom Mitarbeiter der Diakonie regelmäßig in die Diskussion eingebracht. Er berichtet von sozialen Projekten in Kirchengemeinden und von den dort Engagierten. Ehrenamtliche Tätigkeiten werden von ihm gezielt angeregt. An den kirchlichen Raum werden daraufhin – und aufgrund positiver Erfahrungen mit kirchlichem Engagement vor 1989 – Wünsche und Hoffnungen nach gesellschaftlicher Veränderung adressiert.

In den folgenden Zitaten wird deutlich, wie die Befragten über die Selbsthilfegruppe neue Zugänge zu religiösen und christlichen Themen und zur Kirche gefunden haben.

»Und wenn ich mir das so überlege, die Oma streng katholisch, als Kind da groß geworden, ab in die Schule: Jungpionier. Ja, dann wurde ich Altpionier, FDJler (lacht), die Lehre, dann gleich von der Lehre Armee, von der Armee wieder zurück, gleich rein, haben sie mich in die Partei mit reingenommen. (...) Und so richtig kam ich erst wieder in Verbindung [mit dem Glauben] durch diese Gruppe. Sonst hatte ich keine Kontakte groß mehr gehabt.« (Ernst)

»Da ist schon allerhand hängen geblieben in dieser Gruppe. Ich sage immer, ich spreche nur von den Zehn Geboten, ja? Wenn bloß alle Menschen so wären!

Dann wäre es topp! (...) Seitdem ich den Mitarbeiter der Diakonie kenne und den Pfarrer ... [Name]. Da, also da bin ich der Sache schon nähergekommen. (...) Da kommt schon ein bisschen mehr. Da weiß man eben, die stehen dahinter. Und das ist ganz was anderes, als wenn da einer blablabla redet und man merkt ganz genau (...), das kommt aus dem Herzen, das merkt man richtig. Und das ist etwas anderes dann.« (Ernst)

Diese Aussage von Ernst bestätigt Helmar im Verlauf des Gespräches. An der Reaktion auf die Frage, was denn Kirche als gesellschaftlicher Akteur tun solle, wird deutlich, dass die Befragten ein großes Potenzial sehen: Kirche könne gesellschaftliche Veränderungen anstoßen.

Helmar: *»Also ich sage, die Kirche könnte diesem Staat ganz schön auf den Pelz rücken, wenn sie es denn mal tun würde.«*
Ernst: *»Na ja, mächtig ist sie. Wenn sie will, wenn sie wollte. (...)«*
Helmar: *»... das müsste die Aufgabe der evangelischen Kirche sein. (...) Mit neuen alternativen Ideen, junge Leute zu begeistern (...) als Alternative gegen das bestehende Establishment. (...)«*
Ernst: *»Gerade in dieser gesellschaftlichen Situation, in der wir uns jetzt befinden, da könnte die Kirche, wenn sie zu ihrem Ursprung wieder findet, oh Anhänger über Anhänger! Aber das macht sie nicht. Das würde ich mir wünschen. Die Kirche ist auch Teil einer politischen Macht. (...) Ohne ihre Macht auszunutzen, so meine ich das. (...) Die Parteien sind zu ...«*
Helmar: *»... zu korrupt und zu unehrlich.«*
Ernst: *»Da sagen die Leute: ›Ach, was die da quatschen, gar nicht hinhören.‹ Aber wenn ein Pfarrer was sagt und wenn die Leute spüren, der meint das ernst, der steht zu dem, was er sagt, das wäre etwas anderes. Aber ich will die Kirche jetzt nicht dazu missbrauchen, hier Revoluzze zu machen.«*
Helmar: *»Ich würde dazu aufrufen wollen.«*
Ernst: *»Aber das würde wieder einen neuen Zusammenhalt bringen, einen neuen Zusammenhalt.«*

Im kirchlichen Raum sehen die Befragten Potenziale. Umso skeptischer betrachten sie Entwicklungen, die diese in ihren Augen gefährden können:

»Aber im Endeffekt, um auf die Kirche zurückzukommen, also, ich unterstütze sehr die Bestrebungen, dass die katholische und die evangelische Kirche wieder zusammenkommen. Sie glauben an den gleichen Gott, sie haben nur verschiedene Auffassungen davon. (Lachen) Und das Potenzial beider Kirchen als

Management-Gesellschaft zu betrachten, was ja nun die evangelische Kirche so Schritt für Schritt versucht, ist nicht von großem Vorteil im ethischen Bereich. Also, ich denke mir, da wird mehr kaputt gemacht als man eigentlich einspart. Sehen wir ja auch hier vor Ort. (...) Das ist nicht, will nicht sagen, das ist falsch. Das ist nicht christlich, kann ich auch nicht sagen, weil ich gar nicht weiß, was ›christlich‹ ist. Aber es entspricht nicht meinen Vorstellungen. Es ist für mich angewandtes Kapitalismus-Management. Keine Nächstenliebe – Ellenbogen und das Geld entscheiden. Und das kann nicht gutgehen.« (Helmar)

Die Vorstellungen eines besseren Lebens und Zusammenlebens (Gemeinwohl) sind unter den Nutzern der diakonischen Angebote vielfältig.

Kirche wird als Hoffnungsträger und als potenzieller Partner im Engagement thematisiert.

9.3   Bedingungen und Belastungen des Engagements

»Unterm Strich habe ich von dieser evangelischen Gemeinde mehr gehabt als von allen Behörden oder Ämtern.«

Die Befragten aus der Uckermark, die in diesem Kapitel zu Wort kommen, sind mehr oder weniger vorübergehend oder dauerhaft durch Krankheiten oder Sucht belastet. Sie sind dennoch vielseitig engagiert. Die folgenden Bedingungen ermöglichen dies.

Einige sind aus Tradition bereits lange aktiv, manche können auf Phasen des Engagements zurückschauen, andere haben die Möglichkeiten des Engagements erst neu kennengelernt.

Ein Auslöser können kirchlich-diakonische Angebote sein. Insbesondere dort, wo eine enge Beziehung zwischen Engagement der Kirchengemeinden und hochwertigen professionellen diakonischen Angeboten besteht, konnten die Befragten positive Erfahrungen sammeln und Tätigkeiten entfalten. Einige Kirchengemeinden investierten in eigene soziale Initiativen und soziales Personal, erschlossen selbstständig finanzielle Mittel und konnten auf breit aufgestellte Angebote der Diakonie sowie sozialstaatliche Förderungen zugreifen. Dies ermöglichte dauerhafte und zuverlässige Hilfen in attraktiven Räumen. Für die Befragten ergaben sich aufgrund der fließenden Übergänge von diakonischen und kirchlichen Lebenswelten zahlreiche Kontakte mit zuverlässigen Ansprechpartnern. Sie konnten aus Angeboten wählen und einen passenden Platz für eigenes Engagement finden. Die Vorstellungen eines guten Lebens und Zusammenlebens von Menschen, also die Gemeinwohl-ideale und -verpflichtungen der Befragten, können im kirchlich-diakonischen Raum zumindest zum Teil gelebt und verfolgt werden.

Einige Befragte erlebten kirchliche wie diakonische Mitarbeitende als hoch engagiert in Beruf und Ehrenamt. Dies trug dazu bei, dass sie zunächst Vertrauen fassten und schließlich freiwilliges Engagement neu für sich ent-deckten:

»Und hier habe ich mich das erste Mal zu Hause gefühlt, weil – mir ging es jedenfalls so beim ersten Gespräch –, wo ich hier [Beratungsangebot einer dia-konischen Einrichtung] mich vorgestellt habe, da habe ich gleich gemerkt, das ist ein Mann, der steht dahinter. Der macht das nicht wegen Geld, der steht mit dem Herzen dahinter. Und das ist ganz wichtig.« (Ernst, Anfang 60)

Bernd erwähnt, dass die Räumlichkeiten der Kirchengemeinde den ganzen Tag zugänglich sind und es möglich ist, bereits mittags zu kommen, selbst wenn sich die von Mitarbeitern der Diakonie begleitete Selbsthilfegruppe erst am Nachmittag trifft. Ein Gesprächsteilnehmer ergänzt, dass die Möglichkeit besteht, gemeinsam Tischtennis zu spielen.

»Ja, die Kirche ist auch so, sie stellen die Räumlichkeiten, wo wir uns selbst finanziell nicht beteiligen müssen. (...) Und dann einen schönen Raum, mit Küche, alles, was wir voll nutzen können. Also, finde ich super.« (Bernd)

Darüber hinaus konnten einige der Befragten befristete Erwerbstätig-keiten geringfügiger Art aufnehmen. Diese Tätigkeiten im kirchlich-diako-nischen Raum wurden in besonderer Weise positiv erlebt. Sie verhalfen we-sentlich zur Renormalisierung des Alltags. All das kann dazu beigetragen haben, dass die kirchlich-diakonischen Angebote den Befragten von anderen Institutionen häufig als erste Anlaufstelle empfohlen wurden.

Für das Netz kirchlich-diakonischen Handelns können positive Wirkun-gen festgestellt werden. Aktuelle Entwicklungen können diese jedoch gefähr-den. Die Geschäftsführung des gut vernetzten diakonischen Beratungsange-botes des Diakonisches Werkes des Kirchenkreises kann auf längere Sicht nicht vom Kirchenkreis getragen werden. Folglich ist das ehemalige Diako-nische Werk des Kirchenkreises Angermünde – seit 2004 das Diakonische Werk des Kirchenkreises Uckermark – 2013 aufgelöst worden und ging in die Trägerschaft der Johanniter-Unfall-Hilfe e. V. über. Die Beziehungen zwischen Kirchengemeinden und neuem Träger bestehen durch Vereinsmitgliedschaft der Kirchengemeinden weiter, sie sind jedoch weniger unmittelbar als zuvor. Es ist unklar, wie sie auf Dauer gestaltet werden müssen, um die bisherige Zusammenarbeit von Kirchengemeinden und diakonischem Akteur zu erhalten. Nicht absehbar ist, ob das kirchlich sehr engagierte Personal, das gezielt die Anstellung bei einem explizit diakonischen Träger suchte, sich auch beim neuen Träger einbringen kann und wird.

Eine Einrichtung, die die Achtsamkeit für das gemeinsame Wirken von Kirchengemeinden und diakonischen sowie weiteren sozialen Akteuren erhalten oder stärken kann, ist das Regionale Diakonische Werk der Uckermark[43]. Es stellt nach dem ehemaligen Diakonischen Werk des Kirchenkreises die nächsthöhere Einheit des diakonischen Verbandes dar. Hier können sich alle diakonischen Akteure einer Region als auch der Kirchenkreis zusammenfinden, um ihr Handeln abzustimmen und Kontakte aufzubauen. Ebenso werden Beziehungen zu nichtkirchlichen sozialen Akteuren gepflegt. Für die Kirchengemeinden ist diese Einrichtung jedoch weiter entfernt, als es die Struktur des ehemaligen Diakonischen Werkes des Kirchenkreises war.

An dieser Stelle soll an Andreas erinnert werden. In der Suchtberatung (der Anbieter ist uns nicht bekannt) wurde ihm als erste Anlaufstelle eine Selbsthilfegruppe empfohlen, die vom Diakonischen Werk des Kirchenkreises und einer Kirchengemeinde getragen wurde. Sie ermöglichte Kontakte in ein Netzwerk zahlreicher kirchlicher und diakonischer Angebote. Andreas schätzte besonders, dass er im kirchlich-diakonischen Raum zudem eine längerfristige geringfügige Beschäftigung wahrnehmen konnte. Über die Art, wie seine Arbeit wertgeschätzt und ihm Schritte der Renormalisierung ermöglicht wurden, berichtet er mit Dankbarkeit und Anerkennung:

»Haben mir eine richtig gute Abschiedsfeier gegeben, was ich gar nicht erwartet oder erhofft hatte.«

Im kirchlich-diakonischen Raum kann Andreas zudem seinen Sinn für das Gemeinwohl zumindest anteilig leben. Um seine Lebenssituation weiter zu stabilisieren und sein Engagement weiter zu entfalten, ist er auf diese Angebote angewiesen. Sie sind jedoch bedroht, da insbesondere die Finanzierung der professionellen Suchtberatung und der begleiteten Selbsthilfegruppe prekär und für die Zukunft nicht planbar ist. Der kirchliche Wandel, eine fehlende Zuverlässigkeit sozialstaatlicher Förderungen und der zunehmende

---

43   Vgl. http://www.diakonie-uckermark.de/ Abruf: 20.10.2014

Konkurrenzdruck zwischen Initiativen und Trägern kommen hier mit zum Tragen. Darüber hinaus kann festgehalten werden, dass die Qualität des kooperierenden kirchlich-diakonischen Handelns vielseitig unterschätzt wird. Sie sollte bei allen notwendigen ökonomischen Erwägungen nicht aus dem Blick geraten. Für Andreas und auch andere Befragte geht es um mehr als ein beliebiges Angebot, das leicht ersetzt werden kann. Es geht um soziale Netzwerke, die Teilhabe ermöglichen, Engagement freisetzen und das Ringen um geeignete Gemeinwohlsichtweisen erleichtern.

Positive Bedingungen:
— Gemeinsames Engagement von Kirchengemeinden und Diakonie.
— Kirchlich engagierte Mitarbeitende informieren über den Lebensraum Kirche und vermitteln Kontakte (fließende Übergänge zwischen diakonischen und kirchlichen Angeboten).
— Hohes berufliches und außerberufliches Engagement der Mitarbeitenden.
— Aufgrund positiver Erfahrungen werden Hoffnungen gesellschaftlicher Veränderung an den kirchlichen Raum adressiert.
— Sozialstaatliche Förderung von Tätigkeitsverhältnissen vielfältiger Art (u. a. Mitarbeitende im sozialen Sektor, Arbeitsgelegenheiten mit Mehraufwandsentschädigung).

Belastungen und Gefährdungen:
— Dominanz ökonomischer Abwägungen/Zwänge.
— Rückgang finanzieller Förderung/kurze Förderperioden.
— Auflösung von Diakonischen Werken in Kirchenkreisen.
— Strukturelle Veränderungen.

9.4 Fazit und Handlungsoptionen

Die zu Wort Gekommenen zeigen Bereitschaft zum Engagement und haben Gemeinwohlziele vor Augen. Einige der Befragten können diese innerhalb des kirchlich-diakonischen Raumes ansprechen, diskutieren und zum Teil umsetzen. Sie mahnen häufig mit einer energischen Haltung gesellschaftliche Gerechtigkeit an. Ein geschütztes, unterstütztes, aber auch ausreichend selbstbestimmtes Handeln ist für sie von Bedeutung.

Zugleich betonten die Befragten in den sozial engagierten und engagementwilligen Kirchengemeinden (Kapitel 7), dass man mehr von Menschen in belasteten Lebenssituationen wissen müsse. Sie erzählten von mühevollen, aber auch unerwartet positiven Erfahrungen während ihres sozialen Engagements. Der Kontakt zu anderen Menschen solle gezielt gesucht werden. In einigen Kirchengemeinden wurde eine stärkere politische Positionierung angemahnt, wobei die Zielrichtungen hier sehr vielfältig sind.

Können Kirchengemeinden, Diakonie und die Befragten, die in diesem Kapitel zu Wort gekommen sind, stärker zu Partnern im sozialen und sozialpolitischen Engagement werden? Und wie könnte dies gelingen?

Wichtig dafür sind starke Orientierungen, die das kooperierende Handeln fördern.[44] Herangehensweisen wie jene des »Community Organizing« oder des »Community-Care-Ansatzes« können Anregungen geben, sollten aber situationssensibel durchdacht werden. Wichtiges Anliegen des Community-Organizing-Ansatzes ist die Stärkung der Beziehungen zwischen gesellschaftlichen Gruppen, Organisationen, Institutionen und deren Vernetzung für gemeinsame Anliegen. Damit verbunden gilt es, Menschen Gemeinschaften zu ermöglichen und zur Solidarität zwischen Gemeinschaften anzuregen. Dieser Ansatz zeigt eine hohe Achtsamkeit für selbstbestimmtes, selbstvertretendes und dennoch gemeinwohlorientiertes Handeln als auch für die Vielfalt gesellschaftlicher Gruppen, Organisationen und Institutionen. Der Ansatz des Community Care oder der Sorgenden Gemeinschaft nimmt demgegenüber in besonders starkem Maße auch den Schutz von Menschen und die Unterstützung bei der Bewältigung besonders hoher Belastungen in den Blick. Diese Anliegen sind aus dem Umgang mit körperlichen und seelischen Beeinträchtigungen entstanden.

Die Analysen dieses Kapitels weisen darauf hin, dass für ein situationssensibles Handeln in der Uckermark die beiden Ansätze jeweils für sich genommen zu einseitig wären. Zudem ist zu beachten, dass in strukturschwachen Regionen mit einer sehr heterogenen Bevölkerung wie in der Uckermark eventuell nur einzelne Schritte und Anregungen aufgegriffen werden können. Es ist einiges gewonnen, wenn mit überregionaler Unterstützung zumindest diese Ansätze entfaltet werden können.

---

[44] Siehe auch: Horstmann/Park 2014, 76 und 96.

IO. Kirchengemeinden und Diakonie: Partner im armutsbezogenen Engagement

Die Erhebungen der Uckermark-Studie zielen darauf, Potenziale für armutsbezogenes Engagement in den Kirchengemeinden einer strukturschwachen Region zu erschließen. Ein möglicher Partner im Engagement ist die Diakonie. Erfolgreiche Projekte gemeinsamen Handelns wurden in den vorangegangenen Kapiteln dargestellt. Daneben berichteten Befragte auf beiden Seiten von Enttäuschungen und Spannungen. Sie fühlen sich in ihrem jeweiligen Engagement zu wenig wahrgenommen und unterstützt. Ihre Vorstellungen eines gemeinsamen Handelns sind gegensätzlich. Es werden Konflikte erlebt, und Befürchtungen hemmen das gemeinsame Engagement. Dadurch bleiben in einigen Kirchengemeinden Potenziale armutsbezogenen Engagements ungenutzt. So zeigten sich Befragte in den Gemeindekirchenräten offen, das gemeinsame Handeln mit Diakonie neu zu suchen, um armutsbezogenes Engagement im eigenen Pfarrsprengel zu stärken.

Deshalb werden im Folgenden hemmende Bedingungen und ungenutzte Potenziale der Zusammenarbeit von Kirchengemeinden und Diakonie genauer betrachtet. Mit Hilfe der erhobenen Daten und institutionentheoretischer Annahmen[45] werden zwei Thesen aufgestellt (10.1). Sie beziehen sich auch auf

---

[45] Vgl. die analytische Herangehensweise des Sonderforschungsbereiches 537 »Institutionalität und Geschichtlichkeit« an der TU Dresden. Das Interesse dieses Sonderforschungsbereiches zielt auf das Institutionelle gesellschaftlicher Strukturen. Institutionalität meint die Prozesse der symbolischen Stabilisierung sozialen Handelns. Analytischer Gegenstand sind kulturelle Sinnorientierungen und die Dynamiken ihrer Geltungsdurchsetzung durch symbolische Darstellung; z. B. in Diskursen, Ritualen und durch Leitideen. Diese Leitideen prägen Haltungen von Menschen und das soziale Handeln in seinen kleinsten Einheiten und wirken auch in informellen Handlungsweisen. Sie erfahren ihre Entfaltung darüber hinaus mithilfe organisatorischer Trägerstrukturen. Institutionen sind jedoch mit Organisationen nicht gleichzusetzen. »Keinesfalls sind alle institutionellen Formen formal organisiert« (Rehberg 2001). Aber alle Organisationen sind auf institutionelle Mechanismen der Orientierung und symbolischen Stabilisierung ihres Handelns angewiesen. Die symbolisch in Texten, Auszeichnungen, Raum- und Zeitsymbolen, durch soziale Rollen und Rituale verkörperten Leitideen prägen die Entwicklungs- und Wandlungsfähigkeit von Organisationen. Vgl. Melville (Hg.), 2001.

den die Uckermark überschreitenden kirchlich-diakonischen Diskurs über armutsbezogenes Engagement. Beispielhaft für diesen wird die Denkschrift »Gerechte Teilhabe« des Rates der EKD von 2006 betrachtet. Die dort erkennbaren Vorstellungen über die Zusammenarbeit von Diakonie und Kirchengemeinden werden aufgegriffen und kritisch weitergedacht (10.2). Schließlich sollen jene auch zu Wort kommen, die sich für eine neue Zusammenarbeit von Kirchengemeinden und Diakonie offen zeigen (10.3), und Handlungsoptionen skizziert werden (10.4).

10.1 HEMMENDE BEDINGUNGEN

Der intensive Blick der Studie auf die Potenziale kirchgemeindlichen Handelns für armutsbezogenes Engagement legt – ausgehend von einer institutionenanalytischen Herangehensweise – die These nahe, dass insbesondere die eigenständigen, kirchgemeindlich spezifischen Formen armutssensibler Praxis und armutsbezogenen Engagements zu wenig Beachtung erfahren. Sie werden durch Leitideen nicht ausreichend gestärkt und strukturell nicht genügend unterstützt.

These 1:
Kirchengemeinden und Diakonie stellen zwei Felder sozialen Engagements mit je eigenen institutionellen, organisatorischen und professionellen Dynamiken dar. Sie eröffnen je eigene Handlungsräume, ermöglichen eigene Kontakte und Beziehungen zwischen Menschen und weisen eigene professionelle Gehalte auf. Können beide Seiten entfaltet und aufeinander bezogen werden und wird ausreichend wechselseitige Anerkennung gelebt, ergänzen sich Kirchengemeinden und Diakonie in besonderer Weise. Armutsbezogenes Engagement kann dann breit verankert, von vielen mitgetragen und vielseitig entfaltet werden.

These I:

Kirchengemeinden und Diakonie stellen zwei Handlungsräume armutsbezogenen Engagements dar, die je eigene Qualitäten institutioneller, organisatorischer als auch professioneller Art aufweisen.

Können die Potenziale beider Handlungsräume entfaltet und davon ausgehend aufeinander bezogen werden, ist armutsbezogenes Engagement in besonderer Weise möglich.

Zu den institutionellen und professionellen Stärken der Kirchengemeinden in der Uckermark zählen kraftvolle theologische Leitideen.[46] Sie stiften einerseits Orientierung und eröffnen andererseits einen weiten Raum für lebensdienliches Handeln. So heißt es: Wir möchten »Zukunft geben« und »Heilung schenken«. Oder es wird der Wunsch formuliert, dass »alle Menschen durch ein zugewandtes Miteinander ihr Leben entfalten und dieses als Geschenk erfahren können«. Solche Leitideen stärken die Achtsamkeit für und zwischen Menschen in allen Lebenslagen. Personen mit zahlreichen Sichtweisen eines gelingenden Lebens können sich ihnen anschließen. Diese Orientierungen sprechen Christen wie Konfessionslose an. Sie sensibilisieren für die Situation Einzelner wie für Gemeinschaften. So können Pfarrsprengel zu Räumen werden, die Gemeinschaften ermöglichen und die Solidarität zwischen diesen stärken.

Für den Kirchenkreis Uckermark wurde sichtbar, dass in Gremien des Kirchenkreises (Synode) und der Pfarrsprengel (Gemeindekirchenräte) ganz verschiedene gesellschaftliche Gruppen aufeinandertreffen, die in der Verantwortung stehen, gemeinsam zu handeln. Viele der Engagierten sind nicht nur Experten ihrer Lebenswelten, sie bringen aufgrund ihrer beruflichen Erfahrungen professionalisiertes Handeln in ihr Engagement mit ein. Schließlich sind Kirchengemeinden Orte, in denen theologisch, gemeindediakonisch, katechetisch, musikalisch, kulturell als auch sozial kompetentes Personal Aufgaben wahrnimmt. Wirken all diese Menschen zusammen, können Haltungen des Aufbegehrens auf jene des Gestaltens treffen und vielseitige Sichtweisen des Engagements in armutsbezogenes Handeln einfließen.

---

[46] In der »Theorie und Analyse institutioneller Mechanismen« (TAIM, SFB 537) werden voneinander abweichende Gestalten und Prozesse der Geltungsdurchsetzung von Leitideen unterschieden. Leitideen können auf Monopolisierung von Macht und Dogmatisierung von Ideen hinauslaufen und so Unterdrückung und kulturelle Erstarrung bewirken. Sie können demgegenüber jedoch auch Möglichkeitsräume eröffnen und treibende Kraft für kulturellen Wandel sein, wenn sie einerseits Bindungen und Verpflichtungsgefühle stiften, gleichzeitig aber auch durch eine starke Imaginationskraft zum Handeln motivieren. So nehmen sie Gestalten an, die einerseits Orientierung stiften und andererseits Kreativität freisetzen (vgl. Rehberg u. a. 1994, 65–70, Rehberg 2001, von Moos 2001). Es könnte von Leitideen mit »Natalitäts-Faktor« gesprochen werden. Vgl. dazu in theologischer Herangehensweise Gerhard Wegner (2010, 130–141), der von »charismatischen, auratischen Atmosphären (...) um Einzelne oder soziale Gruppen« spricht, die sich als Kraftquelle oder »Natalitäts-Faktor« erweisen.

These 2:

Die institutionelle und professionelle Seite des kirchengemeindlichen Handelns und das daraus erwachsene armutsbezogene Engagement sind als eigenständige Größe in der Gesamtheit des kirchlich-diakonischen Handelns nicht zu unterschätzen. In theologischen wie diakonischen Diskursen mangelt es jedoch an passenden und ausreichend starken Leitideen, die das spezifische Potenzial kirchgemeindlichen Handelns repräsentieren, symbolisch vergegenwärtigen und schließlich unterstützende organisatorische Strukturen bewirken.

Leitideen motivieren, regen an und stiften Orientierung. Sie stellen eine wesentliche Bedingung dar, damit Akteure sich wechselseitig wahrnehmen und anerkennen, sich mit Erwartungen an den anderen wenden, diese abstimmen und schließlich zu einem produktiven gemeinsamen Handeln gelangen. Leitideen prägen die kleinsten informellen Ereignisse zwischen einzelnen Menschen als auch die Entwicklung organisatorischer Trägerstrukturen. Fehlen geeignete Leitideen, werden Konflikte zwischen Akteuren und organisatorische Schwächen wahrscheinlich. Die beschränkenden Bedingungen strukturschwacher Regionen können latente Konflikte und Überforderung verstärken.

These II:

Die institutionelle und professionelle Seite des kirchgemeindlichen sozialen Engagements wird in den Leitideen des kirchlich-diakonischen Diskurses nicht ausreichend repräsentiert und durch überregionale Strukturen nicht zureichend gestärkt. Dadurch wird das gemeinsame Handeln von Kirchengemeinden und Diakonie erschwert. In strukturschwachen Regionen kommt diese institutionelle und organisatorische Lücke besonders zum Tragen.

10.2 DIE STÄRKEN DER KIRCHENGEMEINDEN WERDEN UNTERSCHÄTZT

Die in Interviews und Diskussionen angesprochenen Spannungen zwischen sogenannter »verfasster Kirche« und »organisierter Diakonie«, die Kenntnis von Internetpräsentationen, Satzungen und Organigrammen Diakonischer Werke sowie von Synodenbeschlüssen zum Selbstverständnis kirchlich-diakonischen Handelns als auch der flüchtige Eindruck einschlägiger Literatur erlauben, die Beobachtungen über das Verhältnis von Kirchengemeinden und

Diakonie als Thesen zu bündeln. Es überschreitet jedoch die hier mögliche Darstellung, diese anhand des gesichteten Materials ausführlich herzuleiten und zu begründen. Ihre mögliche Relevanz soll dennoch zumindest an einem Text veranschaulicht werden. Die EKD-Denkschrift »Gerechte Teilhabe« von 2006 widmet sich dem Umgang mit Armut und dem sozialen Engagement von Christen, kirchlichen und diakonischen Akteuren. Über das Zusammenwirken von Diakonie und Kirchengemeinden heißt es auf Seite 72:

»Diakonische Arbeit für die gerechte Teilhabe der Armen muss im Zusammenspiel zwischen dem diakonischen Engagement der Kirchengemeinden und den institutionellen Mitteln der diakonischen Träger geschehen. Diakonie ist eine Dimension der Kirche. Die diakonischen Institutionen können den Kirchengemeinden bei der Organisation von Hilfsangeboten für Arme mit Rat und Tat zur Seite stehen. Umgekehrt sollten die institutionellen Angebote der Diakonie von den Kirchengemeinden stärker wahrgenommen und durch ehrenamtliche Arbeit unterstützt werden.«

In diesem Zitat kann zunächst eine relativ enge Orientierung im Umgang mit Armut zum Ausdruck kommen, wenn armutsbezogenes Engagement wesentlich als »Organisation von Hilfsangeboten für Arme« aufgefasst wird. Darüber hinaus, und das ist hier von besonderer Bedeutung, scheint ein klares Bewusstsein für die eigenen institutionellen und professionellen Dynamiken der Kirchengemeinden im sozialen Engagement zu fehlen. Derartige Stärken werden lediglich für die Diakonie benannt. So muss die Frage aufgeworfen werden, ob die institutionelle Seite der Diakonie überschätzt wird, während für die Kirchengemeinden eine institutionelle Leerstelle vermutet wird. Im weiteren Verlauf des Textes wird zwar durchaus wertschätzend das vielseitige Engagement der Christen betont, das diese in Kirchengemeinden, Nachbarschaften oder in Netzwerken auch jenseits ihres Ehrenamtes in der »organisierten« Diakonie leben. Mit diesen Formen individuellen Engagements sind die Potenziale armutsbezogenen Handelns der Kirchengemeinden jedoch nicht ausreichend erfasst. Wiederholt klingt im Text eine Gegenüberstellung eines informellen, häufig in individualisierter Verantwortung gelebten Engagements einzelner Menschen zu den organisierten, institutionalisierten und professionalisierten Formen des Handelns der Diakonie an.

»Diakonisches Engagement für gerechte Teilhabe der Armen darf niemals verengt werden auf seine institutionellen Formen, so wichtig diese sind. Diakonie ist das Engagement, mit dem hauptamtlich Angestellte in der Sozialarbeit, in

den Schuldnerberatungsstellen, in der Obdachlosenarbeit und in vielen anderen Werken und Einrichtungen jeden Tag ihren Dienst tun. Diakonisches Engagement ist aber auch die zwischenmenschliche Solidarität, die Menschen untereinander in Familien und Nachbarschaften sowie im ehrenamtlichen Engagement in der organisierten Diakonie und in der wechselseitigen Unterstützung zwischen Kontinenten üben.« (Gerechte Teilhabe, 71 f.)

Die professionelle Seite des kirchgemeindlichen Engagements, die durch beruflich und nichtberuflich Mitarbeitende in der christlichen Verkündigung wie in armutssensibler Praxis und im armutsbezogenen Engagement gelebt wird, fehlt in dieser Aufzählung.

10.3 DIE POTENZIALE DER KIRCHENGEMEINDEN

In der Uckermark haben einige gemeinsame Projekte von Kirchengemeinden und Diakonie hoffnungsvoll begonnen. Zugleich waren wechselseitige Enttäuschungen, unsichere Projektsituationen und ungenutzte Potenziale zu erkennen. Die folgenden Zitate zeigen beispielhaft Potenziale für kooperierendes Handeln in den Kirchengemeinden. Dennoch wird deutlich, wie stark der Beratungsbedarf ist, damit aus Handlungsbereitschaft ein partnerschaftliches Handeln entstehen kann.

»Wenn ich das höre, ich finde das erst mal gut [Sozialbeauftragte oder Sozialausschüsse in Gemeindekirchenräten]. (...) Es wäre bestimmt auch einmal gut, diese Frage zu stellen, zumindest zur Diskussion. Ich weiß nicht, wie sie bei uns darauf reagieren würden. Aber (...) das ist eine tolle Sache, das einfach einmal auszuprobieren.« (MA im Pfarrdienst)

Interviewerin: »Ein Vorschlag: Unterstützung eines konkreten Projektes, eine Patenschaft zum Beispiel für eine Beratungsstelle der Diakonie, die für Ihren Ort besonders wichtig wäre.«
Gemeindekirchenratsmitglied: »Das wäre natürlich nicht uninteressant. Das könnte man einmal ausloten, aber ich habe da momentan keine konkrete Vorstellung, weil ich da einfach keine Erfahrungen auf dem Sektor habe.«

»Ich sehe zwei wichtige Aspekte: Zum einen die Vernetzung der Arbeit in den Gemeindekirchenräten untereinander – das ist das eine –, und das andere ist die Zusammenarbeit mit der Diakonie. (...) Und Kirchengemeinde sollte die Verbin-

dung dorthin aus meiner Sicht stärker suchen und zu einer gemeinschaftlichen Unternehmung in Richtung soziale Aspekte kommen. Das kann mit ganz kleinen Geschichten, irgendein Beratungsangebot, anfangen. Aber ein Gesprächsprozess muss da auf jeden Fall sein. (...) Es muss Leute geben, die dahinterstehen, dass da eine Richtung und ein Arbeitszweig ausgemacht wird.« (MA Pfarrdienst)

10.4 HANDLUNGSOPTIONEN

In den Kirchengemeinden der Uckermark wurden Potenziale des spezifisch kirchgemeindlichen sozialen Engagements wie der darauf aufbauenden Zusammenarbeit mit Diakonie deutlich. Da die Aktiven vor Ort aufgrund geringer Mittel häufig herausgefordert sind und die Kooperation mit Diakonie für manch einen Neuland bedeutet, ist zu erwägen, wie sie durch institutionelle Anreize regionaler wie überregionaler Akteure gestärkt werden können.

Zu denken ist an Leitideen, die die eigenständigen institutionellen und professionellen Qualitäten der Kirchengemeinden repräsentieren und zur wechselseitigen Wahrnehmung, Anerkennung und Kooperation von Kirchengemeinden und Diakonie beitragen. Aber auch Experten der Beratung und Vernetzung sind von Relevanz. Sie können Kirchengemeinden helfen, einen Bedarf zu erkennen, Ideen konzeptionell zu entfalten und Partner zu suchen. Schließlich ist finanzielle Unterstützung oder Hilfe beim Aufbau eigener finanzieller Mittel für die Kirchengemeinden von erheblicher Bedeutung, um gefährdete Projekte zu stabilisieren. Passende Leitideen, Expertisen und finanzielle Anreize erleichtern eine wertschätzende und Potenziale hebende Zusammenarbeit für Kirchengemeinden und Diakonie.

Leitideen spornen an und setzen Kräfte frei. Gut gewählt, motivieren sie Einzelne, aber auch Gruppen und Gremien, und sie stiften verbindende Orientierungen. Damit sie nachhaltig wirksam werden können, bedarf es organisatorischer Trägerstrukturen. Expertenkulturen und materielle Anreize sind diesen zuzurechnen. Ohne derartige Unterstützung können Leitideen zu einem einseitigen moralischen Appell verkümmern. Bleiben Engagierte mit wenigen Mitteln auf sich gestellt und Leitideen des sozialen Engagements werden als moralische Erwartung an sie herangetragen, erleben nicht wenige dies als Abwertung ihrer Bemühungen. Misserfolge, fehlende Anerkennung und Erwartungsdruck können zur Verlagerung von Engagement führen.

In den Kirchengemeinden der Uckermark wurden Potenziale des sozialen Engagements wie der darauf aufbauenden Zusammenarbeit mit Diakonie deutlich. Sie können durch institutionelle Anreize regionaler wie überregionaler Akteure gestärkt werden:

- Leitideen, die die eigenständigen institutionellen und professionellen Qualitäten der Kirchengemeinden repräsentieren und zur wechselseitigen Wahrnehmung, Anerkennung und Kooperation von Kirchengemeinden und Diakonie beitragen.
- Experten der Beratung und Vernetzung.
- Finanzielle Anreize/Beratung.

II. Handlungsoptionen: Gemeinsam handeln – teilhaben – Armut bekämpfen – Resignation überwinden

Unter den Stichworten »Gemeinsam handeln«, »teilhaben«, »Armut bekämpfen« und »Resignation überwinden« sollen im Folgenden Leitideen zur Stärkung armutsbezogenen Engagements von Kirchengemeinden vorgestellt und konkrete Handlungsoptionen erwogen werden. Diese Orientierungen und Möglichkeiten zum Handeln wurden im Verlauf des Forschungsprozesses, basierend auf der Erhebung und Analyse der Daten, erarbeitet und unter institutionentheoretischen Gesichtspunkten weiterentwickelt. Sie können aufgegriffen werden, wenn – wie im Reformpapier »Welche Kirche morgen?« der Evangelischen Kirche Berlin-Brandenburg-schlesische Oberlausitz (EKBO) explizit als Gegenwarts- und Zukunftsaufgabe formuliert – (neue) Formen sozialen Engagements gestärkt werden sollen.[47]

II.1 Gemeinsam Handeln

Wo in Pfarrsprengeln gemeinschaftlich armutsbezogenes Handeln als armutssensible Praxis und armutsbezogenes Engagement eigenständig sowie kooperierend gelebt wird, treffen Menschen mit zahlreichen Lebensweisen, Gemeinsinn-Sichtweisen und Kompetenzen aufeinander. Sie lernen Achtsamkeit für jeden Einzelnen wie für soziale Gruppen.

Sichtweisen für ein gemeinsames besseres Leben waren bei nahezu allen Befragten zu finden. Sie wurden formuliert von den Gewinnern wie den Verlierern des gesellschaftlichen Wandels, von den Gemeindekirchenräten wie von den Befragten, die soziale Angebote der Diakonie und der Kirchengemeinden wahrnehmen. Ihre Sichtweisen unterscheiden sich, aber sie überschneiden sich auch – und sie werden alle an den »Raum« der Kirche adres-

---

[47] Vgl. Reformbüro der EKBO 2013, 46; insbes. Gliederungspunkt 6.3.6.

siert. Liegen darin nicht unterschätzte Potenziale für ein breit verankertes armutsbezogenes Engagement? Sind dies Kräfte, die darauf hinwirken, dass Menschen sich für gemeinsame Ziele verbünden?

Beschränkte personelle wie finanzielle Mittel, konzeptionelle Schwächen, Unsicherheiten, Ängste und Resignation fordern jedoch heraus. Viele Initiativen bleiben in ihren Anfängen stecken, sind bedroht oder scheitern. Kirche und Diakonie haben in ihrer institutionellen wie organisatorischen Größe jedoch das Potenzial, überregionale Unterstützung zu erwägen, um die lokalen Akteure einzeln wie in ihrer Zusammenarbeit zu stärken und lebensdienliche politische Rahmenbedingungen anzumahnen. Sie können als Partner der lokalen Akteure auftreten.

Diese Beobachtungen legen nahe, die Kräfte für gemeinschaftliches, verbündetes und partnerschaftliches Handeln in Kirchengemeinden, Kirchenkreisen, Landeskirche und Diakonie zu stärken. Motivierende Leitideen, Expertisen und materielle Anreize stellen begünstigende Bedingungen dar[48].

Gemeinsam Handeln

Leitideen:

Gemeinschaftliches Handeln stärken,
sich verbünden,
Partnerschaften leben,
eigenständiges sowie kooperierendes Engagement der Kirchengemeinden fördern,
ganzheitliche Teilhabe.

Expertisen:

Zur Qualifikation und Schulung,
zur Beratung von Kirchengemeinden und Pfarrsprengeln,
zur Beratung von Kirchenkreisen,
zur Datensicherung und -aufarbeitung.

Materielle Unterstützung

II.I.I GEMEINSCHAFTLICH HANDELN

Als besondere Potenziale für gemeinschaftliches Handeln können soziale Gruppen in den Gremien (Gemeindekirchenräte und Synode) gesehen werden. Die »bunten« Gemeindekirchenräte sind aus vielfältigen Gründen ent-

---

[48] Vgl. Rehberg 1994.

standen (z. B. Zusammenschlüsse von Kirchengemeinden aus Wachstums-
wie aus Wegzugsorten zu Pfarrsprengeln). Die hohen Abwanderungs-, aber
auch Zuzugsbewegungen bedingen eine neue Vielfalt der Lebensformen, die
sich auch in den Kirchengemeinden wiederfindet. Sie kommt zum Tragen,
wenn kleine Orte und Kirchengemeinden im gemeinsam tagenden Gemeindekirchenrat eines Pfarrsprengels vertreten sind.

Die Vielfalt der Prägungen und Sichtweisen der Engagierten fordert heraus. Dass Mitglieder dieser Gruppen die Gabe haben, zwischen Positionen zu
vermitteln, stimmt jedoch optimistisch. Einige hauptberuflich Mitarbeitende
prägen zudem kraftvolle Leitideen. Sie haben einen Blick für mannigfaltige
Gemeinschaften, möchten diese ermöglichen und zur Solidarität zwischen
ihnen anregen. Gleiches trifft in besonderer Weise auf jene Engagierte zu,
die vermittelnde Haltungen einnehmen. Sie haben durch ihr Engagement
auch jenseits der Kirchengemeinden, zum Beispiel innerhalb der kommunalen wie regionalen Politik, ein Gefühl für die Vielfalt der Gemeinschaften.
Sie zeigen einen Sinn für das Gemeinwohl, der deutlich über die kirchlichen
Gemeinschaften hinausgeht.

II.I.2 SICH VERBÜNDEN

Die Gemeinsinnorientierungen der Befragten unterscheiden sich, aber sie
überschneiden sich auch. Es wurden gestaltende und aufbegehrende Haltungen und – insbesondere bei den Befragten, die Angebote der Diakonie nutzen –
ein starker Gerechtigkeitssinn deutlich. Können all die Befragten zu Verbün-
deten werden? Sie haben einen Sinn für ein besseres Leben für viele Menschen und sehen im Raum der Kirche Möglichkeiten, dieses Ziel zu themati-
sieren und zu verfolgen. Kann es gelingen, die Vielfalt ihrer Sichtweisen als
einen Wert anzuerkennen als auch Gemeinsamkeiten zu stärken? Für ein
breit verankertes, von vielen mitgetragenes Engagement gegen Armut und
Resignation wäre dies sicher ein Gewinn.

II.I.3 PARTNERSCHAFTEN

Für die Kirchengemeinden der Uckermark wurde deutlich, dass viele Potenziale für armutsbezogenes Engagement nicht entfaltet werden können oder
Initiativen gefährdet sind. Die Sichtweisen dessen, was möglich und notwendig ist, sind ungleich verteilt. Die geringen personellen und finanziellen Ressourcen als auch der demographische Wandel fordern heraus. Die regionalen
(Kirchenkreis) und überregionalen (Landeskirche) institutionellen Anreize
für soziales Engagement der Kirchengemeinden sind gering. Zudem unterliegen sozialstaatliche Leistungen und Förderprogramme für bürgerschaftliches

Engagement einem ständigen Wandel. Kurzfristigkeit, fehlende Zuverlässigkeit als auch ihr Rückbau fordern Kirchengemeinden und Diakonie heraus.

Unter diesen Bedingungen wird das partnerschaftliche Denken und Arbeiten der lokalen und regionalen Akteure in Kirche und Diakonie besonders auf die Probe gestellt. Überregionale Partner können eine wichtige Hilfe sein. Die Frage nach dem partnerschaftlichen Zusammenwirken ist nicht allein für die lokalen Akteure von Bedeutung,[49] sondern auch für das gemeinsame Wirken mit regionalen wie überregionalen Kräften. Diese können entscheidende institutionelle Anreize prägen und in anderer Art und Weise auf politische Diskurse und Entscheidungen einwirken.

II.1.4 DAS EIGENSTÄNDIGE SOWIE KOOPERIERENDE ENGAGEMENT DER KIRCHENGEMEINDEN STÄRKEN

Das soziale Engagement der Kirchengemeinden, ihre gelebten Formen armutssensibler Praxis und armutsbezogenen Engagements, die Möglichkeiten eigenständigen wie kooperierenden Handelns sind stärker zu repräsentieren und zu vergegenwärtigen. So kann ihre Wahrnehmung und Anerkennung gelingen und weiteres Handeln einladend und situationssensibel angeregt werden.

Es bedarf einer breiten Unterstützung derer, die sich sozialen Aufgaben stellen möchten, damit Engagement unter erschwerten Bedingungen gelebt werden kann. Passende Leitideen sollten auf allen Ebenen des kirchlichen Lebens wachgehalten werden. In besonderer Verantwortung stehen auch die regionalen Leitungsorgane und Gremien, die Superintendenten, Kreiskirchenräte und die Konvente der Mitarbeitenden. Sie prägen entscheidend mit, welche Orientierungen und Handlungsschwerpunkte in einer Region berücksichtigt und angestrebt werden.

Für die Uckermark wurde deutlich, dass vielen Mitgliedern des Kreiskirchenrates die Armutsthematik nicht gleichgültig ist. Leitideen, konzeptionelle Orientierungen und Handlungsentwürfe für gemeinschaftliches armutsbezogenes Engagement sind dennoch gering. Überregionale Experten können hier hilfreich sein und beratend zur Seite stehen. Armutsbezogene Leitorientierungen stellen in vielen Handlungsfeldern eine Bereicherung dar. Auch bei der Entwicklung von Bildungsstiftungen, Strukturreformen oder Prozessen der Kirchenkreis- und Gemeindeentwicklung können sie gewinnbringend sein.

---

[49] Siehe Reformbüro der EKBO 2013, Gliederungspunkt 6.3.2.

II.I.5 GANZHEITLICHE TEILHABE

»Sie liegen uns alle am Herzen, die Gewinner wie die Verlierer,
jene, denen das Leben zufällt, und jene, die darum kämpfen müssen.«

Das sind starke Gedanken. Sie öffnen den Blick der Menschen füreinander. Sie schließen ernst gemeinte Hilfe nicht aus, wo diese notwendig ist, bleiben darauf aber nicht beschränkt. Dominiert allein eine Orientierung des Helfens, kann der Blick verschlossen sein für Möglichkeiten, sich mit anderen zu verbünden und gemeinsam für ein besseres Leben einzutreten. Eine einseitige Haltung des Helfens kann, obwohl nicht beabsichtigt, abwertend wirken und ein soziales Gefälle zwischen Menschen verstärken. Dies ist möglich, wenn unbedacht und verallgemeinernd zwischen Helfenden und Hilfebedürftigen unterschieden wird und Engagierte den Sinn dafür verlieren, voneinander lernen und miteinander gewinnen zu können.

II.I.6 EXPERTISE ZUR QUALIFIKATION UND SCHULUNG

Experten zur Stärkung des kirchgemeindlichen Engagements können sowohl bei Grundqualifikationen als auch Weiterbildungen zum Einsatz kommen. Ihre Aufgabe kann es unter anderem sein, Sozialbeauftragte der Kirchenkreise und Kirchengemeinden für ihr Handeln zu rüsten. Sie können mit Handlungsmöglichkeiten vertraut machen und helfen, diese gezielt und situationssensibel zu erschließen. Es wird zu entscheiden sein, wann ihre Expertise zentral oder vor Ort in Kirchenkreisen und Kirchengemeinden angeboten werden sollte. Qualifikationen und Schulungen stellen auch eine Möglichkeit dar, über die Vielfalt an themengerechten Weiterbildungsangeboten und Expertisen zu informieren, Kontakte zu vermitteln sowie Arbeitshilfen[50] zur konzeptionellen Orientierung von Engagement vorzustellen.

Für einige Vorhaben armutssensibler Praxis und armutsbezogenen Engagements wurde der Bedarf qualifizierender Unterstützung direkt geäußert. Wiederholt wurde die Frage aufgeworfen, wie finanzielle Ressourcen rechtlich korrekt erschlossen, verwaltet und eingesetzt werden können. Auch um Problemlagen anderer Menschen wahrnehmen und im persönlichen Gespräch ansprechen zu können, sind Schulungen hilfreich. Die Option derartiger Angebote wurde von Befragten begrüßt.

---

[50] Vgl. Albrecht/Giesler 2014.

Schließlich ist zu bedenken, wie Partner und Verbündete als auch weitere Mitstreiter im Engagement gewonnen werden können. Die Uckermark erfährt starke Wanderungsbewegungen. Menschen verlassen die Region vorübergehend oder gänzlich, sie ziehen zu oder innerhalb des Land- und Kirchenkreises um. Wie können die Kontakte zu ihnen erhalten, erneuert oder neu aufgenommen werden?

Zum Kerngeschehen der Kirchengemeinden gehört die Verkündigung. Sie prägt Haltungen, Orientierungen, Motivationen und Leitideen des Handelns. Entsprechend achtsam kann thematisches Material für kirchgemeindliche Veranstaltungen zur Diskussion gestellt werden, unter anderem für Bibelkreise, Kinderbibeltage oder Kinder- und Jugendgottesdienste.

Qualifikation und Schulung von beruflich und ehrenamtlich Mitarbeitenden:
- Möglichkeiten armutssensibler Praxis und armutsbezogenen Engagements.
- Problemlagen wahrnehmen und ansprechen (z. B. Besuchskreisschulung).
- Akquise, Verwaltung und Einsatz finanzieller Mittel.
- Informationen über Expertisen (Amt für kirchl. Dienste, DWBO, Akademien, Arbeitshilfen).
- Thematische Arbeitsmaterialien für den Verkündigungsdienst.

II.I.7 EXPERTISE ZUR BERATUNG VON KIRCHENGEMEINDEN/ PFARRSPRENGELN

Vielerorts sind Potenziale gemeinschaftlichen Engagements gegeben, für deren Entfaltung ein hoher Bedarf an ortsnaher Beratung von Gruppen und Gremien sichtbar wurde. Die Pfarrsprengel, die kirchliche wie regionale Situation als auch die sozialstaatlichen Rahmenbedingungen unterliegen einem ständigen Wandel. In den sozial durchmischten Gremien treffen Menschen mit unterschiedlichen kulturellen Prägungen und Vorstellungen aufeinander. Die materiellen Mittel sind gering. Es besteht die Notwendigkeit, Ressourcen neu zu erschließen, um handlungsfähig zu werden oder zu bleiben.

Beratung vor Ort kann dazu beitragen, die Potenziale gemeinschaftlichen Engagements als auch die je spezifischen Stärken und Gemeinwohlorientierungen von Engagierten und Gruppen aufzugreifen und zu entfalten. Sie kann unter anderem helfen:

a) die soziale Situation in Kirchengemeinde und im Ort gemeinschaftlich wahrzunehmen,
b) die Vielfalt der Sichtweisen und Vorstellungen zu erfassen und zu moderieren (Mediation),

c) Leitorientierungen und situationssensible Handlungsmöglichkeiten zu diskutieren und zu erwägen,

d) zu klären, welche Ressourcen (finanziell, räumlich, Beziehungen und Partner, Expertisen, mögliche Trägergruppen und Verantwortliche des Engagements) bestehen und welche neu erschlossen werden können,

e) Partnerschaften und Verbündete zu suchen,

f) Ziele zu vereinbaren,

g) zu erwägen, wie Engagierte finanziell unterstützt und entlastet werden können,

h) Arbeitsmaterialien/Arbeitshilfen zu erschließen.

Beratung stärkt und begleitet so initiierende und konzeptionalisierende Prozesse armutssensibler Praxis wie armutsbezogenen Engagements. Sie sollte die ureigensten Stärken kirchgemeindlichen Engagements – als auch die Zusammenarbeit mit anderen Akteuren – zum Gegenstand der Auseinandersetzung machen. Ein gemeinsames Handeln von Experten der Gemeindeberatung wie der im Wesentlichen fachbereichsbezogenen Beratung der Diakonie (im DWBO z. B. für offene Kinder- und Jugendarbeit, Sozialraumengagement, gemeinwesenorientierte Altenarbeit, Rechtsextremismus) liegt für diese Aufgaben nahe. Es erscheint sinnvoll, diese beratende Expertise als überregionale (in der EKBO z. B. im Amt für kirchliche Dienste (AKD) und DWBO) zu etablieren.

Die folgende Grafik stellt ein grobes Raster dar, wie die Situation von Pfarrsprengeln erfasst werden kann, und für drei Fälle einige Impulse, situationssensible Handlungsoptionen zu erwägen.

Kontaktflächen zu Armut: Engagement- typen:	Typ 1 hohe Selbst- betroffenheit	Typ 2 heterogen	Typ 3 hohe Fremd- und Mitbetroffenheit
Typ 1 Hohe Binnen- orientierung und Resignation	– armutssensible Praxis anregen, – Engagementwillige durch Weiterbildung qualifizieren oder in regionalen Netz- werken stärken		
Typ 2 Aktivitäts- bereitschaft		– armutsbezogenes Gespräch, – Beratung zur Konzeption und Entwicklung von Projekten, – Entlastung des Prekariats	
Typ 3 armutsbezogene Aktivitäten			– Projekte u. Kooperationen stabilisieren und ausweiten – Schulungen – Beratung zur Akquise finan- zieller Mittel

II.I.8 EXPERTISE ZUR BERATUNG VON KIRCHENKREISEN

Auch Kirchenkreise können hinsichtlich ihrer sozialen Ausrichtung beraten werden. So kann gefragt werden, wie die soziale Lage innerhalb des Kirchenkreises einzuschätzen ist. Welche Gemeinsamkeiten und Unterschiede bestehen zwischen Pfarrsprengeln? Wie kann innerhalb der Region Solidarität gelebt werden? Es wird hilfreich sein, eine situationssensible Aufgabenbeschreibung von Sozialbeauftragten und Sozialausschüssen oder Arbeitsgruppen zu begleiten. Ebenso ist von Bedeutung, Leitideen, Ziele und Konzeptionen armutssensibler Praxis wie armutsbezogenen Engagements für Handlungsfelder zu erwägen und Expertinnen/Experten und Weiterbildungsangebote gezielt zu vermitteln. Auch für notwendige Strukturreformen können begleitende Expertisen bereichernd sein, um Fragen der armutssensiblen Praxis wachzuhalten.

Die für die Diakonischen Werke der Kirchenkreise und der Regionen dringende Frage nach einer Neuorientierung der organisatorisch geteilten Verantwortung von Kirchenkreisen und Diakonie wird mit Hilfe der Uckermark-Studie nicht beantwortet. Die Möglichkeiten des Erhalts und Wandels Diakonischer Werke können durch eine regional zentrierte Studie nicht betrachtet werden.

Beratung von Kirchenkreisen:

Situationssensible Aufgabenbeschreibung von Sozialbeauftragten, Sozialausschüssen, Arbeitsgruppen.

Expertisen und Weiterbildungen vermitteln.

Strukturreformen auch unter dem Gesichtspunkt armutssensibler Praxis planen.

II.I.9 EXPERTISE ZUR DATENSICHERUNG UND DATENAUFARBEITUNG

Für die Uckermark konnte eine hohe Abwanderung, aber auch eine hohe Zuzugs- beziehungsweise Rückkehrerbewegung festgestellt werden. Bisher wurde jedoch nicht – auch die Uckermark-Studie kann das nicht leisten – genauer erfasst, wie hoch der Anteil der Rückkehrer unter denen ist, die ihren Wohnsitz in der Uckermark neu anmelden. Ebenso ist ungeklärt, welchen Altersgruppen und Lebenslagen die Weg- und Zuziehenden, die Rückkehrer und die Binnenwanderer angehören.

Besonders schmerzlich wird in den Gemeinden der Wegzug der jungen Erwachsenen erlebt. Wie kann der Kontakt mit ihnen gehalten werden? Wie können junge Menschen ermutigt werden, zurückzukehren oder mit ihrer Heimat in Verbindung zu bleiben und sie auch aus der Ferne zu unterstützen? Mit Sorge wird beobachtet, dass insbesondere sozial schwache Familien aus den Dörfern in die Städte ziehen, dort gelingt der Anschluss an die Kirchengemeinde selten. Zugleich profitieren Kirchengemeinden vielerorts von denen, die neu zugezogen sind. Der Kontakt zu ihnen kann aber noch gezielter gesucht werden. Eine gute, schnelle, umfassende und nachhaltige Sicherung und Aufarbeitung von Daten stellt eine erhebliche Erleichterung dar, durch die Kirchengemeinden zeitnah auf Umzugsereignisse reagieren zu können.

Datensicherung und -aufbereitung erleichtert Kontakte und Begegnungen.

II.I.IO MATERIELLE UNTERSTÜTZUNG

Bereits bekannt ist der Bedarf an Beratung, um in Kirchenkreisen und Pfarrsprengeln Sozialfonds, Stiftungen oder Haushaltsstellen zu errichten und die Mittel sinnvoll einzusetzen. Damit sollen Einzelfallhilfen und Projekte ermöglicht und unterstützt werden.

Für engagierte Gruppen in Kirchengemeinden kann eine solche Unterstützung aus der eigenen Region von hoher Relevanz sein. Die Anreize erhöhen sich und die Belastungen regionalen Verhandelns reduzieren sich, wenn darüber hinaus auf überregionaler Ebene Mittel zur Verfügung gestellt werden. Dies gilt insbesondere dann, wenn die Mittel der lokalen und regionalen Akteure stark begrenzt sind. Zu denken wäre an Spenden-Initiativen. So wurde von der Evangelisch-lutherischen Landeskirche Hannovers und der Diakonie Niedersachsen 2008 die Initiative »Zukunft(s)gestalten«[51] gestartet, um von Armut betroffenen Kindern und Jugendlichen gerechte Bildungs- und Teilhabechancen zu ermöglichen.

Nicht alle Regionen sind finanziell und demografisch derart herausgefordert wie die Uckermark. Manche Kirchenkreise und Kirchengemeinden suchen auch in der Gegenwart Partnerschaften, durch die sie andere Christen in ihrem Engagement unterstützen können. Auch diese Prozesse können weiter angeregt und neu gestärkt werden.

Materielle Unterstützung:

Sozialfonds/Stiftungen/Spendenmarken etc. in Kirchengemeinden, Kirchenkreisen und Landeskirche.

Partnerschaften zwischen Kirchengemeinden und Kirchenkreisen neu anregen und stärken.

II.2 TEILHABEN

Als gelungene Teilhabe kann, ausgehend von den Diskussionen und Interviews der Uckermark-Studie, das wechselseitige Interesse an Sorgen und Freuden, an Ängsten wie an Möglichkeiten zwischen Menschen in ganz verschiedenen Lebenssituationen verstanden werden. Ideale eines besseren Lebens finden sich bei den Befragten der Kirchengemeinden wie bei denjenigen, die

---

[51] Vgl. www.diakoniehilfe.de, Abruf 04.05.2015.

Angebote der Diakonie nutzen. Diese Ideale unterscheiden sich, und dennoch gibt es Gemeinsamkeiten. Wechselseitige Teilhabe[52] an Sorgen und Freuden wird als Ansporn und Gewinn erfahren. Befragte aus Selbsthilfegruppen sind stolz darauf, wenn sie in die Pläne der Kirchengemeinden eingeweiht werden. Engagierte der Kirchengemeinden berichten, was in anderen Menschen steckt, wie sie reich werden durch überraschende Gespräche oder weil Menschen in neuen Aufgaben aufgehen. Sie alle erkennen wertvolle Seiten des Lebens neu und erleben Teilhabe. In einer Diskussion mit Mitarbeitenden des Kirchenkreises bringt es ein Befragter so zum Ausdruck:

»Wir lesen viele biblische Texte [z. B. Matthäus 25] selber in der Art eines sozialen Gefälles. Vielleicht ist das überhaupt im Grundansatz falsch. Ich denke, im biblischen Denken ist sowieso vorausgesetzt, was wir heute weitgehend vergessen haben: Alles, was uns an Gütern zugekommen ist, womit wir unser Leben sichern können, es ist ein Geschenk. Und heute ist das verdrängt worden, und man denkt, man hat es sich erarbeitet oder man hat ein Recht darauf. Im biblischen Denken ist der Grundsatz des Teilens nicht eine moralische Forderung, sondern eine Grundlage der Lebenserkenntnis.«

Mit einer zugewandten Haltung gelingt wirkliches Teilen, gelingt ein gemeinsamer Weg in ein erfülltes Leben, wird Teilhabe an den Heilszusagen Gottes erfahrbar. Solche Wege erspüren Menschen aus allen sozialen wie kulturellen Lebenslagen. Diese Gaben sind nicht einigen wenigen sozialen Gruppen vorbehalten.

II.2.1 »GERECHTE TEILHABE« – DENKSCHRIFT DES RATES DER EKD ZUR ARMUT IN DEUTSCHLAND

Teilhabe ermöglichen, das ist die zentrale Aussage der Denkschrift des Rates der Evangelischen Kirche in Deutschland zur Armut[53]. Teilhabe- und Beteiligungsgerechtigkeit sind die übergeordneten Leitbegriffe. Durch sie soll der »elementare Anspruch auf Teilhabe an den Lebensmöglichkeiten der Gesellschaft« (S. 43) wachgehalten werden.

Teilhabe- und Beteiligungsgerechtigkeit zeige sich in Befähigungs- als auch in Bedarfs- oder Verteilungsgerechtigkeit. Nur wenn Befähigungs- und

---

[52] Zur Ermöglichung von gemeindlicher Teilhabe siehe auch Horstmann/Park 2014, 42.
[53] Kirchenamt der EKD (Hg.) 2006: Gerechte Teilhabe.

Verteilungsgerechtigkeit gleichzeitig angestrebt und nicht zu eng verstanden werden, könne Beteiligungs- und Teilhabegerechtigkeit erreicht werden. Wichtig sei es, zu Eigenverantwortung zu befähigen, nicht aber dem Einzelnen seine soziale Sicherung allein zu überlassen.

»Wird Gerechtigkeit auf – eine eng verstandene – Verteilungsgerechtigkeit reduziert, entsteht die Gefahr des Wohlfahrtspaternalismus, der durch bloße Finanztransfers lediglich die Abhängigkeiten verstärkt, aber nicht zu eigenverantwortlichem Handeln ermächtigt. Wird Gerechtigkeit auf – eine eng verstandene – Befähigungsgerechtigkeit reduziert, bleibt die Frage ungelöst, wie formal vorhandene gesellschaftliche Startchancen genutzt werden sollen, wenn die Ausgangspositionen durch starke materiell geprägte soziale Gegensätze höchst unterschiedlich sind und die für die Verwirklichung einzelner Schritte notwendigen Ressourcen nicht zur Verfügung stehen.

Beteiligungsgerechtigkeit, wie sie die christliche Sozialethik ins Auge fasst, verbindet Verteilungs- und Befähigungsgerechtigkeit miteinander.« (S. 44)

Gerechtigkeit der Teilhabe, Beteiligung, Verteilung und Befähigung – das sind kraftvolle Worte. Ausgehend von den Eindrücken der Uckermark-Studie, fehlt es dennoch an Klarheit. Befähigungsgerechtigkeit einerseits und Verteilungsgerechtigkeit andererseits können als immaterielle und materielle Seite gelingender Teilhabe missverstanden werden. Verteilungsungerechtigkeit wird dann auf das Problem fehlender materieller Startchancen einzelner Menschen für deren Entfaltung von Bildung und Qualifikation reduziert. Als Befähigungsungerechtigkeit wird vor allem der Verlust von Bildung, Motivationen, Eigen- und Fremdverantwortung aufgrund von Ausgrenzung verstanden. Menschen und soziale Gruppen werden als sozial vereinzelt, sich zurückziehend und auch sich selbst ausgrenzend wahrgenommen. Interessen der Eigenverantwortung wie Sichtweisen für Gemeinsinn und Gemeinwohl werden ihnen nicht mehr zugesprochen. Sie sollen befähigt und aktiviert werden, um Eigenverantwortung neu zu lernen.

Was ist jedoch, wenn dieser Sinn für Eigenverantwortung gar nicht verloren ist? Wenn darüber hinaus sogar starke Sichtweisen für Gemeinsinn und Gemeinwohl bestehen? Was ist, wenn vor allem Mittel und Verbündete fehlen, um diesen Willen auch in die Tat umzusetzen, oder wenn die Kräfte durch den alltäglichen Überlebenskampf gebunden sind? Für nicht wenige der Befragten in der Uckermark wurde dies deutlich. Ihnen fehlen Mittel, Verbündete oder tragfähige handlungsleitende Orientierungen. Ihr Sinn für Eigenverantwortung und ihre Bereitschaft zum Engagement für Gemeinwohlziele sind hoch. Sollte Befähigungsgerechtigkeit nicht deutlicher und gezielter auch als materielle Befähigung und Ermöglichung gedeutet werden?

Und auch Verteilungsgerechtigkeit hat eine materielle und eine nicht-materielle Seite. Sie zeigt sich nicht allein in der finanziellen Grundsicherung jedes Einzelnen, sondern auch in der Aufmerksamkeit für soziale Gruppen, in der Anerkennung ihrer Verantwortungsbereitschaft und ihrer Gemein-wohlorientierungen. Verteilungsgerechtigkeit geschieht auch dort, wo soziales Kapital gerecht verteilt ist – im Sinne gerechter Anerkennung und Aufmerksamkeit.

Vielleicht sollten die Begriffe der Befähigungs- und Verteilungsgerechtigkeit um den Gedanken der gerechten Ermöglichung ergänzt werden. Oft ist die Aktivierung von Eigenverantwortung und gesellschaftlicher Verantwortung nicht das Problem. Es fehlt vielmehr an Strategien, um die Entfaltung des bestehenden Selbstvertretungs- und Verantwortungswillens marginalisierter und benachteiligter Menschen zu erleichtern und sie im täglichen Überlebenskampf zu entlasten.

In der Denkschrift »Gerechte Teilhabe« wurden biblische Worte gewählt, um Teilhabe-, Beteiligungs-, Befähigungs- und Verteilungsgerechtigkeit zu begründen und Ausgrenzung zu problematisieren. Diese Worte enthalten auch den starken Impuls, von ungerechten Zwängen zu befreien und Menschen neue Lebensentfaltung zu ermöglichen.

»Das aber ist ein Fasten, an dem ich gefallen habe: Lass los, die du mit Unrecht gebunden hast, lass ledig, auf die du das Joch gelegt hast! Gib frei, die du bedrückst, reiß jedes Joch weg! Brich dem Hungrigen dein Brot, und die im Elend ohne Obdach sind, führe ins Haus! Dann wird dein Licht hervorbrechen wie die Morgenröte, und deine Heilung wird schnell voranschreiten, und deine Gerechtigkeit wird vor dir hergehen, und die Herrlichkeit des Herrn wird deinen Zug beschließen.« (Jes 58,6–8)

Welch starke Worte! Lass los, die du mit Unrecht gebunden hast. Lass frei, die du bedrückst, reiß jedes Joch weg! Löse von Unfreiheit und befreie von Zwängen aufgrund ungerechter Verteilung materieller Güter sowie verweigerter Zuwendung, Anerkennung und Aufmerksamkeit. Frage nach der Entfaltung und Ermöglichung der Gaben und des Verantwortungswillens der Menschen. Teile mit ihnen dein Leben und lass sie ihr Leben mit dir teilen. Erfahrt so miteinander die geschenkten Gaben des Lebens, und nicht nur euer Leben, sondern auch euer Ort, eure Region, euer Land wird Heilung und Gerechtigkeit erfahren. Auch so können diese Worte verstanden werden.

11.3 ARMUT BEKÄMPFEN – RESIGNATION ÜBERWINDEN

Alle bisher genannten Handlungsoptionen können den Anliegen »Armut bekämpfen« und »Resignation überwinden« zugeordnet werden. Gemeinschaftliches Engagement entfalten, sich verbünden und Freuden und Sorgen teilen – das alles sind Möglichkeiten, Armut zu begegnen, Verzweiflung zu mindern, Menschen zu ermutigen und zu entlasten. Und dennoch können damit ursächliche Bedingungen für Armut nicht überwunden werden. Somit bleibt das politische Handeln dringend, auch für den Raum der Kirche.

Für sozialpolitisches Handeln wurden vielfältige Anliegen unter den Engagierten der Kirchengemeinden der Uckermark deutlich, die nicht zur Darstellung gekommen sind. Ähnlich wie für den Bereich des armutssensiblen und sozialen Engagements der Kirchengemeinden scheint es für dieses Handlungsfeld kaum starke Leitideen und organisatorische Trägerstrukturen zu geben, die Potenziale sichtbar machen, Orientierungen wachhalten und die starke Partnerschaften zwischen lokalen, regionalen und überregionalen Verantwortungsträgern ermöglichen.[54]

Die Interviews und Gruppendiskussionen der Uckermark-Studie zeigen, Gemeinsinnorientierungen und Gemeinwohlideale sind sowohl bei Engagierten in den Kirchengemeinden wie bei denen ausgeprägt, die Angebote der Diakonie wahrnehmen. Bei allen Unterschieden sind auch Gemeinsamkeiten zu erkennen. Sozialpolitische Positionierungen werden besonders von den Engagierten angemahnt, die trotz ihres Einsatzes zu den Verlierern des gesellschaftlichen Wandels zählen. Je stärker die Hände gebunden sind, desto dringlicher wird politisches Handeln angemahnt. Wem mehr Mittel zur Verfügung stehen, der kann demgegenüber stärker zielorientiert gestalten. Beide Haltungen haben ihren eigenen Wert und ihre eigene Kraft. In ihnen liegen Potenziale, die für die Entfaltung des sozialpolitischen Profils kirchlich-diakonischen Handelns von Bedeutung sein können.

---

[54] Der Bedarf ist im Reformprozess der EKBO bekannt. Reformbüro der EKBO (2/2013): Welche Kirche morgen? S. 46: »Wie kann das sozialpolitische Profil verbessert werden?«.

LITERATUR

Albrecht, Franziska/Giesler, Renate (2014): Solidarische Kirchengemeinde. Eine Arbeitshilfe zum Thema Armut, SI aktuell 4, Hannover, creo-media.

Alheit, Peter (1989): Erzählform und »soziales Gedächtnis«. In: Alheit, Peter/ Hoerning, Erika M. (Hg.): Biographisches Wissen. Beiträge zu einer Theorie lebensgeschichtlicher Erfahrung. Frankfurt a. M./New York: Campus Verlag: 123–147.

Bohnsack, Ralf (1999): Rekonstruktive Sozialforschung. Einführung in Methodologie und Praxis qualitativer Forschung. 3. überarb. Aufl., Opladen: Leske und Budrich.

Bohnsack, Ralf (2001): Typenbildung, Generalisierung und komparative Analyse. Grundprinzipien der dokumentarischen Methode. In: Bohnsack, Ralf/Nentwig-Gesemann, Iris/Nohl, Arnd-Michael (Hg.): Die dokumentarische Methode und ihre Forschungspraxis. Grundlagen qualitativer Sozialforschung. Opladen: Leske und Budrich: 225–252.

Bude, Heinz/Medicus, Thomas/Willisch, Andreas (Hg.) (2011): ÜberLeben im Umbruch. Am Beispiel Wittenberge: Ansichten einer fragmentierten Gesellschaft. Hamburg: Hamburger Edition.

Corsten, Michael/Kauppert, Michael/Rosa, Hartmut (2008): Quellen Bürgerschaftlichen Engagements. Die biographische Entwicklung von Wir-Sinn und fokussierten Motiven. Wiesbaden: VS Verlag für Sozialwissenschaften.

Corsten, Michael/Kauppert, Michael (2007): Wir-Sinn und fokussierte Motive. Zur biographischen Genese bürgerschaftlichen Engagements. In: Zeitschrift für Soziologie, Jg. 36, Heft 5 (2007).

Eurich, Johannes/Barth, Florian/Baumann, Klaus/Wegner, Gerd (Hg.) (2011): Kirchen aktiv gegen Armut, Stuttgart: Verlag W. Kohlhammer.

Gensicke, Thomas/Picot, Sibylle/Geiss, Sabine (2006): Freiwilliges Engagement in Deutschland 1999–2004. Wiesbaden: VS Verlag für Sozialwissenschaften.

Gensicke, Thomas/Olk, Thomas/Reim, Daphne/Schmithals, Jenny/Dienel, Hans-Liudger (2009): Entwicklung der Zivilgesellschaft in Ostdeutschland. Quantitative und qualitative Befunde. Im Auftrag des Bundesministeriums für Verkehr, Bau und Stadtentwicklung. Wiesbaden: VS Verlag für Sozialwissenschaften.

Grotlüschen, Anke/Riekmann, Wibke (2011): Konservative Entscheidungen – Größenordnung des funktionalen Analphabetismus in Deutschland, in: Report, 34. Jg., Heft 3, herausgegeben vom Deutschen Institut für Erwachsenenbildung, online verfügbar.

Herrmann, Volker/Horstmann, Martin (Hg.) (2010): Wichern drei – gemeinwesendiakonische Impulse. Neukirchen-Vluyn: Neukirchener Verlagsgesellschaft.

Horstmann, Martin/Park, Heike (2014): Gott im Gemeinwesen – Sozialkapitalbildung in Kirchengemeinden, SI konkret 6, Münster: LIT Verlag.

Kirchenamt der EKD (Hg.) (2006): Gerechte Teilhabe. Befähigung zu Eigenverantwortung und Solidarität, Denkschrift des Rates der EKD zur Armut in Deutschland. Gütersloher Verlagshaus.

Klatt, Johanna/Walter, Franz (2011): Entbehrliche der Bürgergesellschaft? Sozial Benachteiligte und Engagement. Wetzlar.

Knierim, Katharina: Armut im ländlichen Raum. Interview mit Stephan Beetz. In: LAND*aktiv.* 01/2013: 8–10.

Kroh, Martin/Neiss, Hannes/Lampert, Thomas (2012): Menschen mit hohem Einkommen leben länger. DIW Wochenbericht Nr. 38. 2012.

Melville, Gert (Hg.) (2001), Institutionalität und Symbolisierung. Verstetigungen kultureller Ordnungsmuster in Vergangenheit und Gegenwart. Köln/Weimar/Wien: Böhlau Verlag.

Moos, Peter von (2001): Krise und Kritik der Institutionalität. Die mittelalterliche Kirche als »Anstalt« und »Himmelreich auf Erden«. In: Melville, Gert (Hg.): Institutionalität und Symbolisierung. Verstetigungen kultureller Ordnungsmuster in Vergangenheit und Gegenwart. Köln/Weimar/Wien: Böhlau: 293–340.

Reformbüro der Evangelischen Kirche Berlin-Brandenburg-schlesische Oberlausitz (EKBO) (2013): Welche Kirche morgen? Orientierungspunkte für den Reformprozess. Berlin: Wichern-Verlag.

Rehberg, Karl-Siegbert (1994): Institutionen als symbolische Ordnungen. Leitfragen und Grundkategorien zur Theorie und Analyse institutioneller Mechanismen. In: Göhler, Gerhard (Hg.): Die Eigenart der Institutionen. Zum Profil politischer Institutionentheorie. Baden-Baden: Nomos-Verlag: 47–84.

Rehberg, Karl-Siegbert (2001): Weltrepräsentanz und Verkörperung. Institutionelle Analyse und Symboltheorien – Eine Einführung in systematischer Absicht. In: Melville, Gert (Hg.): Institutionalität und Symbolisierung. Verstetigungen kultureller Ordnungsmuster in Vergangenheit und Gegenwart. Köln/Weimar/Wien: Böhlau: 3–49.

Rosenthal, Gabriele (1995): Erlebte und erzählte Lebensgeschichte. Gestalt und Struktur biographischer Selbstbeschreibungen. Frankfurt/New York: Campus Verlag.

Schulz, Claudia (2007): Ausgegrenzt und abgefunden? Innenansicht der Armut. Eine empirische Studie. Münster: LIT Verlag.

Schütze, Fritz (1981): Prozeßstrukturen des Lebensablaufs. In: Matthes, Joachim/Pfeifenberger, Arno/Stosberg, Manfred (Hg.): Biographie in handlungswissenschaftlicher Perspektive. Kolloquium am Sozialwissenschaftlichen Forschungszentrum der Universität Erlangen-Nürnberg. Nürnberg: Verlag der Nürnberger Forschungsvereinigung e. V.: 67–156.

Schütze, Fritz (1982): Narrative Repräsentation kollektiver Schicksalsbetroffenheit. In: Lämmert, Eberhard (Hg.): Erzählforschung. Ein Symposium. Stuttgart: Metzler: 568–590.

Schütze, Fritz (1983): Biographieforschung und narratives Interview. In: Neue Praxis 3, 283–294.

Schütze, Fritz (1984): Kognitive Figuren des autobiographischen Stegreiferzählens. In: Kohli, Martin/Robert, Günter (Hg.): Biographie und soziale Wirklichkeit. Stuttgart: Metzler: 78–117.

Statistisches Bundesamt: Armut und soziale Ausgrenzung in Deutschland und der EU, Wiesbaden 2014, S. 896.

Statistisches Bundesamt Pressestelle, PM vom 29. August 2013, 288/13, S. 4.

Strauss, Anselm L./Corbin, Juliet (1996): Grounded Theory: Grundlagen qualitativer Sozialforschung. Weinheim: Psychologie Verlags Union.

Strauss, Anselm L. (1998): Grundlagen qualitativer Sozialforschung. 2. Aufl., München: Wilhelm Fink Verlag.

Wegner, Gerhard (2010): Der »Natalitäts-Faktor«. In: Herrmann/Horstmann (Hg.): Wichern drei – gemeinwesendiakonische Impulse, 130–141.

Wegner, Gerhard (2010): Teilhabe fördern – christliche Impulse für eine gerechte Gesellschaft. Stuttgart: Verlag W. Kohlhammer.

Willisch, Andreas (Hg.) (2012): Wittenberge ist überall. Überleben in schrumpfenden Regionen. Berlin: Links Verlag.

Winkler, Marlis (2010): Nähe, die beschämt. Armut auf dem Land. Eine qualitative Studie des Sozialwissenschaftlichen Instituts der EKD. Münster: LIT Verlag.

Wohlrab-Sahr, Monika/Przyborski, Aglaja (2008): Qualitative Sozialforschung. Ein Arbeitsbuch. München: Oldenbourg-Verlag.

INTERNETQUELLEN

de.statista.com (Abruf am 24.6.14).

www.insm-regionalranking.de/ki_341.html, Abruf 14.10.2014.

www.land-zukunft.de/foerderphase/uckermark/, Abruf 14.10.2014.

www.statistik-berlinbrandenburg.de/publikationen/Stat_Berichte/2008/Prognose2008_monitor.pdf, Abruf 20.10.2014.

www.uckermark.de/index.phtml?La=1&sNavID=553.96&mNavID=553.42&object=tx|553.631.1&kat=&kuo=1&text=&sub=0, Abruf 14.10.2014.

www.wegweiser-kommune.de/statistik/kommunale-daten+uckermark+soziale, Abruf 14.10.2014.

www.diakoniehilfe.de., Abruf 04.05.2015.

ANHANG:
ZUM METHODISCHEN VORGEHEN

Neben der Recherche bestehender Statistiken wurden qualitative Daten vielfältiger Gestalt selbst erhoben[55].

Aufbauend auf zahlreichen informativen Gesprächen wurden **14** explizite **Experteninterviews** geführt; sieben unter Mitarbeitenden im sozialen Sektor, fünf mit Mitarbeitenden des Kirchenkreises, zwei im Landratsamt, zwei mit Ehrenamtlichen aus den Kirchengemeinden. Drei der Experten kennen Situationen der relativen Armut und des Armutsrisikos aus ihrem Leben.

Gruppeninterviews zu den Tätigkeitsprofilen der Kirchengemeinden bzw. Pfarrsprengel fanden **in 15 von 17 Pfarrsprengeln** statt.

Sie wurden ergänzt um einen Fragebogen, in dem die Befragten angaben, wie ihrer Meinung nach ihr kirchliches Engagement in der nichtkirchlichen Bevölkerung wahrgenommen wird ▶ **Akzeptanzfragebogen**:
(Befragung von Pfarrstelleninhabenden, kirchlich Mitarbeitenden (beruflich), Gemeindekirchenratsmitgliedern und leitenden Ehrenamtlichen.)

Bitte geben Sie Ihre ganz persönliche Einschätzung/Erfahrung zu den folgenden Aussagen wieder:
(Bitte kreuzen Sie jeweils den Zahlenwert an, der für Sie persönlich zutrifft; gern können Sie uns unter 5. wichtige eigene Beobachtungen/Erlebnisse mitteilen!)

1. »Mein kirchliches Amt/Engagement wird
von meiner nichtkirchlichen Umgebung
wohlwollend wahrgenommen.«

Stimmt gar nicht	1
Stimmt selten	2
Mal so, mal so	3
Stimmt überwiegend	4
Stimmt genau	5

2. »Mein kirchliches Amt/Engagement wird
von meiner nichtkirchlichen Umgebung
ignoriert.«

Stimmt gar nicht	1
Stimmt selten	2
Mal so, mal so	3
Stimmt überwiegend	4
Stimmt genau	5

---

[55] Die Themen der im Folgenden aufgeführten Verfahren sind auf der S. 27 ff. zusammengefasst.

3. »Als **Engagement** wird mein kirchliches
Engagement geschätzt – aber nicht
in seiner christlichen Ausrichtung.«

Stimmt gar nicht	1
Stimmt selten	2
Mal so, mal so	3
Stimmt überwiegend	4
Stimmt genau	5

4. »Aufgrund meines kirchlichen
Amtes/Engagements werde ich von
meiner nichtkirchlichen Umgebung
abgelehnt bzw. ausgegrenzt.«

Stimmt gar nicht	1
Stimmt selten	2
Mal so, mal so	3
Stimmt überwiegend	4
Stimmt genau	5

5. »Aufgrund meines kirchlichen Amtes/Engagements erlebe ich in meiner nichtkirchlichen Umgebung

In **vier** ausgewählten Pfarrsprengeln nahmen die Gemeindekirchenratsmitglieder an ausführlichen **Gruppendiskussionen** teil. Es wurden – ausgehend von den Kenntnissen der Gruppeninterviews – Pfarrsprengel mit geringerem bis starkem sozialen beziehungsweise armutsbezogenen Engagement ausgewählt. Sie unterschieden sich zudem bezüglich ihrer Lage (Dorf/Stadt) als auch ihrer Mittel (z. B. Pachteinnahmen/Spenden/Mittel aus Kooperationen mit der Diakonie/geförderte Arbeitsverhältnisse). Ergänzt um einen Fragebogen, in dem die Befragten ihre Gründe für ein mögliches armutsbezogenes Engagement angaben
▶ **Motivationsfragebogen**:

Befragung von Gemeindekirchenratsmitgliedern, Leitenden, Ehrenamtlichen, kirchlichen Mitarbeitern (beruflich) und Pfarrstelleninhabern

Nehmen wir einmal an:
Ihre Kirchengemeinde hat sich entschieden, an einem Projekt gegen Armut in der Uckermark mitzuwirken! (Mit Armut ist hier u. a. gemeint: geringes Erwerbseinkommen, kleine Rente, Selbstständigkeit ohne Gewinn, Hartz-IV-, SGB-II- bzw. Sozialhilfe-Bezug; also Situationen materieller Eingeschränktheit, die zu deutlicher Verringerung von Lebensmöglichkeiten führen).

Was wäre für Sie ganz persönlich der Grund mitzuarbeiten?

1. Weil ich Menschen persönlich kenne, die von Armut betroffen sind und denen ich helfen möchte.	Stimmt gar nicht	1
	Stimmt eher nicht	2
	Stimmt überwiegend	3
	Stimmt genau	4

2. Weil es meinem Glauben entspricht.	Stimmt gar nicht	1
	Stimmt eher nicht	2
	Stimmt überwiegend	3
	Stimmt genau	4

3. Weil es mir wichtig ist, dass die Menschen in unserem Ort/in unserer Region Lebensperspektiven haben.	Stimmt gar nicht	1
	Stimmt eher nicht	2
	Stimmt überwiegend	3
	Stimmt genau	4

4. Weil dieses Engagement zu Recht von den Kirchengemeinden erwartet wird.	Stimmt gar nicht	1
	Stimmt eher nicht	2
	Stimmt überwiegend	3
	Stimmt genau	4

5. Weil ich mir Sorgen mache, selbst in Situationen der Armut zu geraten.	Stimmt gar nicht	1
	Stimmt eher nicht	2
	Stimmt überwiegend	3
	Stimmt genau	4

6. Weil ich Situationen der Armut/ des Armutsrisikos selber erfahren habe	Stimmt gar nicht	1
	Stimmt eher nicht	2
	Stimmt überwiegend	3
	Stimmt genau	4

7. Weil

_____

_____

_____

_____

_____

Zwei weitere **Gruppendiskussionen** und Arbeitsgruppen konnten in den beiden Mitarbeiterkonventen durchgeführt werden.

Die **Synodalen** wurden angeregt, die Ergebnisse und daraus abgeleitete Handlungsoptionen in **fünf Arbeitsgruppen** zu diskutieren. Es war das Anliegen, die während der Erhebungsphase bereits erfragten Ansichten abzubilden und erneut zur Diskussion zu stellen (kommunikative Validierung). Der Austausch über konkrete Handlungsoptionen sollte aktivierend wirken und zudem dazu dienen, die Sichtweisen des Möglichen und Unmöglichen unter den Engagierten zu erfassen.

Zwölf Befragte unter den Nutzern sozialer Angebote der Diakonie und der Kirchengemeinden **gaben Lebensgeschichteninterviews**. Nachdem die Befragten ihre Lebensgeschichte von der Geburt bis zur Gegenwart mit ihren Höhen und Tiefen erzählt hatten, beantworteten sie Fragen zu den Themen Alltag, Lebensstrategien, Orientierungen, Sozialbeziehungen, Engagement, Bild von Kirche, mögliche Hilfen.

Daran anschließend ergaben sich **zwei Gruppendiskussionen** in Selbsthilfegruppen zu den Themen Armut, Strategien und Hilfen, Bild von Kirche, Engagement.

Die aufgeführten Interviews und Gruppendiskussionen wurden mit Hilfe eines Tonbandgerätes aufgenommen, verschriftlicht und anonymisiert. Nach wiederholter Lektüre wurden thematisch dichte Dokumente oder Dokumentausschnitte einer intensiven Analyse unterzogen. Genutzt wurden die Verfahren der klassischen Biografieforschung (Schütze, Rosenthal, Alheit), der Grounded Theory (Strauß, Corbin) und der dokumentarischen Methode (Bohnsack, Wohlrab-Sahr, Przyborski).